高质量发展视域下
中国能源效率问题研究

欧阳晓灵　著

中国金融出版社

责任编辑：赵晨子
责任校对：刘　明
责任印制：陈晓川

图书在版编目（CIP）数据

高质量发展视域下中国能源效率问题研究/欧阳晓灵著.
—北京：中国金融出版社，2023.8
ISBN 978 - 7 - 5220 - 1324 - 4

Ⅰ.①高…　Ⅱ.①欧…　Ⅲ.①能源效率—研究—中国
Ⅳ.①F206

中国版本图书馆 CIP 数据核字（2021）第 192082 号

高质量发展视域下中国能源效率问题研究
GAOZHILIANG FAZHAN SHIYUXIA
ZHONGGUO NENGYUAN XIAOLÜ WENTI YANJIU

出版
发行　**中国金融出版社**

社址　北京市丰台区益泽路 2 号
市场开发部　（010）66024766，63805472，63439533（传真）
网 上 书 店　www.cfph.cn
　　　　　　（010）66024766，63372837（传真）
读者服务部　（010）66070833，62568380
邮编　100071
经销　新华书店
印刷　北京七彩京通数码快印有限公司
尺寸　169 毫米 × 239 毫米
印张　14.5
字数　204 千
版次　2023 年 8 月第 1 版
印次　2023 年 8 月第 1 次印刷
定价　62.00 元
ISBN 978 - 7 - 5220 - 1324 - 4

如出现印装错误本社负责调换　联系电话（010）63263947

前　言

伴随我国经济增长速度的"换挡"，能源供需矛盾在经济新常态下得以缓解，能源发展的首要目标也从"如何满足能源需求"逐渐转变为"如何提高能源效率"。近年来，虽然我国能源效率实现了较快提升，但传统的"高能耗、低产出"的粗放型增长模式导致我国能源效率与发达国家相比仍旧存在较大差距。在环境治理和保障能源安全的双重约束下，能源低效已经成为影响我国社会经济可持续发展的核心矛盾。在宏观政策层面，节约优先是我国能源发展战略的首要内容，而大力提高能源效率则是节能的重要手段。因此，如何提升能源效率、有效降低能源消耗就成为我国现阶段学术研究和政策制定共同关注的一个重要问题。

高质量发展阶段意味着经济发展由追求增长速度的粗放式模式向追求结构调整和环境效率的内涵式模式转变（邵帅等，2019）。经济高质量发展不仅体现为产业结构优化升级和产业质量效益提升，还体现为追求环境效率的绿色低碳发展。经济产出和经济效率的测算必须纳入环境因素才能全面客观评价经济发展状况（胡晓珍和杨龙，2011），否则可能误导经济政策制定（陈超凡，2016）。由于绿色全要素生产率能够反映资源、环境和经济发展的协调程度，该指标被普遍视作判断地区/行业能否实现长期可持续发展的重要依据（Chung 等，1997；Cao，2007；李江龙和徐斌，2018；林伯强和谭睿鹏，2019）。陈诗一（2010）指出，绿色全要素生产率的提升是中国发展方式转变的根本问题，也是实现节能减排、工业集约发展和绿色发展的关键。

虽然许多研究对我国能源效率和节能问题进行了广泛探讨，但是较少有文献注意到我国经济转型过程中能源市场存在的特殊现象：为了支持经济增长和减少能源贫困，我国能源价格长期被行政压低，能源要素价格存在严重扭曲。能源价格扭曲对能源效率的影响机制可从下述两方面进行解释：第一，能源价格的相对低廉使本应被淘汰的高能耗落后产能仍旧得以生存，不仅抑制企业节能投资和研发的动力，还阻碍产业升级和转型，进而对粗放增长模式产生"锁定效应"；第二，由于能源资源的初始分配权和能源市场的准入权由政府掌握，垄断地位和能源行政定价导致能源产业效率低下和能源效率绩效水平低下。此外，我国能源市场上普遍存在的能源价格扭曲还可能影响能源反弹效应的规模，进一步限制能源效率提高对节能减排的贡献。

本书从宏观能源反弹效应估计及其区域差异着手，系统测算我国地区要素价格扭曲的程度及其对能源效率的影响，进而以长三角城市群和珠三角城市群工业行业、交通运输业和工业行业为例，估算重点耗能部门的能源效率与反弹效应。本书共分为九章：第一章为绪论，介绍能源效率与反弹效应的研究背景、研究意义与主要研究方法。第二章为国内外能源效率与反弹效应的研究综述。第三章通过对能源反弹效应相关研究的系统性梳理，提出改进的两阶段估计方法，对中国短期和长期区域宏观能源反弹效应进行测度。第四章，通过对能源效率相关研究方法的梳理，采用随机前沿分析方法，测算我国省级行政区要素价格扭曲的程度及其对能源效率的影响。第五章，基于超越对数成本函数以及能源价格分解模型，引入技术因素和规模效应，综合运用动态最小二乘法与似不相关回归，测算长三角城市群工业部门能源消费反弹效应。第六章，采用随机前沿分析方法，估算珠三角城市群工业部门的能源效率，通过对工业全要素能源效率增长率的分析，进一步分析其驱动因素。第七章，估算中国交通运输业的直接能源反弹效应，分析其地区差异及相关特征，进而提出政策启示。第八章，通过能源和碳排放效率测度模型构建，探讨服务贸易发展对能源环境绩效指数的影响及其时间、国别差异。第九章，基于技术差距视角，采用共同前沿研究方法，测度中国地区工业能源效率并探究地区工业技术差距比率。

在书稿撰写和出版过程中，非常有幸得到了厦门大学林伯强教授、姚昕教授、何晓萍教授、孙传旺教授、杜克锐教授，西安交通大学李江龙教授、刘泓汛教授、鄢哲明教授等同行专家和学者的悉心指导与帮助，他们对研究工作的执着和热情感染着我们研究团队的每一位成员。特别是厦门大学孙传旺教授和杜克锐教授，曾多次与笔者就相关问题进行研讨，使我们的研究工作更为扎实充分。在此，谨向他们致以深深的谢意！

本书撰写过程中先后培养研究生多人，课题组的研究生、本科生的辛勤工作为项目研究提供有力支持，包括笔者指导的研究生张骏豪、简秋萍、陈家琦、曹雁、毛欣雨、庄戊旭，笔者指导的本科生魏霄云（上海交通大学安泰经济与管理学院博士研究生在读）、高蓓颖、曹爱家（中央财经大学经济学院硕士研究生在读）、李琼（美国芝加哥大学哈里斯公共政策学院硕士研究生在读）、金晶、王筱澍等同学，以及笔者指导的本硕贯通课题成员廖佳盈、阳宇川，在此一并表示衷心感谢。

本书相关研究成果得到国家自然科学基金项目（71603084）、上海市科技计划项目（23692109800）和中央高校基本科研项目（2021ECNU－YYJ026）的资助，在此表示感谢！

还要感谢中国金融出版社的编辑同志，特别是赵晨子编辑，他们的热心、耐心和关心，是本书顺利出版的重要保证。

高质量发展视域下中国能源效率问题是当前交叉科学研究领域的热点，虽然课题研究和专著撰写倾注了笔者及课题组成员的心力，但由于知识和水平有限，虽然几经修改，但仍有进一步改进的空间，其中存在的问题和进一步研究的方向敬请各位读者予以批评指正。

欧阳晓灵
2022 年 7 月于上海

目　　录

第一章　绪　论

第一节　能源效率与反弹效应的研究背景

提高能源效率是使经济增长与温室气体排放"脱钩"的关键和实现可持续能源系统构建的前提。国际能源署（IEA）更是将能源效率的重要性提高到"第一燃料（first fuel）"的位置。目前世界各国致力于推动能源效率提升，以支持经济增长、促进社会发展、推动生产力提高、降低能源消耗、改善环境质量和加强国家能源安全。伴随我国经济增长速度的"换挡"，能源供需矛盾在经济新常态下得以缓解，能源发展的首要目标也从"如何满足能源需求"逐渐转变为"如何提高能源效率"。近年来，虽然我国能源效率实现了较快提升，但传统的"高能耗、低产出"的粗放型增长模式导致我国能源效率与发达国家相比仍旧存在较大差距。在环境治理和保障能源安全的双重约束下，能源低效已经成为影响我国社会经济可持续发展的核心矛盾。在宏观政策层面，节约优先是我国能源发展战略的首要内容，而大力提高能源效率则是节能的重要手段。因此，如何提升能源效率、有效降低能源消耗就成为我国现阶段学术研究和政策制定共同关注的一个重要问题。

虽然许多研究对我国能源效率和节能问题进行了广泛探讨，但是较少有文献注意到我国经济转型过程中能源市场存在的特殊现象：为了支持经济增长和减少能源贫困，我国能源价格长期被政府压低（姚昕等，2011），能源要素价格存在严重扭曲（陶小马等，2009；施炳展和冼国明，2012；王芃和武英涛，2014）。根据经济学理论，能源价格扭曲对能源效率的影响机制可从下述两方面解释：（1）能源价格的相对低廉使本应被淘汰的高能耗落后产能仍旧得以生存，这不仅抑制企业节能投资和研发的动力，还阻碍产业升级和转型，进而对粗放增长模式产生"锁定效应"；（2）能源企业基本国有是能源价格管制实施的重要前提。由于能源资源的初始分配权和能源市场的准入权由政府掌握，垄断地位和能源行政定价导致能源产业效率低下（刘希颖和林伯强，2013）和能源效率绩效水平低下（王峰等，2010；林伯强和刘泓汛，2015）。此外，我国能源市场上普遍存在的能源价格扭曲还可能影响能源反弹效应的规模（查冬兰和周德群，2010），进一步限制能源效率提高对节能减排的贡献。于是，本书将研究视角转换至"能源要素配置非效率"，并试图对下述问题进行解答：能源价格扭曲是否抑制了能源效率的提升？是否"放大"了能源效率反弹效应？如何采取科学的方法评估能源价格改革对能源使用的系统性影响？

第二节　能源效率与反弹效应研究意义

回顾以往文献，较少有研究从我国能源要素市场存在扭曲的特殊国情出发，对能源效率及其反弹效应进行系统性探究。本书拟衡量能源价格扭曲对要素使用的影响，在此基础上描述能源价格扭曲对能源效率的作用机制，重点从反弹效应的角度评估能源价格扭曲对能源消耗的影响，进而从地区和行业维度考察中国绿色低碳转型。

首先，结合能源价格扭曲的特殊国情，角度较新颖。从文献上看，目前主流的基于"全要素生产率"框架的能源效率研究均隐含了要素市场完全竞争的假定，即不存在要素配置效率损失（魏楚和沈满洪，2009）。然而，在我国能源要素市场，有形的手几乎完全主导石油、电力等价格的制定（孙传旺和林伯强，2014）。因此，不存在要素配置效率损失的假定与我国要素市场的特殊国情不符。本项目研究能源价格扭曲下能源效率测度与反弹效应评估，研究成果可以丰富此类研究的文献。

其次，基于成本效率分析框架研究能源价格扭曲对能源效率测度的影响，作用机理清晰。基于成本效率分析框架，本项目将能源效率细分为技术效率和配置效率。能源价格扭曲将导致能源要素配置非效率（赵自芳和史晋川，2006；陈永伟和胡伟民，2011），从而影响能源效率的准确测度。本项目将"能源要素配置非效率"纳入能源效率的测度框架，详细分析了其对能源效率测度的影响及内在的作用机制，实证研究结果有利于丰富能源效率评价文献。

最后，将能源价格扭曲纳入可计算的一般均衡（以下简称 CGE）模型，从而较为系统地评估了能源效率提升的反弹效应。较之直接和间接的反弹效应，宏观反弹效应更为复杂，因为其衡量了能源效率提升对整体经济范围能源利用的影响。本项目在采用 CGE 模型构建的常规方法及一般思路的基础上，还结合能源价格扭曲问题，对 CGE 模型的模块构建进行改进；更为明晰地定义了反弹效应，分析反弹效应的渠道来源，估计反弹效应的规模，并探讨不同情景的能源价格改革对反弹效应的系统性影响。

通常意义上，提高能源效率被认为是减少能源消耗、控制环境污染的有效措施。然而能源反弹效应的存在，却导致难以准确界定能源效率提高对节能减排的贡献，而能源价格扭曲则进一步增加了能源效率实践的复杂性和困难度。如何通过有效政策设计推动能源效率提高的同时抑制反弹效应、最大限度地发挥能源效率对节能减排的作用是当前能源效率政策实践面临的重要问题。2015 年 10 月《中共中央国务院关于推进价格机制改革的若干意见》明确提出"加快推进能源价格市场化"，还原能源商品属性，到 2020 年基本完善由市场决定的能源价格体系。虽然许多实证研究指出，能源效率政策应当辅以能源价格改革，但是缺乏对能源价格改革影响的深入研究。在此背景下，本项目试图分析能源价格扭曲下能源效率测度和反弹效应评估，研究结果有利于政策制定者更加充分地认识到能源价格扭曲导致的效率损失，并为探究有效的节能途径、设计能源效率配套政策以及推进能源价格改革提供理论支持和决策参考。

第三节 能源效率与反弹效应测度的研究方法

一、能源效率测度方法概述

由于单要素能源效率指标无法充分描述真实生产率的变动，越来越多的研究结合新古典生产理论，基于全要素能源效率框架，采用非参数法和参数法的前沿分析对能源效率进行评价，典型方法分别是：数据包络分析（DEA）和随机前沿分析（SFA）。相比 DEA 方法，SFA 不仅可以弥补 DEA 无法考虑测量误差和统计噪声的缺点，还通过对生产函数形式进行明确的规定，考虑了生产者不可控的其他随机因素可能导致对生产前沿的偏离，能够辨别各种因素对无效率的影响（傅晓霞和吴利学，2007），因而在能源效率绩效评估方面具有更高的识别能力（Zhou 等，2012）。

本书构建的基于超越对数生产函数模型的 SFA 方法的估计与检验过程参考了 Yélou 等（2010）和 Hu（2014）的方法。由于模型假设在给定的产出水平下，厂商通过最优的要素投入配置实现生产成本最小化，因而要素投入应当被视作内生变量而非外生变量。由此，基于超越对数生产函数的实证模型的估计可以采用工具变量估计量，例如 Hansen（1982）提出的广义矩估计法（Generalized Method of Moments，GMM）估计量，或者极大似然估计量（Maximum Likelihood Estimator，MLE）。前者要求符合正交假设，后者则要求技术非效率和随机波动符合正态分布假设。我们拟采用上述两种方法对实证模型的参数进行估计，以相互印证和比较，增强估计结果的可靠性。

能源价格扭曲下能源效率测度的主要理论分析框架如下：

假设在生产过程，采用生产技术 $g(\cdot)$ 和 k 种生产要素 $\mathbf{x} = (x_1, x_2, \cdots, x_k)$ 生产产出 y，且 $y \leqslant g(\mathbf{x})$，$g(\mathbf{x})$ 代表最大化可能的产出（前沿

产出）。实际产出可能受到随机波动（v）和技术非效率（u）的影响无法达到前沿产出。我们通过下述模型来刻画实际产出（y）、实际投入（$\mathbf{x}^a$）和技术非效率：

$$\ln y = \ln g(\mathbf{x}^a) + v - u \qquad (1-1)$$

要素使用前沿$\mathbf{x}^f$是在给定技术水平$g(\cdot)$的条件下，生产产出y可以达到的最少的要素投入。Schmidt 和 Lovell（1979）将$\mathbf{x}^f$定义为不存在技术和配置非效率时的要素使用。因此，$\mathbf{x}^f \leqslant \mathbf{x}^a$。要素使用的非效率可以定义为$\mathbf{x}^a - \mathbf{x}^f$，其衡量了要素过度使用的比例。$\mathbf{x}^f$满足下述条件：

$$\ln g(\mathbf{x}^f) = \ln g(\mathbf{x}^a) - u = \ln y \qquad (1-2)$$

$$\frac{g_j^f}{g_1^f} = \frac{g_j^a}{g_1^a}\zeta_j = \frac{w_j}{w_1}, j = 2, \cdots, k \qquad (1-3)$$

其中，$g_j^f = \dfrac{\partial g(\mathbf{x})}{\partial \mathbf{x}_j} \mid \mathbf{x} = \mathbf{x}^f$，$g_j^a = \dfrac{\partial g(\mathbf{x})}{\partial \mathbf{x}_j} \mid \mathbf{x} = \mathbf{x}^a$，$\zeta_j$是一个符号为正的常数，$w_j$是要素$j$的价格。在式（1-2）中，$u$代表由于技术非效率所导致的产出损失，即不存在技术非效率时，实际要素投入$\mathbf{x}^a$应当生产出比y更高的产出。式（1-3）是成本最小化的一阶条件，表明不存在配置非效率，从而控制了"替代效应"对能源效率测度的干扰。根据式（1-2）和式（1-3），能源使用前沿不仅取决于生产技术，还取决于其他投入要素的使用前沿。

二、反弹效应研究方法概述——CGE 模型

CGE 模型基于新古典经济学思想，最早由 Johansen（1960）提出，是能源、环境与经济领域研究中进行宏观政策模拟与分析的重要研究方法之一。与局部均衡分析、投入—产出分析等政策评价方法相比，CGE 模型能够反映整体经济运行的情况，合理处理供给侧政策导致的供给侧变化，在一般均衡假设下进行相关政策模拟并评估能源政策的净影响（Bataille 等，2006；Guivarch 等，2009；Naranpanawa 和 Bandara，2012）。特别地，CGE 方法能够对同时发生的重大经济变化进行数值分

析，包括宏观变量调整的幅度、方向以及具体的宏观经济影响。

本书模型构建参考了 Allan 等（2007）、姚昕和孔庆宝（2010）、Bao 等（2013）、Lin 和 Ouyang（2014）等文献。CGE 模型的政策模拟基于社会核算矩阵（Social Accounting Matrix，SAM）。在实际编制和平衡 SAM 的过程中，涉及矩阵运算，且不同来源的统计数据以及不同统计口径的统计数据将导致账户不平衡问题，因此本项目拟采用最小交叉熵法（Minimum Cross Entropy Method，MCEE）来实现 SAM 的编制与数据平衡。MCEE 的基本思想是将交叉熵（新概率与初始估计的概率之间的差距）的测度值最小化，从而获得一个与初始 SAM 尽可能接近的新的 SAM。SAM 的平衡以及项目研究基于 CGE 模型的定量模拟均采用通用数学建模系统（General Algebraic Modeling System，GAMES）软件，通过计算机编程实现模型结果的模拟与检验。其中，平衡 SAM 所用的算法为非线性规划（Nonlinear Programming，NP），求解 CGE 模型采用的算法参考 Böhringer 和 Rutherford（2004），采用混合互补规划（Mixed Complementarity Programming，MCP）。

生产模块的行为方程主要描述如下：

描述国内活动的不变替代弹性（Constant Elasticity of Substitution，CES）生产函数是一个包括多种投入要素的五层嵌套函数。第一层 CES 函数描述 i 部门在 t 时期的化石能源投入 $Fos_{i,t}$ 主要由煤炭、石油、天然气构成：

$$Fos_{i,t} = CES(\sum_{fos_f}(s_{fos_f,i}Fos\_F_{fos_f,i,t}{}^{\rho_f}))^{1/\rho_f} \qquad (1-4)$$

其中，$\delta_f = 1/(1-\rho_f)$ 代表不同化石能源之间的替代弹性，$s_{fos_f,i}$ 代表不同种类化石能源的使用比重，且 $\sum_{fos_f}s_{fos_f,i} = 1$。第二层 CES 函数描述 i 部门在 t 时期的能源投入 $E_{i,t}$ 由电力 $Ele_{i,t}$ 和化石能源 $Fos_{i,t}$ 组成。第三层 CES 函数描述 i 部门在 t 时期的能源—资本投入 $EK_{i,t}$ 由能源投入 $E_{i,t}$ 和资本投入 $K_{i,t}$ 构成。第四层 CES 函数描述 i 部门在 t 时期的能源—资本—劳动投入 $EKL_{i,t}$ 由能源—资本投入 $EK_{i,t}$ 和劳动投入 $L_{i,t}$ 构成。第五层 Leontief 生产函数描述中间产品投入组合 $TotInt_{i,t}$ 由 k 种不同类别的中间产品投入构成：

$$TotInt_{i,t} = Leontiefmin\left(\frac{Int_{1,i,t}}{\alpha_{1,i}}, \frac{Int_{2,i,t}}{\alpha_{2,i}}, \cdots, \frac{Int_{k,i,t}}{\alpha_{k,i}}\right) \qquad (1-5)$$

第五层 CES 函数描述国内产出 $QD_{i,t}$ 由中间产品投入组合 $TotInt_{i,t}$ 和能源—资本—劳动投入 $EKL_{i,t}$ 构成：

$$QD_{i,t} = CES\left(s_{int,i} TotInt_{i,t}^{\rho_x} + s_{ekl,i,t}(\lambda_{ekl,i,t} EKL_{i,t})^{\rho_x}\right)^{1/\rho_x} \qquad (1-6)$$

其中，$\sigma_x = 1/(1-\rho_x)$ 代表中间投入和能源—资本—劳动投入之间的替代弹性，且中间投入占总投入的比例 $s_{int,i}$ 和能源—资本—劳动投入占总投入的比例 $s_{ekl,i,t}$ 之和为 1。

第 m 种投入要素相对于第 n 种投入要素价格的扭曲通过 d_m/d_n 表示：

$$\frac{d_m w_m}{d_n w_n} = \frac{MP_m}{MP_n} \qquad (1-7)$$

其中，w_m 代表第 m 种投入要素的实际价格，MP_m 代表第 m 种投入要素的边际产出。

第二章 国内外能源效率与
反弹效应的研究综述

第一节 能源效率测度方法的
国内外研究现状

目前学界测度能源效率主要基于两类指标：单要素能源效率（Partial Factor Energy Efficiency，PFEE）指标和全要素能源效率（Total Factor Energy Efficiency，TFEE）指标（杨红亮等，2009）。PFEE 指标通常由能源投入和产出的比例关系来定义，优点是定义直观、计算简便。然而，该指标没有考虑生产过程中其他投入要素（如劳动和资本）对产出的贡献、不同生产要素之间的替代以及能源投入结构的变化等因素对能源消耗的影响，因而难以描述能源效率的真实变动（史丹等，2008）。基于新古典生产理论，TFEE 指标将劳动、资本和能源等生产要素纳入效率的分析框架，定义为在多要素框架中最优能源投入与实际能源投入之比，进而衡量能源及其他生产要素的利用效率（孙广生等，2011；Lin 和 Yang，2013）。基于 PFEE 和 TFEE 指标的能源效率测度方法可以归纳为以下两类：

一、基于分解分析法的能源效率测度

由于方法简单易用、结果易于阐述，分解法被广泛运用于研究 PFEE 指标变动的影响因素分析，相关研究可谓汗牛充栋。分解分析主要包括指数分解分析（Index Decomposition Analysis，IDA）和结构分解分析（Structural Decomposition Analysis，SDA）两种方法。IDA 的特点是通过把 PFEE 指标分解为若干影响因素，从而获得综合能源效率绩效指标。最为常用的 IDA 方法包括：拉式（Laspeyres）、算数平均迪式（Arithmetic Mean Divsia Index，AMDI）和对数平均迪式（Logarithmic Mean Divsia Index，LMDI）。SDA 方法主要基于投入产出（I - O）的分析框架，因而主要衡量整个宏观经济的能源效率变化，其主要研究方法包括双层 KL-EM（Capital，Labor，Energy，Materials）模型和 D&L 方法。Ang 和 Zhang（2000）对 20 世纪 70 年代至 90 年代采用分解分析技术的能源和环境研究领域的 124 篇文献进行了回顾，指出"能源投入—产出比"和"能源强度"是最常用的 PFEE 指标。Su 和 Ang（2012）综述了近十年来 SDA 方法的最近进展并比较了 IDA 和 SDA 方法的共同性和差异性。最新有关分解分析方法的进展包括：Choi 和 Ang（2012）通过量化个体属性对于因子（如真实能源强度指标和结构变化指标）百分比变化的贡献对 IDA 方法进行了拓展。

二、基于前沿分析法的能源效率测度

前沿分析是估计 TFEE 指标的主流方法，主要包括非参数法（Non - parametric Frontier Approach）和参数法（Parametric Frontier Approach）。前者通过数据驱动，形成一个非参数的线性包络凸面作为生产前沿；后者则假定前沿确定，需要利用一定函数形式和计量方法去拟合样本点。

数据包络分析（Data Envelopment Analysis，DEA）最早由 Charnes 等（1978）提出，是较为完善的非参数前沿方法，也是近几年分析全要素能源效率较为流行的方法之一（Zhou 等，2008；Mukherjee，2008；Mukherjee，2010）。以中国不同地区为研究对象，Hu 和 Wang（2006）基于 DEA 方法首次提出全要素能源效率指标。其后，很多研究采用不同的 DEA 模型基于区域和产业等视角，评估了中国能源效率水平并分析了影响能源效率的主要因素（李廉水和周勇，2006；Wei 等，2007；魏楚和沈满洪，2007；师博和沈坤荣，2008；Shi 等，2010；Wu 等，2012；Wang 等，2013；Wang 和 Wei，2014）。研究结论表明，结构调整、技术进步和创新以及经济制度是导致能源效率差异的主要原因。由于忽略非合意产出将导致有偏离的效率和技术变化（Sueyoshi 和 Goto，2011），近几年主要研究方向是将污染物排放纳入能源效率测度框架并展开相关实证研究（张伟和吴文元，2011；He 等，2013）。

DEA 方法在运用领域主要存在两个局限：第一，当研究数据包含统计误差时，基于 DEA 模型的实证研究结果就对异常值非常敏感（Zhou 等，2012）；第二，由于 DEA 方法对确定性前沿的函数形式不做规定（Choi 等，2012），无法提供关于生产行为的任何信息，并且该方法将相对于前沿的全部偏离视作无效率，因此可能导致无效率的高估。相比较，由于随机前沿分析（Stochastic Frontier Analysis，SFA）对生产函数形式规定明确，并考虑生产者不可控的其他随机因素可能导致对前沿的偏离，因而能够辨别各种因素对无效率的影响（傅晓霞和吴利学，2007；Lin 和 Du，2013）。作为参数研究的典型方法，SFA 还可以弥补 DEA 无法考虑统计噪声的缺陷。基于上述原因，SFA 技术在近年来被更多地运用于 TFEE 的研究（Boyd，2008）。与中国有关的近期研究包括：史丹等（2008）提出了基于随机前沿生产函数的中国地区能源效率差异分析框架，研究结果表明，改善中西部地区的资源配置效率和促进区域间的技术扩散是有效提高落后地区能源利用效率的关键。何晓萍（2011）通过构建关于过度能源投入的随机前沿分析模型，讨论了中国工业部门的节能潜力及影响因素。原毅军等（2012）分析了结构调整、技术进步、加强管理对我国不同地区长短期能源利用效率的不同影响。Lin 和 Du（2014）在考虑技术异质性的情况下，采用潜在类别 SFA 方法测度了中国不同地区的能源效率水平。基于过量能源投入随机前沿模型，Lin 和 Wang（2014）分析了中国钢铁行业的全要素能源效率水平。

第二节　配置非效率内涵及研究
方法的国内外研究现状

根据生产函数理论，经济效率可被划分为技术效率和配置效率两部分（Yotopoulos 和 Lau，1973）。配置效率反映了企业实现成本最小化或利润最大化的能力，即企业的边际价值产品与边际生产成本相等（Christopoulos 和 Tsionas，2002）。根据成本函数理论，在既定的技术水平、不变的投入和产出价格条件下，"配置非效率"（Allocative Inefficiency）可被定义为实际生产成本与最优生产成本的差距（Greene，1980）。因此，配置非效率通常又被称为"成本非效率"。具体到"能源要素配置非效率"，其反映了在既定的要素相对价格体系下，通过改变要素组合方式能够降低能源要素投入成本的程度。配置非效率的负面影响在于，其将导致资源错配、企业生产成本的非效率和竞争力的相应下降（Burki 和 Khan，2004）。特别地，在配置非效率存在的情形下，要素的需求弹性和替代弹性也将与完全竞争市场条件下的数值发生偏离，从而不利于政府形成科学的产业政策。

一、基于不同研究角度的配置非效率分析

Farrell（1957）首次提出了衡量技术效率和配置效率的方法，并将其运用于美国农业生产效率衡量的实证研究。分析配置非效率主要有两个研究角度：成本最小化和利润最大化。基于成本最小化角度的研究主要有：通过分析随机前沿生产函数与成本函数的对偶性，Schmidt 和 Lovell（1979）提出了衡量配置非效率的方法以及如何估计与无效率相关的成本。Eakin 和 Kniesner（1988）建立了一个允许系统性配置非效率存在的长期成本函数，探讨了配置非效率的规模和来源。Atkinson 和 Cornwell（1994）提出评估配置非效率的两种方法："参数法"和"误差因素法"。采用超越对数成本函数，Kumbhakar（1997）将配置非效率同时纳入成

本份额方程式和成本函数，并建立了两者之间的关系；Kumbhakar 和 Tsionas（2005）对该方法做了进一步拓展。Atkinson 和 Primont（2002）指出，用投入距离函数来替代成本前沿是参数法的主要缺陷，获取厂商和时间配置非效率指标能够有效克服该缺陷。基于要素距离函数，Rodríguez-Álvarez 等（2004）通过放松配置效率不随时间改变而仅因厂商不同而不同的假设，对误差因素法进行了改进。其后，许多学者将上述两种方法进行拓展，并运用于不同国家配置非效率水平的衡量以及配置非效率对资源配置和要素可持续的影响的分析（Rodríguez-Álvarez等，2007；Khiabani 和 Hasani，2010；Kutlu，2013；Hu，2014；Assaf等，2014）。采用非参数方法，Paradi 和 Tam（2012），Haelermans 和 Ruggiero（2013）将成本效率分解为配置效率和技术效率，并强调环境变量对效率分析的重要性。基于利润最大化角度的研究相对较少，具有代表性的文献主要包括：在柯布—道格拉斯（C-D）生产函数的分析框架下，Kumbhakar（1987）基于随机生产和利润前沿讨论了配置非效率的衡量方法。考虑到价格扭曲的因素，Kumbhakar 和 Bhattacharyya（1992）建立了一个一般化的利润函数来评估配置非效率。采用超越对数生产函数，Kumbhakar（1994）构建极大似然估计法来衡量技术效率和配置效率。基于限制性利润函数，Khademvatani 和 Gordon（2013）通过估计能源的影子价值来衡量能源效率水平。该研究还指出，能源的影子价值为最优化能源利用提供能源要素配置参考。

二、基于影子价格模型的配置非效率研究

影子价格模型是评估配置非效率水平的一个主要分析工具（Lau 和 Yotopoulos，1971）。"影子价格"指的是厂商实现成本最小化或利润最大化的决策价格。因此，不同生产要素之间的影子价格之比等于其相应的边际技术替代率之比。影子价格模型可以测算不同生产要素实际价格相对于影子价格的扭曲程度，进而能够估算不同要素实际生产成本与最优生产成本之间偏离的程度（Lovell 和 Sickle，1983；Atkinson 和 Halverson，1984）。Atkinson 和 Primont（2002）建立了一个包含影子距离方程和成本最小化问题一阶条件的"影子距离系统"（Shadow Distance System）。近期采用影子价格模型评估配置非效率的代表性文献主要包括：Huang 等（2014）提出一个包含影子投入价格的半参数随机成本前沿，并将其运用于技术和配置效率的估算。基于 DEA 框架和边际成本技术，Singbo 等（2015）估计了技术效率和不同生产要素的影子价值。考虑到影子价格系统包含一个封闭式似然方程，Tsionas 和 Tran（2015）采用极大似然法来估计不同企业的参数（同时反映了生产的异质性），并测量了技术和配置非效率及其产生的成本非效率。基于能源价格扭曲的视角，Ouyang 和 Sun（2015）估算了 2001 年至 2009 年中国工业行业配置非效率的水平和相应的节能潜力。

第三节　能源效率反弹效应的国内外研究现状

提高能源效率能最大限度地减少能源消耗、降低与能源消耗相关的环境污染，一直是能源经济学和能源政策研究领域的焦点问题。能源效率的提高对节能减排的影响之所以难以准确界定，主要归因于"能源反弹效应"（Jevons，1865）。根据 Khazzoom（1980）的解释，"提高能源效率虽然对节能有正面影响，但是能源效率提高同时意味着能源服务有效价格的相对降低，这将导致经济系统增加对能源的消费，从而部分地抵消了能源效率提高对节能的正向效应"。Dimitropoulos（2007）系统综述了能源效率提高与能源反弹效应的关系。反弹效应的存在使能源效率提高对能源消耗和环境绩效的影响变得更为复杂。提高能源效率将产生多大程度的反弹效应？如果反弹效应足够大（尤其是反弹效应值大于 1 时），那么，鼓励能源效率提高的政策可能变得毫无意义（Sorrell 和 Dimitropoulos，2008）。

一、反弹效应的作用机制与主要研究方法

Greening 等（2000）将反弹效应的作用机制划分为三类，分别是直

接的反弹效应、间接的反弹效应和整体经济范围的宏观反弹效应。其中，价格变化对能源消费产生的直接和间接效应可以通过替代效应和收入效应进行描述（Binswanger，2001），而能源效率提高推动的技术进步对能源消费产生的影响则主要从产出效应进行解释。

1. 直接的反弹效应　能源效率提高意味着能源产品或服务的价格相比其他产品或服务的价格发生相对下降，"替代效应"导致对能源产品或服务需求的增加；在研究方法上，直接的反弹效应主要采用成本函数和价格弹性的方法（Jin，2007）。

2. 间接的反弹效应　能源效率提高降低了能源商品和服务的真实价格（Birol 和 Keppler，2000），意味着能源消费者实际收入的提高，"收入效应"导致对能源产品或服务需求的增加。

3. 整体经济范围的宏观反弹效应　能源效率提高有利于降低生产成本、提高生产力水平和推动技术进步，进而带动整体经济增长和产出扩张，反过来又会促进能源需求的增加（Shao 等，2014）。

综上所述，整体经济范围的宏观反弹效应实际上包括直接的反弹效应和间接的反弹效应，衡量范围更为全面。目前有关反弹效应的研究主要集中于直接反弹效应，Sorrell（2009）讲述了有关直接反弹效应的实证研究方法和结果。

总体而言，反弹效应评估主要有四类定量研究方法：计量经济模型（周勇和林源源，2007；国涓等，2010；Wang 等，2012；Lin 和 Li，2014；Lin 和 Du，2015；Zhang 等，2015）、模拟实验、可计算的一般均衡（Computable General Equilibrium，CGE）模型和投入—产出模型（Freire－González，2011；Thomas 和 Azevedo，2013）。

二、基于 CGE 模型的反弹效应分析

在能源、环境与经济学领域，可计算的一般均衡（CGE）模型是进行宏观政策模拟与分析的重要手段之一。与传统的计量经济模型不同，CGE 模型基于坚实的经济理论基础，把经济主体、商品市场和要素市场

通过价格机制有机地联系在一起，既体现市场机制的作用，又体现了经济系统各组成部分之间的普遍联系（赵永和王劲峰，2008）。由于在政策分析与评价上具有显著优势，衡量整体经济范围的反弹效应的定量研究方法通常采用 CGE 模型（Hanley 等，2006）。例如：采用经济—能源—环境 CGE 模型，Allan 等（2007）以英国为研究对象，考察了生产部门能源效率提高的环境影响。结果表明，在能源效率提高 5% 的条件下，整个生产部门能源反弹效应的水平为 30% ~ 50%，不存在能源"回火"（backfire）。采用前向 CGE 模型，Otto 等（2008）指出，对不同部门发放差异化的研发补贴有助于降低技术进步的反弹效应。通过构建静态、多部门的 CGE 模型，Liang 等（2009）探究了能源终端利用效率提高对中国经济、能源利用和二氧化碳排放的一般均衡效应。基于苏格兰生产部门的实证研究，Hanley 等（2009）表明，能源效率的普遍提高将产生能源反弹效应甚至能源回火（能源使用增加）；仅仅依靠鼓励能源效率提高的政策不足以提高环境绩效，而需要相关的配套能源政策。查冬兰和周德群（2010）基于 CGE 模型的研究表明，煤炭、石油和电力在七部门的加权平均能源效率反弹效应分别为 32.17%、33.06% 和 32.28%，能源效率反弹效应在我国显著存在。Wei（2010）从全球的视角评估了能源反弹效应的一般均衡，研究主要有两个重要结论：第一，供给侧也是反弹效应的重要影响因素；第二，能源要素和其他生产要素之间的替代将影响长期反弹效应。在 CGE 模型的构建中，Yu 等（2015）进一步细分了生产过程中不同类型的能源投入，通过纳入能源结构调整的因素，检验了美国部分区域的能源反弹效应。Broberg 等（2015）表明，整体经济范围的能源反弹效应受到多种因素的影响，包括能源效率提高的程度、劳动市场模型的构建、能源效率提高是否有代价等。

第四节　本章小结

如何通过提高能源效率来管理和控制能源消费增长，实现诸如能源节约、减缓气候变化、改善资源管理、提高工业生产力、增强能源安全等多重经济和社会收益进而实现社会经济的可持续发展，越来越受到学者、从业者和政策制定者的关注与重视。根据国际能源署的研究报告（IEA，2014），虽然全球范围内仍有约70%的能源效率潜力有待开发，但是差异化的国情和发展阶段或将导致能源效率的提升潜力和经济社会收益有所不同。这就突出了能源效率研究领域两个重要问题：（1）如何从一国特殊国情出发，更加全面、系统、动态地测度能源效率并分析其影响因素？（2）如何结合一国能源市场发展程度，从多个角度评估能源反弹效应的大小，进而寻找有效的节能路径和设计科学的能源效率政策？

目前有关我国能源效率的研究文献主要从技术效率的角度讨论"全要素能源效率"的水平及其影响因素，而缺乏"能源要素配置非效率"的考虑。例如：何晓萍（2011）、Wu等（2012）、He等（2013）等文献仅从技术效率的视角测度了国家、区域或产业层面的能源效率，而缺乏对我国能源要素价格存在扭曲的考虑。近年来仅有少量文献对能源价格扭曲与能源要素配置非效率的问题进行了实证分析和经验分析。代表性文献包括：张杰等（2011）、林伯强和杜克锐（2013）、孙传旺和林伯强（2014）、Ouyang和Sun（2015）等。上述文献缺乏对我国能源价格扭曲程度的系统性评估，也并未将能源要素配置非效率纳入能源效率的分析框架，因而难以准确描述能源价格扭曲对能源效率的影响机制和后果。

有关我国能源效率反弹效应的文献大多从产业或经济部门的层面评估直接的反弹效应（Wang等，2012；Wang等，2014；Li和Lin，2015），从宏观视角看，针对我国能源反弹效应的研究不仅处于起步阶段，更缺乏有关能源价格扭曲对反弹效应的影响分析。从微观视角看，能源价格扭曲导致能源价格相对下降，必然对反弹效应产生更为复杂的影响。然而，受制于数据限制，现有文献大多回避了这一问题。仅有少量文献从能源补贴的视角，通过测度能源反弹效应的变化来评估取消能源价格补贴产生的经济和环境影响（Hong等，2013）。总体来说，当前研究大多停留在估算能源补贴规模及其对能源消耗和排放的影响（Lin

和 Jiang，2011；Lin 和 Ouyang，2014）。事实上，能源价格扭曲将对能源效率反弹效应产生复杂的系统性影响，其原因在于能源配置非效率既影响能源消耗、能源效率水平和企业最优生产成本的实现，也会对经济结构、经济增长、可再生能源发展等方面产生影响。能源价格扭曲对反弹效应影响的研究有待进一步加强。

因此，我们将针对上述重要研究问题，从能源价格扭曲的特殊国情出发，基于能源要素配置非效率的研究视角，通过定量分析与定性分析相结合、理论分析与典型调研相结合的方法，重点研究能源效率的测度与反弹效应的评估问题。项目研究主要包括以下三个方面：

第一，能源价格扭曲下的要素配置非效率与生产成本非效率研究。

第二，能源价格扭曲下的能源效率测度框架和基于宏观、产业、区域以及典型企业等多个层面的能源效率实证研究。

第三，能源价格扭曲下宏观能源效率反弹效应模型构建与能源价格改革政策模拟研究。

把能源价格扭曲的特殊国情纳入能源效率测度和反弹效应评估可以为激发能源效率潜力、有效实现节能减排和促进生产力水平提高提供新的思路。目前从能源要素配置非效率的视角来研究能源效率测度以及基于 CGE 模型系统评估能源价格扭曲对反弹效应的影响的理论分析和实证研究还较为有限，因此我们将综合运用微观经济学、计量经济学、能源经济学等多领域和多学科交叉综合方法，围绕上述三个方面探讨能源价格扭曲对能源效率测度和反弹效应评估的影响，为推动我国能源效率市场建设、提高资源配置效率以及进一步完善能源效率政策设计提供理论和决策参考。

第三章 中国地区动态能源效率与宏观能源反弹效应

第一节 能源效率与反弹效应的研究背景

作为世界第二大经济体，中国自 2010 年以来就已经成为全球最大的能源消费国。在较快的城市化和工业化进程中，能源的过度消耗和资源的过度开采已经在中国几乎各大城市造成了严重空气污染（林伯强和邹楚沅，2014），并可能引发潜在能源安全问题。在资源稀缺和环境治理的约束下，提高能源利用效率已成为降低能源消耗、控制环境污染、保障国家能源安全的重要手段。国际能源署（IEA）认为，提高能源效率是经济增长与温室气体排放"脱钩"的关键，也是构建可持续能源体系的前提。在各类二氧化碳减排措施中，终端能源使用效率的提升居于首位；根据 2010 年至 2040 年的可持续发展情景，该类能效提高对中国二氧化碳减排总量的贡献率接近 39%[①]。同时"十四五"规划也提出，要大幅提高能源资源利用效率，实现生态文明建设的新进步[②]，为 2035 年远景目标奠定环境基础。

然而，能源反弹效应似乎成了这个很大程度上依赖于提高能源效率的宏伟目标的巨大挑战。由于能源系统与经济系统密切相关，能源效率的提高可能导致能源服务价格相对于其他商品或服务价格的变化，并可

[①] 详情见 http：//www.iea.org/weo/china/。

[②] 详情见 http：//www.gov.cn/zhengce/2020－11/03/content＿5556991.htm。

能改变消费者和生产者的预算，在一定程度上直接或间接地增加能源使用，或者至少不会导致能源消耗的减少。因此，对于宏观经济而言，能源利用效率提升带来的实际能源节约可能小于潜在能源节约，这种现象被称为"宏观能源反弹效应"。特别是随着"十四五"时期能源价格机制改革的持续推进，指导型、激励型的能源政策逐渐占据主导地位（李辉等，2019），能效提升对能源价格的影响将进一步放大。因此，能源环境政策的制定应该充分考虑能源反弹效应，而这依赖于对能源反弹效应科学、可靠的估计。在低碳经济背景下，对能源反弹效应的定量分析不仅有助于环境政策的制定与实施，还对可持续发展战略的长远推进具有重要的指导意义（杨莉莉和邵帅，2015）。

　　然而，由于不同实证与理论方法在前提假设、估计步骤等方面的差异，现有的实证研究得到的反弹效应的大小差异仍然较大。例如，现有的研究大多侧重于衡量单一的"反弹"指标，从而导致对具体考虑能源使用变化的类型有所忽视（Turner，2013）。因此，一个可行的气候变化减缓战略应该考虑到能源反弹效应；当然，这依赖于对能源反弹效应科学、可靠的估计。除了其政策含义之外，能源反弹效应还为能源需求理论、经济生产理论以及能源和环境经济学其他相关领域，带来有趣而富有挑战性的课题。正如 Greening 等（2000），Dimitropoulos（2007），Sorrell 和 Dimitropoulos（2008），Sorrell 等（2009），Brockway 等（2017）和查冬兰（2021）的研究所示，能源反弹效应引起了国内外学者和决策者的高度关注，并在近年来成为环境与能源经济学研究领域的前沿热点问题。

　　鉴于能源效率无法从宏观经济层面直接观测，多数研究大多通过估算能源消费的价格弹性衡量能源反弹效应。然而 Sorrell 和 Dimitropoulos（2007）指出，该方法意味着价格变化和能源效率变化存在一种对应关系①，而且假设能源价格不影响能源效率。此类假设已受到越来越多学者的严重质疑（Madlener 和 Alcott，2009；Barker 等，2009；Thomas 和

---

① 这意味着能源消费者对能源价格变化的反应同对能源效率变化类似。

Azevedo，2013）。对此，Adetutu 等（2016）首次提出了两步骤法：首先对能源效率进行估计，然后对能源效率等控制变量的能源消耗进行回归，从而可以在不考虑上述假设的情况下估计宏观能源反弹效应。

在 Adetutu 等（2016）研究的基础上，我们采用改进的两步法估计1997 年至 2015 年中国 30 个省级行政区的宏观经济能源反弹效应。第一步，测算中国地区能源效率的变化；第二步，估计能源消费的效率弹性，进而计算中国不同地区短期和长期的能源效率差异。

本研究的贡献可总结为以下两个方面：一方面，区别于 Adetutu 等（2016），我们采用了动态或非静态的能源效率指标对效率弹性进行估计（需要指出的是，静态能源效率指标未考虑能源技术进步）。事实上，能源利用效率提升和能源技术进步都会影响能源效率的变化。给定能源技术水平，在有效利用假设下（取最优转化率 2:1），两单位的物理能源可转化为一单位有效能源服务；但在实际应用中，能源利用效率仅为 0.5；这意味着实际上需要四单位的物理能源才可转换一单位的有效能源服务。考虑以下两个场景：第一，若能源使用效率提高 100%（能源利用效率变为 1），能源技术水平保持不变，则两单位的物理能源可转换为一单位的有效能源服务（实际转化率等于 2:1）；第二，若能源利用效率不变，能源技术水平提高 100%（最佳转化率变为 1:1），则实际转化率同为2:1。由此，我们认为能源技术进步和能源利用效率都应纳入能源反弹效应的分析。基于以上讨论，我们采用随机前沿分析（Stochastic Frontier Analysis，SFA）方法，构建了一个综合考虑上述两类因素的动态能源效率指标。另一方面，我们进一步分析了中国不同地区短期和长期的宏观能源反弹效应。目前我国宏观经济能源反弹效应的证据还不一致，关于我国区域具体宏观能源反弹效应的相关研究还很匮乏。基于中国地区视角的研究有助于更为详细地理解能源反弹效应，尤其有助于观察宏观经济角度反弹效应的区域性差异。目前该领域最新一篇研究文献 Zhang 和Lawell（2017）探讨了中国各省全要素生产率变化带来的反弹效应。比Zhang 和 Lawell（2017）更加深入的是，我们着重考虑了由于特定能源生产力提高而产生的宏观能源反弹效应。Lin 和 Du（2015a；2015b）主张在估算能源反弹效应时，应当区分一般技术进步和特定能源技术进步。因此，本书为我国省级宏观能源反弹效应的研究提供了重要的补充证据。

第二节　宏观能源反弹效应的
国内外研究进展与评述

虽然能源反弹效应在能源经济系统中的作用至关重要；然而，自 William Stanley Jevons 在 153 年前首次提出以来，能源反弹效应并没有得到学者的充分重视（Jevons，1865）。在最近几十年，涉及能源反弹效应的研究才开始明显增长；能源反弹效应更引起了大量关于能源政策有效性的学术、政策和新闻讨论。特别地，现已有众多侧重于微观经济学角度直接和/或间接能源反弹效应估计的研究（Greene，2012；Stapleton等，2016），这些微观角度文献的分析逻辑相对直接和简单；可以对特定能源技术（例如：汽车内燃机技术）或特定工业部门的反弹效应做出估计，逻辑相对简单直接。

然而，考虑到估计的全面性和复杂性，只有很少的研究调查了整个经济社会的能源反弹效应（Sorrell，2007）。特别地，宏观角度的能源反弹效应估计需要近似不同机制的净效应，这些机制可能随时间和效率来源的变化而变化（Adetutu 等，2016）。这可能是宏观经济领域能源反弹效应研究较为稀缺的原因。具体而言，宏观能源反弹效应的不同潜在机制是复杂和相互依存的（Adetutu 等，2016），因此，这导致估计直接能源反弹效应对制定或完善国家能源政策的作用较为有限。相比之下，本书关于宏观能源反弹效应的研究可得出不同机制的净效应，从而能够提供更为完善的政策建议。

目前有关宏观能源反弹效应的文献可分为两类：国别能源反弹效应研究，跨国能源反弹效应研究。前者通常关注单个国家宏观能源反弹效应的细节问题（例如：跨时间或跨地区的变化）（Allan 等，2007；

FreireGonzález，2010；Saunders，2013；陈超凡等，2021）；而后者解释了不同国家能源反弹效应规模的差异（Adetutu等，2016）。在对比各国可比能源反弹效应数据后我们发现，根据现有研究，发展中国家能源反弹效应的规模大于发达国家（Brockway等，2017；Herring和Roy，2007）。从减缓气候变化的全球使命来看，深入理解发展中国家能源反弹效应将具有更重要的意义，因为它更有助于解决全球气候变化问题。然而，现有的关于发展中国家能源回弹效应的文献只提供了有限的证据（Chakravarty等，2013），且这些证据的可信度也受到学者们的质疑（Sorrell，2007；Barker等，2009）。

由于中国是全球最大的能源消费国、温室气体排放国和"全球最大的污染国"，针对中国能源需求和能源效率的研究层出不穷。然而，具体到国家、工业和地区层面的中国能源反弹效应的研究相对匮乏。这是由于，第一，大多数关于评估中国能源反弹效应的研究都集中分析其在家庭、消费者或特定部门的直接间接作用上（国涓等，2010；Lin和Liu，2013；Lin和Tian，2016；Lin等，2013；Liu等，2016；Ouyang等，2010；Wang等，2012；Wang等，2016；Wang和Lu，2014；Zhang和Lin，2018；冯峰，2018），而很少有研究关注整个经济社会的宏观能源反弹效应（胡秋阳，2014；Li等，2016；Lin和Liu，2012；Shao等，2014；Zhang和Lawell，2017；Zhang等，2017；李金铠等，2021）。第二，以往针对中国整体经济范围内宏观能源反弹效应的研究通常集中于国家层面（Shao等，2014）或行业层面（Lin和Li，2014）或典型的经济区域层面（Ouyang等，2018；胡宗义等，2019），而很少有研究考虑地区间宏观能源反弹效应的差异。中国是仅次于俄罗斯和加拿大陆地面积的位居第三的世界大国，自然资源和人口分布存在巨大差异。因此，中国各省在地理特征、经济特征和能源利用特征等方面各不相同①。以

---

① www. washingtonpost. com/news/wonk/wp/2015/09/24/china – explained – simply – with – charts/? utm _ term = . cc7450951471 和 www. economist. com/blogs/dailychart/2011/02/comparing _ chinese _ provinces _ countries.

往针对中国整体经济范围内能源反弹效应的研究通常集中于国家层面（Shao 等，2014）或行业层面（Lin 和 Li，2014）或典型的经济区域层面（Ouyang 等，2018）。

关于中国整体经济范围宏观能源反弹效应的文献，可以根据估算方法细分为两种类型：

（1）可计算的一般均衡（CGE）模型：Glomsrød 和 Wei（2005）采用涵盖 35 个部门的 CGE 模型，探讨了"煤炭清洁利用"作为一种能源效率改进方式对环境的影响，结果表明煤炭清洁利用可以促进煤炭和总能源的利用，从而证实了能源反弹效应的存在。考虑到现有研究大多衡量单一的反弹指标，而忽视具体能源使用类型的变化（Turner，2013），查冬兰和周德群（2010）利用 CGE 模型模拟不同能源种类的能效变化对能源消费的影响，发现煤炭、石油和电力在 7 部门的平均能源反弹效应分别为 32.17%、33.06% 和 32.28%。Lu 等（2017）采用更为复杂的包括 135 个部门的 CGE 模型，进行了更为详尽的能源反弹效应的估算。研究结果表明，整体经济范围的宏观能源反弹效应对于不同能源类型是不同的，相比于短期能源反弹效应，政策制定方面应该更重视长期能源反弹效应。为了通过政策来调节能源反弹效应，Liang 等（2009）的 CGE 分析建议将能源技术政策、碳税和清洁能源补贴相结合。

（2）经济核算方法：与复杂的 CGE 方法相比，一些学者采用更直接的方法，根据经济增长、产业结构、能源强度和技术进步之间的逻辑关系来估算中国的能源反弹效应（冯烽和叶阿忠，2012；Lin 和 Du，2015）。例如，Lin 和 Liu（2012）运用数据包络分析（DEA）方法计算技术进步，进而估算技术进步带来的经济增长和相应的能源消费增量，将能源反弹效应计算为能源消费增量与能源效率提高导致的能源节约量的比率；研究结果表明，1981 年至 2009 年中国平均能源反弹效应为 53.2%。Lin 和 Du（2015）认为 Lin 和 Liu（2012）估计的技术进步不能等同于能源效率提高，因此采用能源效率指数来避免潜在偏差，并发现 1981 年至 2011 年，中国平均能源反弹效应等于 34.3%。Zhang 等（2017）是首批采用与 Lin

和 Du（2015）相似的方法来分解中国工业行业能源反弹效应的研究，他们发现 1994 年至 2012 年中国工业行业的平均能源反弹效应为 39%。Shao等（2014）利用潜变量方法重点研究了中国能源反弹效应的时间变化，并发现 1954 年至 2010 年的长期能源反弹效应年平均值为 39.7%。

同时，在学术界，关于中国宏观能源反弹效应规模大小的争论非常激烈。比如，Brockway 等（2017）采用了与 Lin 和 Li（2014）和 Zhang等（2017）相似的方法，但是由于角度不同（即基于可用能的角度），发现中国宏观经济的能源反弹效应为 80%～208%，远远高于相应研究的结果。周潮等（2021）构建存量流量一致性投入产出模型，并通过数值模拟发现中国能源总反弹效应为 34.2%。邵帅等（2013）利用状态空间模型，发现改革开放后中国短期能源反弹效应为 27.39%，但长期反弹效应达到了 81.20%。Lin 和 Lawell（2017）对中国宏观能源反弹效应进行了计量估算，表明中国各省短期、中期和长期的宏观能源反弹效应具有统计显著性；宏观能源反弹效应在短期和中期都会出现反弹，无论是全国层面还是中国的部分省份层面。

与有关能源反弹效应规模的争论相比，以往研究方法的局限性更值得关注。针对中国能源反弹效应的研究通常采用两类方法：第一类方法是估算能源消费相对于能源价格的弹性[①]。学者们对现有研究的一些假设提出了质疑（Sorrell，2007；Sorrell，2014；Sorrell 和 Dimitropoulos，2008；邵帅等，2013）：一方面，能源效率变化与能源价格变化之间的对称性假设需要进一步检验；另一方面，能源效率与能源价格和其他投入成本相关，在不考虑能源效率的情况下衡量价格弹性可能导致内生性问题。第二类方法是估算实际能源节约量（AES）和潜在能源节约量（PES）。这类方法的基本观点：效率变化可以推动经济增长，反过来又能够鼓励能源的使用。此类研究一般通过计算经济生产函数来衡量能源效率对经济增长的贡献，即当能源增强型技术变革发挥增长引擎的作用时，至

---

① 详情参考 Zhang 等（2017）和 Li 等（2016）。

少不应该增加能源的使用。为了得出实际能源节约量，这种贡献将乘以经济增长对能源使用的影响。然而，这与能源技术进步在不需要任何额外能源投入的情况下增加总产量的事实并不相符；对技术进步不同的估计方法和要素选择也会影响反弹效应的测度结果（查冬兰等，2021）。

　　综上所述，目前关于中国宏观能源反弹效应规模的争论不仅需要更为深入的探究，还需要更为可信的研究方法的支撑。尽管以往的研究为衡量中国能源反弹效应提供了有见地的证据，但有关价格弹性的研究（依赖于严格的假设）面临着严峻的挑战，而基于经济核算方法的研究也面临着可能导致有偏估计的潜在的方法论问题。如前文所述，Adetutu等（2016）所采用的方法论对于规避以上问题提供了一条相对优越的路径。在接下来的章节中，我们拟基于改进的 Adetutu 等（2016）所提出的研究方法来测算中国各地区的能源反弹效应。

第三节　宏观能源反弹效应测度模型构建

一、能源反弹效应的计量经济学模型

　　根据 Sorrell 和 Dimitropoulos（2008），能源反弹效应定义如下：

$$R = 1 + \eta_{\xi} \qquad\qquad (3-1)$$

其中，η_{ξ} 代表能源消耗相对于能源效率的弹性；测量反弹效应的关键在于估算能源消耗的效率弹性 $\dfrac{\mathrm{d}\ln E}{\mathrm{d}\ln \xi}$，因此，衡量反弹效应的关键转化为对于能源消费的效率弹性估计。

　　从理论上来说，企业的最优能源消耗取决于能源价格、能源输出量和能源生产力水平。因此，我们将最优能源消耗的自然对数表示为由能源价格、产出水平和能源效率的自然对数组成的一个未知函数[①]。

---

　　① 线性函数是现有研究中应用最广泛的函数形式。Adetutu 等（2016）进一步将变量之间的相互作用纳入考虑范围，以解释非线性关系。然而，以上函数形式需要很强的假设。

$$\ln E_{it}^{*} = f(\ln P_{it}, \ln Y_{it}, \ln \xi_{it}) + \mu_i + \varepsilon_{it} \qquad (3-2)$$

其中，E_{it}^{*} 代表最优能源消耗，P_{it} 是能源使用价格，Y_{it} 是实际 GDP，ξ_{it} 代表能源效率，μ_i 是特定省份截距，ε_{it} 是误差项。

此外，能源消耗通常体现在设备和机器上（Li 等，2018）；从该意义上讲，能源消耗无法在一瞬间进行调整，因此我们描述的是在动态调整过程中的实际能耗（Adetutu 等，2016）。

$$\ln E_{it} - \ln E_{it-1} = (1-\delta)(\ln E_{it}^{*} - \ln E_{it-1}) \qquad (3-3)$$

其中，E_{it} 代表实际能耗 $(1-\delta)$ 是调整的比例，结合式（3-2）和公式（3-3）可以得到以下关系：

$$\ln E_{it} = \delta \ln E_{it-1} + (1-\delta)f(\ln P_{it}, \ln Y_{it}, \ln \xi_{it}) + (\alpha_i + \nu_{it}) \quad (3-4)$$

其中，$\alpha_i = (1-\delta)\mu_i$；$\nu_{it} = (1-\delta)\varepsilon_{it}$。为了估算能源消耗相对于能源效率的弹性，我们采用 $f(\ln P_{it}, \ln Y_{it}, \ln \xi_{it})$ 的第二泰勒展开式来近似求得其值。第二泰勒展开式是一个可以近似于未知函数的超越对数函数（Coelli 等，2005）。因此，式（3-4）可被改写为[①]：

$$\ln E_{it} = \delta \ln E_{it-1} + \beta_1 \ln P_{it} + \beta_2 \ln Y_{it} + \beta_3 \ln \xi_{it}$$

$$+ \frac{\beta_4}{2}\ln P_{it}\ln \xi_{it} + \frac{\beta_5}{2}\ln Y_{it}\ln \xi_{it} + \frac{\beta_6}{2}\ln P_{it}\ln Y_{it}$$

$$+ \frac{\beta_7}{2}[\ln \xi_{it}]^2 + \frac{\beta_8}{2}[\ln Y_{it}]^2 + \frac{\beta_9}{2}[\ln P_{it}]^2 + (\alpha_i + \nu_{it}) \quad (3-5)$$

----

① 一般而言，组内估计量和最小二乘虚拟变量（LSDV）两估算方法都可应用于本研究。但是由于式（3-5）中存在滞后因变量，这些传统估算方法得出的结果不一致。鉴于这个问题，一些研究已经提出了工具变量（IV）估计器和广义矩法（GMM）估计器作为解决方案。例如，Adetutu 等（2016）采用 GMM 模型来估计能量消费的效率弹性，然后通过使用该弹性和其他 GMM 系数来计算能源回弹效应。应该注意的是，GMM 方法也存在问题，特别是在 T 和小 N 的样本选取中。正如 Everaert 和 Pozzi（2007）总结的那样，（i）GMM 估计量的标准误差大于 LSDV 估计量；（ii）工具变量的选择是必要步骤，若采用 GMM 估算的时刻条件太多，所得到的 GMM 估算结果可能存在小的样本偏差。为避免这些问题，Everaert 和 Pozzi（2007）提出了一种自助的 LSDV 偏差校正，可以降低原始 LSDV 估计器的偏差，并且与 GMM 方法相比可以确保更高的估计效率。根据 Everaert 和 Pozzi（2007）的 Monte Carlo 模拟，在小 T 和小 N 的样本中，LSDV 方法自助的偏差校正（BCFE）在估计和推理方面都优于 GMM 估计。另外，基于从 GMM 获得的标准误差的推断在横截面依赖性下是无效的。对于 BCFE 方法，标准误差也可以通过特定的重采样方案一致地估计。因此在本研究中，我们使用 BCFE 方法来估计式（3-5）。参考 Everaert 和 Pozzi（2007），我们首先获得原始偏置 LSDV 估计，然后使用交互式自举方法搜索参数空间以找到无偏估计。

基于式（3-5），可以得到短期（同期）的弹性效率：

$$\eta_{\xi,it}^{sr} = \beta_3 + \frac{\beta_4}{2}\ln P_{it} + \frac{\beta_5}{2}\ln Y_{it} + \beta_7\ln\xi_{it} \qquad (3-6)$$

式（3-6）表明能源反弹效应的大小不是一个常数，而取决于能源价格、收入水平和特定观察点的能源利用效率。尽管式（3-6）是由上述数学方法推导而来，其本身也符合经济学理论直觉。

由于本期能源需求依赖于前一阶段的能源需求，能源效率提升的影响将持续很长时间。举例来说，假设在时间段 $t=0$ 时，一单位的能效收益会减少 s 单位的能耗；那么，在下一个时间段（$t=1$），其影响会变为 $\delta\times s$，并且会在第二个时间段变为 $\delta^2\times s$，以此类推。总效应当按 $\frac{1}{1-\delta}\times s$ 进行计算，其中 s 和 δ 分别由式（3-5）和式（3-6）估算得到。由此我们得到长期的效率弹性：

长期

$$\eta_{\xi,it}^{lr} = \frac{\beta_3 + \frac{\beta_4}{2}\ln P_{it} + \frac{\beta_5}{2}\ln Y_{it} + \beta_7\ln\xi_{it}}{1-\delta} \qquad (3-7)$$

通过上述两个方程，分别计算短期的宏观能源反弹效应 $R_{sr}=1+\eta_{\xi,it}^{sr}$ 和长期的宏观能源反弹效应 $R_{lr}=1+\eta_{\xi,it}^{lr}$。可以看出，$R_{sr}$ 与 R_{lr} 的计算涉及式（3-5）中参数的估算。因此，统计噪声可能会影响 R_{sr} 和 R_{lr} 的估算值。针对这一问题，我们按照 Lin 和 Lawell（2017）的方法，采用 Delta 法对相应的标准误差和点估计进行估算，并根据估算结果，进一步构建95%的置信区间。

为了估算式（3-5），最基本的问题是获取能源效率的指标。由于能源效率在宏观经济层面上是无法被观察到的，为了解决这个问题，我们构建了一个动态能源效率指标，其被称为 Malmquist 能源生产率指数（MEPI）。

二、动态能源效率测算

如前文所述，综合的能源效率测算方法不仅应当考虑静态能源使用效率，还应该考虑和能源消耗相关的技术变化。因此，区别于 Adetutu 等（2016）提出的静态效率指标，我们使用 Malmquist 能源生产率指数（MEPI）作为本研究能源效率的指标。参考 Du 和 Lin（2017），我们基于 Shephard 能源距离函数测算出全要素生产率，其公式为[①]：

$$D_E^t(K,L,E,Y) = sup\{\theta \mid (K,L,E/\theta,Y) \in P^t\} \qquad (3-8)$$

其中，上标 t 代表时间长度，K、L 和 E 分别代表资本、劳动和能源投入；Y 代表意愿产出；P^t 代表 t 时间内的生产技术水平，可被表示为：

$$P^t = \{(K,L,E) \ can \ produce \ Y\} \qquad (3-9)$$

谢泼德（Shephard）能源距离函数描述了在保持其他投入（资本和劳动）和一定生产技术条件下的产出水平不变的情况下，能源投入的最大减少值。能源利用效率通常被定义为最佳（最小）能源投入量和实际能源投入之间的比率（Hu 和 Wang，2006），即 $1/D_E^t(K,L,E,Y)$。如图 3-1所示，曲线表示等产量线，A 点代表和生产可能性曲线同水平的产出情况下的实际生产活动。在给定现有技术水平下，A 点的能源投入可以由 E_1 减少为 E_2，因此 A 点是低效的。在该情况下，Shephard 能源距

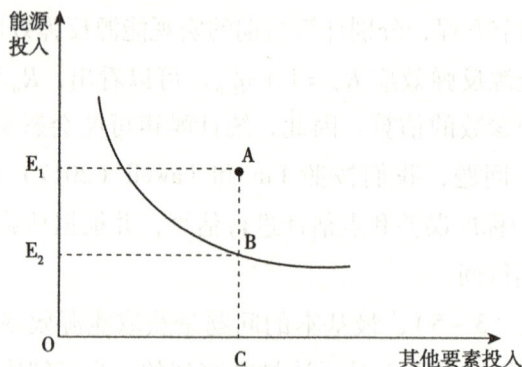

图 3-1 谢泼德能源距离函数阐释

[①] 能源距离函数由 Boyd（2008）和 Zhou 等（2012）引入。Lin 和 Du（2014）比较了谢泼德能源距离函数和传统的谢泼德输入距离函数，并得出结论，前者更适合测量能源效率。更多详细信息，请参阅 Lin 和 Du（2014）。

离函数可表示为 AC/BC，能源利用效率为 BC/AC。显然，这是一种不考虑能源技术变化的静态能源效率测算模型。

根据 Du 和 Lin（2017），针对特定省份 i 的 Malmquist 能源生产率指数可以表示为：

$$MEPI_i^{t,t+1} = \left[\frac{D_E^t(K_i^t,L_i^t,E_i^t,Y_i^t) \times D_E^{t+1}(K_i^t,L_i^t,E_i^t,Y_i^t)}{D_E^t(K_i^{t+1},L_i^{t+1},E_i^{t+1},Y_i^{t+1}) \times D_E^{t+1}(K_i^{t+1},L_i^{t+1},E_i^{t+1},Y_i^{t+1})} \right]^{\frac{1}{2}}$$

$$(3-10)$$

式（3-10）反映了时间 t 到 $t+1$ 区间内的能源生产率变化，其可被拆解为：

$$MEPI_i^{t,t+1} = \frac{D_E^t(K_i^t,L_i^t,E_i^t,Y_i^t)}{D_E^{t+1}(K_i^{t+1},L_i^{t+1},E_i^{t+1},Y_i^{t+1})}$$

$$\times \left[\frac{D_E^{t+1}(K_i^{t+1},L_i^{t+1},E_i^{t+1},Y_i^{t+1}) \times D_E^{t+1}(K_i^t,L_i^t,E_i^t,Y_i^t)}{D_E^t(K_i^{t+1},L_i^{t+1},E_i^{t+1},Y_i^{t+1}) \times D_E^t(K_i^t,L_i^t,E_i^t,Y_i^t)} \right]^{\frac{1}{2}}$$

$$\equiv EFFCH_i^{t,t+1} \times TECCH_i^{t,t+1} \qquad (3-11)$$

$EFFCH_i^{t,t+1}$ 表示第 i 个 DMU 更接近或更远离生产前沿。在本书中，每个省份都被看作一个 DMU，因此，它在这里代表了能源利用效率的变化。$TECCH_i^{t,t+1}$ 反映了生产前沿和能源方向的改变，在这里代表能源技术变化。式（3-11）说明能源生产率变化是能源利用效率变化和能源技术进步共同作用的产物。这是一个动态的能源效率测算模型，能够将能源利用效率变化和能源技术进步同时纳入考虑范围内。我们可用图 3-2 刻画 MEPI 模型及其思想，图中曲线 F_t 和 F_{t+1} 分别代表 t 时刻和 $t+1$ 时刻的等产量曲线。点 A_1 和 A_2 分别代表 t 时刻和 $t+1$ 时刻的实际生产情况，$\frac{C_2 D_2 / A_2 D_2}{B_1 D_1 / A_1 D_1}$ 表示能源利用效率的变化。以点 A_1 为例，$\frac{C_2 D_2 / A_2 D_2}{B_1 D_1 / A_1 D_1}$ 为生产前沿性的变化。同理，点 A_2 的生产前沿变化为 $\frac{A_1 D_1 / C_1 D_1}{A_1 D_1 / B_1 D_1}$。能源技术变化的组成部分可视为这两个生产前沿变化的几何平均值，以避免选择单一参照的带来的模糊性。综合能源利用效率变化和能源技术变化

可得到 $MEPI = \left[\dfrac{A_1D_1/B_1D_1}{A_2D_2/B_2D_2} \times \dfrac{A_1D_1/C_1D_1}{A_2D_2/C_2D_2} \right]^{\frac{1}{2}}$。参照 Adetutu 等（2016），我们采用 SFA 方法来估算 MEPI[①]。

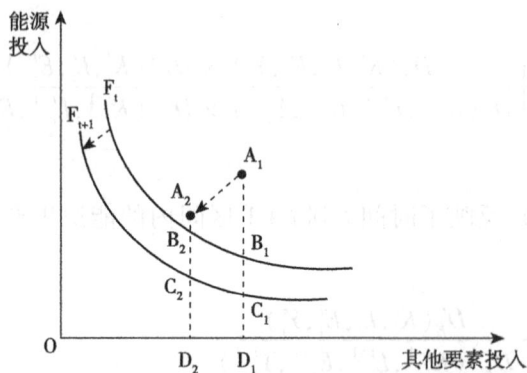

图 3 – 2 曼奎斯特（Malmquist）能源生产率指数阐释

三、数据来源及处理

为了估算各省的能源回弹效应，本书构建了中国 30 个省级行政区 1997 年至 2015 年的面板数据集[②]。表 3 – 1 汇报了所选样本变量的描述性统计。具体而言，Y 代表国内生产总值，按 1997 年国民价格为基期价格计算的实际国内生产总值（以人民币计算）来衡量。L 代表劳动投入，以劳动成员参与量（以百万计）来衡量。K 代表资本投入，根据永续盘存制（PIM）以 1997 年国民价格（以亿元人民币计）为基期价格计算出的资本存量来衡量。E 代表能源使用量，以总能耗（以百万吨标准煤计）来衡量。P 代表能源价格，用"（燃料和动力）工业生产者购买价格指数"来衡量。所有数据均摘自中国国家级或省级统计年鉴。

———————————

① 详情请参阅附录 A。
② 部分省份和特别行政区由于数据可获得性被剔除。本研究包含 570 个观察结果，自由度相对较大，因此就统计效果而言，样本大小是可以接受的。

表3-1　　　　　　　变量的描述性统计（以1997年为基期）

变量	描述	均值	标准差	最小值	最大值
Y	GDP（亿元）	797.47	846.01	20.21	4940.88
L	劳动（百万人）	24.35	16.33	2.54	66.36
K	资本（亿元）	1877.04	2132.81	45.94	13630.70
E	能源（百万吨标准煤）	95.84	73.21	3.90	388.99
P	能源价格指数（1997 = 100）	129.91	31.83	86.28	239.95

第四节　中国地区短期与长期宏观能源反弹效应

一、能源反弹效应测算结果

从经济学意义上来说，式（3-5）组成了一个动态面板数据模型。系统广义矩量法（GMM）被广泛用于估计该模型。表3-2展示了式（3-5）的估算结果。为形成对照，我们同时使用最小二乘法（OLS）和固定效应模型（FE）等估算模型对其进行估计，这些估算方法在和动态面板模型的结合过程中存在结果偏差。需要注意的是，GMM估算方法的前提假设需通过AR检验和Sargan测试验证。可以看出AR测试用于表明在数据处理在二阶没有序列相关性，而Sargan测试不能排除GMM估计中使用的仪器整体外生性的零假设。综上可得出结论，利用GMM模型进行本研究的估计是合理有效的。

表3-2　　　　　　　　　能源消费函数估算

变量	参数	普通最小二乘法（OLS）		固定效应（FE）		系统广义矩估计（sysGMM）	
		估计值	标准差	估计值	标准差	估计值	标准差
$\ln E$	δ	0.9686***	(0.0086)	0.7510***	(0.0475)	0.4913***	(0.0422)
$\ln P$	β_1	−0.0377	(0.0197)	0.1428**	(0.0446)	0.2588***	(0.034)
$\ln Y$	β_2	0.0187	(0.0103)	0.0348	(0.032)	0.3096***	(0.0415)
$\ln \xi$	β_3	−0.006	(0.0078)	0.0908**	(0.0255)	−0.1069**	(0.0329)

续表

变量	参数	普通最小二乘法（OLS）		固定效应（FE）		系统广义矩估计（sysGMM）	
		估计值	标准差	估计值	标准差	估计值	标准差
$0.5 \times \ln P \times \ln \xi$	β_4	0.0232	(0.0766)	-0.4102**	(0.1193)	0.194	(0.1045)
$0.5 \times \ln \xi \times \ln Y$	β_5	0.0361	(0.0341)	0.1804***	(0.0427)	0.2164***	(0.0547)
$0.5 \times \ln P \times \ln Y$	β_6	-0.2579***	(0.0676)	0.2266*	(0.099)	-0.4292***	(0.0841)
$0.5 \times [\ln \xi]^2$	β_7	-0.0748***	(0.0189)	-0.1647***	(0.029)	-0.1528***	(0.0385)
$0.5 \times [\ln Y]^2$	β_8	0.0117	(0.0162)	-0.1384***	(0.0213)	-0.0109	(0.0173)
$0.5 \times [\ln P]^2$	β_9	-0.3775**	(0.1232)	-0.7071*	(0.3075)	-0.4310*	(0.2113)
Cons	α	0.0902***	(0.0043)	0.1255***	(0.0147)		
Ar (1) (p-value)						0.0150	
Ar (2) (p-value)						0.1922	
Sargan test (p-value)						0.7950	
N		540		540		540	

注：表中星号 *，** 和 *** 分别表示系数在 10%，5% 和 1% 的水平上具有统计学意义。

若取式（3-5）关于 lnP 的二阶导数，结果将反映当价格变化时能源消费的价格弹性变化。经计算，这一结果为 -0.4310，表明当能源价格较高时，能源消费的价格弹性较低。因此，能源价格较高的省份更有可能存在潜在的节能效果。

利用表 3-2 中的 GMM 估计系数，我们可利用式（3-6）和式（3-7）计算出能源反弹效应。表 3-3 显示了平均短期和长期能源反弹效应的点估计结果，以及 1997 年至 2015 年在 95% 置信区间（CI）内每个省的具体估计结果。全国短期平均能源反弹效应的平均值为 88.55%，而长期平均能源反弹效应的平均值为 77.50%。95% 置信区间内的全国短期能源反弹效应落在 85.26% 至 91.84% 之间，同样置信区间的长期能源反弹效应落在 71.86% 至 83.13% 之间。

研究发现，短期能源反弹效应明显高于长期能源反弹效应，这与先前的研究结论是一致的（Adetutu 等，2016）。随着科学技术进步和知识积累，经济发展可以有效借助能源效率领域的技术进步；随着公

众对全球气候变化和环境污染关注度提升，经济发展将渐渐提升能源
利用的效率；因此，从整体来看，长期的能源反弹效应将小于短期能
源反弹效应。

通过对表 3 – 3 的观察，我们还发现宏观层面能源反弹效应的跨区域
差别。东部省份的平均短期能源反弹效应为 85.65%，而中部地区和西
部地区的短期反弹效应相对较大（分别为 90.81% 和 89.20%）。东部地
区的短期能源反弹效应 95% 置信区间落在 79.30% 至 92.00% 之间。相比
之下，中部地区的短期能源反弹效应落在 86.03% 至 95.59% 之间，而西
部地区的短期能源反弹效应落在 83.35% 至 95.05% 之间。长期能源反弹
效应存在类似的区域差异，详情见表 3 – 3。

表 3 – 3　　　　平均短期能源反弹效应和长期能源反弹效应的
点估计以及 95% 置信区间的估计（1997 年至 2015 年）

省份	短期能源反弹效应			长期能源反弹效应			省份	短期能源反弹效应			长期能源反弹效应		
	估计值	5%置信区间	95%置信区间	估计值	5%置信区间	95%置信区间		估计值	5%置信区间	95%置信区间	估计值	5%置信区间	95%置信区间
安徽	93.22	91.68	94.75	86.67	83.96	89.37	江苏	89.75	87.91	91.59	79.85	76.54	83.17
北京	79.31	77.14	81.48	59.33	55.69	62.97	江西	91.79	90.24	93.34	83.86	81.21	86.51
重庆	88.90	87.30	90.51	78.19	75.57	80.81	吉林	86.96	85.31	88.61	74.37	71.73	77.01
福建	87.13	85.45	88.80	74.69	71.91	77.48	辽宁	87.56	85.84	89.29	75.56	72.61	78.50
甘肃	92.28	90.54	94.02	84.83	81.75	87.90	宁夏	84.14	81.74	86.53	68.81	64.66	72.97
广东	89.29	87.51	91.06	78.94	75.77	82.11	青海	82.57	80.21	84.93	65.74	61.74	69.73
广西	92.57	90.99	94.14	85.39	82.64	88.14	陕西	89.34	87.73	90.95	79.05	76.40	81.71
贵州	92.74	90.97	94.52	85.73	82.55	88.92	山东	91.81	90.07	93.55	83.90	80.75	87.05
海南	79.89	77.74	82.05	60.48	57.01	63.94	上海	78.57	76.17	80.97	57.87	53.65	62.10
河北	90.76	89.11	92.41	81.84	78.96	84.71	山西	88.52	86.89	90.16	77.44	74.77	80.11
黑龙江	88.81	87.07	90.53	78.00	75.06	80.93	四川	92.96	91.40	94.51	86.16	83.41	88.90
河南	94.52	92.96	96.07	89.22	86.41	92.03	天津	80.52	78.51	82.54	61.72	58.44	64.99
湖北	91.82	90.28	93.36	83.92	81.25	86.59	新疆	84.61	82.56	86.67	69.75	66.29	73.22
湖南	93.33	91.82	94.83	86.88	84.24	89.52	云南	91.90	90.33	93.47	84.07	81.38	86.76
内蒙古	88.31	86.68	89.94	77.02	74.37	79.68	浙江	87.53	85.78	89.29	75.50	72.47	78.53
东部	85.65	79.30	92.00	71.79	60.90	82.68	中部	90.81	86.03	95.59	81.93	73.80	90.07
西部	89.20	83.35	95.05	78.77	68.72	88.82	全国	88.55	85.26	91.84	77.50	71.86	83.13

为了进一步揭示反弹效应的地区差异，我们在图3-3中展示了不同地区逐年的动态平均能源反弹效应。每个省份/自治区/直辖市短期和长期能源反弹效应于特定点的估计值以及落于95%置信区间内的估计值，均列于附录C的图C1和图C2中。一般来说，图3-3中的面板A、B的动态平均能源反弹效应几乎是相同的，两者均显示了上述地区的趋势差异。其中，东部地区的区域性平均能源反弹效应在整个观测期内基本呈

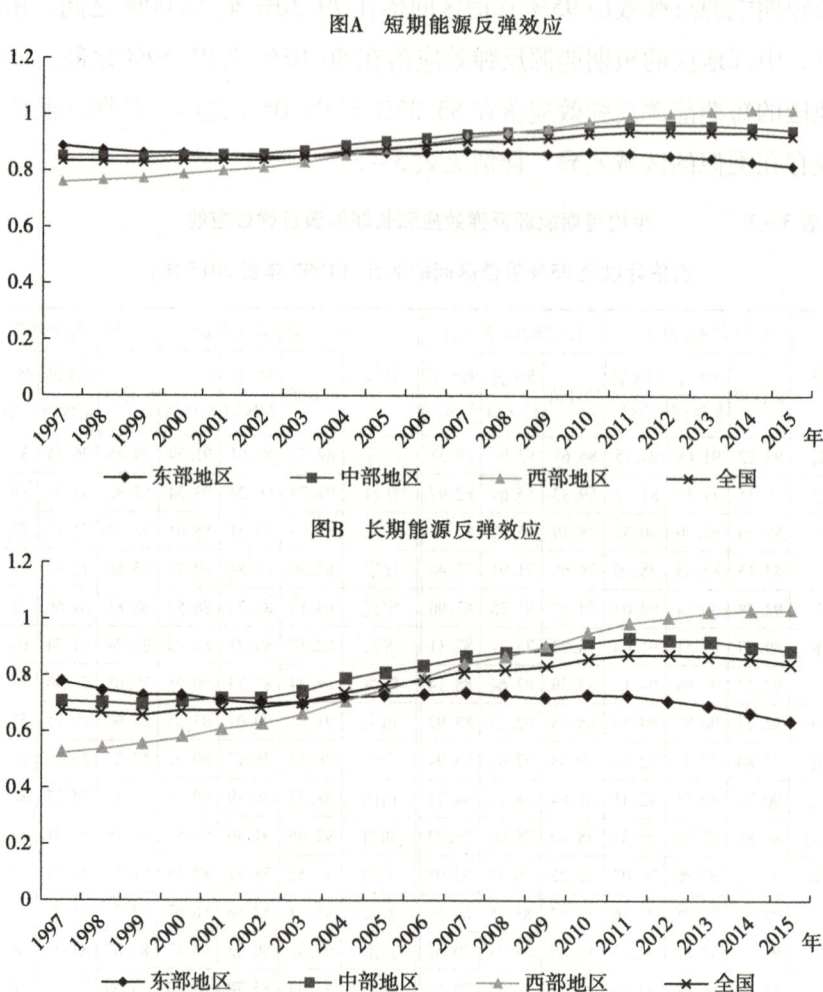

图A 短期能源反弹效应

图B 长期能源反弹效应

图3-3 中国地区逐年平均能源反弹效应（1997年至2015年）

注：特定地区请参阅附录D。

下降趋势；对于中部地区而言，区域性平均能源反弹效应在2010年前表现为持续上升，但于2010年至2015年呈下降趋势；而西部地区的能源反弹效应仍持续上升，并无回降趋势。上述动态走向的差异表明，不同地区的相对能源反弹效应的大小随着时间不断变化：在最初阶段，东部地区的区域性平均能源反弹效应是最大的，中部地区居中，西部最小；接下来一段时间内，三者的反弹效应表现出趋同的走向；然而，自2004年以来，不同区域的能源反弹效应差异变大了。在研究时点的末期，西部、中部和东部地区的地区性平均能源反弹效应依次减少。

如图3-3所示，中国东部地区的短期、长期能源反弹效应在研究期间整体呈下降趋势。此外，2010年后，东部地区反弹效应下降尤其明显：其中，短期平均能源反弹效应每年减少约1.17%，长期平均能源反弹效应每年减少约2.79%。与之形成对比的是，中部地区的短期和长期反弹效应都呈现一种先上升、后下降的趋势。1997年至2002年，中部地区的平均能源反弹效应维持在一个相对稳定的水平（短期能源反弹效应维持在85%、长期能源反弹效应维持在70%）。2003年以后，中部地区的反弹效应有了较大的提升，特别是在2003年至2011年，中部地区的短期能源反弹效应年增长率约为1.29%，长期能源反弹效应年增长率约为2.84%。2011年中部地区的反弹效应达到了峰值，随后呈现出缓慢下降的趋势。

对西部地区来说，与中、东部相比，西部地区的能源反弹效应走势与东部地区几乎完全相反。自1997年以来，西部地区短期、长期能源反弹效应皆经历了明显增长，如西部地区的短期平均能源反弹效应从1997年的75.88%增长至2014年的101.54%，平均年增长率约为1.73%；长期平均能源反弹效应从1997年的52.59%增长至2014年的103.02%，平均增长率约为4.05%。2014年至2015年，东部和中部地能源回弹效显著下降的情况下，西部地区的短期和长期能源回弹效并无明显变化。

不同地区的能源反弹效应的走向差异为能源反弹效应大小的影响因素提供了有力证据。基于估算能源反弹效应的经济学模型，能源价格和能源效率会抑制能源反弹效应，而经济发展会推动能源反弹效应。过去几十年中，中国经济实现了前所未有的高速增长。然而，这种增长是不平衡的，中国地区之间存在经济差距。东部地区的经济发展水平最高，产业结构以服务业为主。经济发展水平较低的中西部地区，产业结构仍以能源密集型第二产业为主。基于以上分析，东部地区的经济增长温和，如2012年经济增长率比西部地区低3.02%，能效改善的负面影响主导了东部地区能源反弹效应的变化，其影响超过了中国西部地区收入增长的积极影响。

在东部地区，主要是技术进步推动了能源效率的持续提高。根据附录B的计算，东部地区的平均能源生产率指数远高于西部省份。在研究末期的高效率水平下，能源利用效率提升带来的益处对于东部地区的经济主体来说是明显的，因此相较于其他地区，东部地区更倾向于更大程度地提升潜在节能水平。当能源利用效率相对较低，能源价格又保持在较低的市场化水平时（能源价格在中国受到一定程度的政府管控），与通过更多能源投入获得经济回报相比，西部地区的经济主体对于通过能源节约获得的有限经济利润是不太敏感的（Lin 和 Ouyang，2014）。因此，西部地区的能源反弹效应持续上升，并于2010年达到峰值。此外，东部地区拥有较高的能源消费水平，即使在一个很小的能源反弹效应下，未来能源消费需求的提升也可能带来能源消耗的明显增高；对比之下，西部地区的能源消费需求相对较低，即使在一个更大的能源反弹效应下，能源消费需求带来的能源消耗提升也不明显。因此在全国经济快速增长的研究期内，西部地区表现出能源回弹效应的缓慢增长。

研究结果还显示，自2010年起，东部、中部地区短期和长期的能源反弹效应都呈现下降趋势，而西部地区的能源反弹效应持续增长。该现象背后可能与2010年后大量经济活动从华东转移到华西有关。根据国家强制性节能减排目标和大气污染防治规划，高耗能经济活动（污染产业）逐步从东部地区向中西部地区转移。东部地区拥有较高的人口密度、城市化和工业化水平，环境治理制约更加严格。而西部地区经济发展水平低，工业化程度低，西部地区的能源强度政策权衡了经济发展和环境容量。换句话说，相较于东部和中部地区，节能减排的目标在西部地区有更多的空间。因此，在东部地区的环境治理背景下，西部地区的能源开发和产业结构调整导致了能源消费增长和环境污染从东部地区向中西部地区逐渐转移（Lin 和 Zou，2014）。通过上述三个地区短期和长期能源反弹效应的比较，可以看出经济发展、产业结构调整、能源利用效率和科学技术发展水平很大程度上决定了区域性能源反弹效应的大小。总的来说，无论是能源消费需求增长、环境污染状况或能源反弹效应，都在一定程度上呈现出受到经济发展影响的阶段性特征。

二、宏观能源反弹效应估计结果比较

我们的研究发现，全国短期平均能源反弹效应为 88.55%，落在 95% 置信区间内的值为 85.26% ~ 91.84%。事实上，能源反弹效应大小的计算在学术上仍具争议。例如 Gillingham 等（2013；2016）认为，对效率的反弹效应计算往往是过度的。长期能源回弹效应的计算考虑了各个时期累计的能源节约量，从而导致更低的能源回弹效应值。与此相对应的，本书中全国长期平均能源反弹效应为 77.50%。然而大部分现有研究仅考察了当前时段内通过提升能源利用效率所节省的能源。因此，相对于仅考虑当前时段能源节约的现有研究，本书对短期能源回弹效应的估计更加可靠。

根据 Adetutu 等（2016）的研究，1997 年至 2010 年中国的平均能源回弹效应在 68% 至 89% 之间波动，其结果非常接近本书的估计。此外，Brockway 等（2017）基于 AES/PES 方法，估算中国在 1980 年至 2010 年的平均能源回弹效应为 77%，同样与本研究结果接近。相比首次对中国省级能源反弹效应进行研究的 Zhang 和 Lin Lawell（2017）研究结果，本研究的省级能源反弹效应的估算值更加稳定。例如，根据 Zhang 和 Lin Lawell（2017）的研究结果，作为地理邻近省份，上海和浙江在收入水平、经济结构和社会风俗等方面相差不大，而上海的"短期能源反弹效应增长"大于1000%，表明能源政策的效果"适得其反"；而浙江省的"短期能源反弹效应增长"小于 – 200%，意味着能源政策的效果极端保守。

我们的研究结果表明，中国宏观层面的短期能源反弹效应的合理区间为85.26%～91.84%（在95%置信区间内），长期能源反弹效应的合理区间为71.86%～83.13%（在95%置信区间内）。

本书为中国宏观能源反弹效应研究提供了有价值的证据，原因如下：

首先，遵循 Adetutu 等（2016）的研究，我们通过直接测定能源消费需求相对能源效率的弹性来测算能源反弹效应。采用该策略可避免以下严格假设：（1）价格变化与能效变化之间存在对应关系；（2）能源价格对能源效率没有影响，这是由估算能源价格弹性的方法决定的。Sorrell 和 Dimitropoulos（2007）提出，利用能源需求自身的价格弹性计算能源反弹效应得到的结果是有偏差的。结合 Adetutu 等（2016）和 Brockway 等（2017）对全国范围内能源反弹效应的估算方法，本书提出了对中国省级能源反弹效应的一致性估计。

其次，我们进一步改进了 Adetutu 等（2016）提出的测算方法。采用动态而非静态的能源利用效率指标对效率弹性进行估计，其对应优势已在方法论部分详细讨论。

最后，与 Shao 等（2014）和 Zhang 和 Lin Lawell（2017）的研究相比，我们采用能源效率提升而非全要素生产率来量化能源反弹效应。值得注意的是，科技进步和能源利用效率提升是有区别的。Black 等（2009）认为科技变化或技术进步是希克斯中性的，它不影响产品生产函数中资本和劳动的平衡。换句话说，全要素生产率的提升仅由技术改变引起。在这种情况下，能源效率的提升可用总体技术进步表示。然而，关于希克斯中性技术进步的假设很强，现实和假设存在较大差距。Acemoglu（2002）指出，当技术进步存在偏差时，生产技术的转变将通过提高某些生产要素的相对生产率而有利于其他生产要素。因此，在某些情况下，如果技术进步倾向于影响其他生产要素而非能源，那么这种偏差性技术进步可能不利于能源节约。因此，将一般性技术进步和能源利用效率提升区分开来，有助于估算能源回弹效应。

第五节　本章小结

一、研究小结

面对全球气候变化，作为世界上最大的能源消费国和二氧化碳排放国，中国在减少不可再生能源的使用上作出了坚定的承诺。在过去几十年中，中国一直致力于提高能源使用效率，然而，中国能源消费需求降低带来的能源利用效率提升仍存在争议。能源反弹效应代表了能源效率提升和能源需求下降的非比例关系。现有关于中国宏观层面的能源回弹效应的估计幅度存在较大差别，从接近 30% 到 200% 不等。总的来说，回弹效应大小的估算在学术上仍未达成一致共识。

为确定中国宏观层面能源反弹效应的一致范围，我们采用修正的两步法，以 1997—2015 年中国三十个省份的面板数据为研究对象。根据研究结果，全省份的短期平均能源反弹效应为 88.55%（在 95% 置信区间内，最低反弹效应为 85.26%，最高反弹效应为 91.84%）；长期平均能源反弹效应为 77.50%（在 95% 置信区间内，长期能源反弹效应在 71.86% 至 83.13% 间分布）。实证结果同时表明，反弹效应的大小和动态走向存在地区差异。进一步的实证结果表明，在持续显著的能源利用效率提升和经济的适度增长刺激下，能源反弹效应将下降。此外，对能源需求的价格弹性估算结果表明，若中国目前的能源价格改革进一步深化，可以预期各省将实现更多潜在的能源节约，特别是最近经历回弹效应下降的东部地区。

在实证检验前，确定影响能源回弹效应的因素至关重要，因此需建立影响机制的理论基础。在此背景下，我们可以确定影响中国省级能源回弹效应的基本因素及其可能的作用渠道。上述解决方案需要做大量的工作，因此探讨中国不同地区能源回弹效应的来源是我们今后研究的一个重要方向。在本书中，我们把研究重点放在利用改进方法对中国省级能源回弹效应的估算上。

二、研究启示

如何通过提高能源效率来管控能源消费增长，以实现节能、减缓全球气候变暖、改善资源分配、提高工业生产力、增强能源安全等多种经济和社会效益，从而促进经济社会可持续发展，这一关键问题越来越受到学者、从业者和政策制定者关注。据国际能源署统计，虽然全球仍有约70%的能效潜力尚待开发，但由于国情、发展阶段和节能政策的差异，可能导致不同的能效改善潜力和经济社会效益。相应的政策影响概述如下：

由于能源在经济增长和能源扶贫方面发挥的关键作用，能源价格在中国长期受到管制，导致一定程度的能源价格扭曲（Ouyang 和 Sun，2015；Ju 等，2017）。因此，许多研究发现，能源价格成为能源需求的一个不显著甚至积极影响因素（例如：Song 和 Zheng，2012；Lin 和 Ouyang，2014）。本书实证结果显示，能源价格越高，能源消费的价格弹性越低，表明由能源价格变化引导的潜在节能目标仍需通过进一步能源价格改革实现。此外，能源价格改革并不意味着简单提升能源价格，而是在特定领域系统性的设计定价机制，以实现能源需求对价格浮动的充分响应。能源价格改革的核心是降低政府对于能源市场的干预，允许能源价格充分反映环境治理和能源、资源稀缺性，使能源价格成为指导经济资源分配的有效信号。在此过程中，中国政府可通过直接价格管制和逐渐取消对化石燃料的补贴等方式，改变参与能源市场的途径和方式（Ouyang 和 Sun，2015）。确保合理的能源价格不仅有利于西部地区的经济发展，也有利于遏制东部地区不合理、浪费性的能源消耗。在此背景下，能源价格改革可以促进能源结构调整、先进节能技术的研究与应用，有效缓解能源反弹效应对节能减排的影响。此外，财政政策、税收政策和污染治理也可以抑制能源反弹效应。例如，政府可以通过为公司提供优惠来促进节能设备的安装，同时通过对化石能源消费征税，或者通过污染法规要求企业使用可获得且价格合理的技术达到排放标准，以降低能源的过度使用和浪费。

在制定能源经济发展战略时，应充分考虑我国各地区经济发展水平和能源消费的特点以及能源回弹效应的差异，以更好地促进各地区节能发展。基于本书的实证研究结果，2009年后中国西部地区的短期、长期宏观经济能源回弹效应均高于中、东部地区，因此应重点关注通过能源技术进步来促进中国西部地区能源效率的提高。换句话说，西部地区是降低全国能源回弹效应的关键性地区，也因此更容易实现节能目标。此外，还应补充有效的节能政策作为西部能效政策的配套政策，如推进产业结构优化升级，为专业能源服务企业提供税收优惠政策，加快节能服务的应用和推广等。

科技进步是提高能源利用效率的有效手段。实证研究结果表明，大部分省级行政区的 TECCH 比 EFFCH 大，说明能源生产率主要受到科学技术进步的影响。因此，中国政府应当增加财政支持力度或提供优惠政策或启动政府研究与开发计划，为研究与开发吸引研发投资，促进能源利用方面的技术创新。政府可通过授予研究补助金或研究基金、制定提供研发目标和研发动机的管理规定、提供研发税收抵免、降低税率或优惠税率、减税、免税等政策有效推进能效研究与开发的发展。然而，仅依靠推动技术革新来提高能源利用效率，进而降低能源消费需求和排放量是不现实的，其他政策如能源税或碳税以及需求侧的能源消费、规章制度同样被需要。因此，如何将科技革新与可持续发展生活方式相结合，确保未来经济生活拥有一个较高的"生活质量"，这将是能源效率政策实践中需要被解决的重要议题（Herring 和 Roy，2007）。除了促进能源技术进步，碳税与效率标准相结合，不仅要求制造商和建筑商积极主动地提高能源效率，而且为能源使用者提供有效的激励措施，使其改变行为模式以最大限度地节约能源。

　　在提高区域间能源生产率方面，政府应该更加关注不同省份和不同地区之间的技术溢出效应。高污染、高耗能产业从东部地区转移到西部地区可能导致西部地区能源回弹效应的提高和环境污染。政府需要在节能政策上给予西部地区更多支持，特别是加大资金投入，用于西部地区高耗能产业的能效提升（如为生产过程中引入和应用的节能设备提供补贴）和治理环境污染（如支持引进污染控制技术）等方面。在此背景下，可以加快东部地区较为先进的节能技术向中西部地区的推广步伐，更好地实现能源效率提升和节能目标。

第四章　中国地区要素价格扭曲与能源效率研究

第一节　要素价格扭曲与能源效率研究背景

价格改革作为改革开放的重要组成部分，四十多年来完成了从双轨制向市场化的过渡。2001年我国加入WTO后，产品价格的市场化程度已经达到了较高水平（Ouyang和Sun，2015），与之形成鲜明对比的是要素市场化进程的迟滞。"有形的手"在生产要素定价中依然发挥着主导性作用（Huang和Wang，2010）。我国能源价格，就长期处于被低估的状态（Sun和Lin，2013）。当相对低估的能源价格小于能源投入的边际产出时，易导致能源的过度使用，从而降低了能源效率。从2010年起，中国已超过美国成为世界一次能源消费第一大国，2015年，我国能源消费总量已达43亿吨标准煤。作为一个能源相对并不丰裕的国家，大量的能源消耗造成了我国对能源进口的严重依赖（Dai和Cheng，2016）。为解决以上问题，"十一五"时期，我国政府大力推动落后产能的淘汰，但由行政力量主导、强行改进能源效率，缺乏可持续性且边际成本递增，操作空间有限。2015年10月《中共中央国务院关于推进价格机制改革的若干意见》明确提出，"加快推进能源价格市场化"，还原能源商品属性，到2020年基本完善由市场决定的能源价格体系，通过价格机制自发调整能源的供给与需求。因此，如何提升能源效率、有效降低能源消耗就成为我国现阶段学术研究和政策制定共同关注的一个重要问题。

要素价格扭曲往往呈现区域性差异。Brandt 等（2013）通过对我国省级地区劳动、资本的扭曲程度和全要素生产率损失进行测算，发现东部地区全要素生产率最高，要素扭曲程度最低，而西部地区全要素生产率最低，要素扭曲程度最高。就劳动要素而言，由于我国户籍政策限制了人口流动，劳动资源不能在全国范围内进行合理配置，造成了区域间劳动要素价格扭曲程度的差异。虽然近年来户籍政策有所放宽，但研究表明，进城务工人员工资水平较城市居民偏低，说明户口制度仍然对劳动要素价格扭曲有重要影响。就资本而言，一方面，金融体系使资本向国有企业倾斜配置可以使地方政府获益（Walter 和 Howie，2011）；另一方面，政策因素也倾向于使资本配置偏离市场调节的水平，如西部大开发政策。以上因素均导致了资本价格扭曲的地区性差异。就能源而言，我国石油、电力、煤炭和天然气四大能源行业，绝大部分被大型国有企业垄断，实行统一定价。在资本相对稀缺的情况下，较低能源价格可以为资本带来丰厚的回报，因此各级政府往往出于促进 GDP 增长的目的以行政力量对能源价格进行控制，由此导致了能源价格扭曲的地区性差异。

此外，我国能源效率也存在显著的地区差异。史丹等（2008）测算了 1980 年至 2005 年中国能源效率的地区差异，发现我国省级行政区能源效率存在较大差距，东部地区的全要素生产率和能源效率均远远高于西部。孙广生等（2012）研究了 1986 年至 2010 年我国各地区能源效率及影响因素发现，我国地区间"能源效率差异"的绝对量在增大。张志辉（2015）测算了 2000 年至 2012 年中国区域能源效率，结果发现，中国区域能源效率东部最高，中部次之，西部最低，呈梯状空间分布。大量文献都表明，我国地区间能源效率存在显著差异。

有关要素价格扭曲与能源效率的研究可谓汗牛充栋。但现有研究大多基于行业层面和企业层面，缺少对区域间要素价格扭曲和能源效率的测算及比较。如 Ouyang 和 Sun（2015）、孙传旺和林伯强（2014）、陶小马等（2009）、何晓萍（2011）均对我国工业部门要素价格扭曲和能源配置效率进行了测算；Battese 等（1988）、Boyd（2008）、Hu（2014）等基于企业层面测算了能源效率以及能源配置效率。Shi（2006）、Wei 等（2009）测算了地区能源效率，但未能与要素价格扭曲相联系。

我国地区之间经济发展和技术水平差异较大，行业组织联系较弱，改革多以地区——尤其是省级行政单位进行推进，因此研究区域性要素价格扭曲与能源效率的关系及其差别，对提升能源效率、推进要素市场化改革具有重要意义。在此背景下，对我国 30 个省级行政区的能源效率和要素价格扭曲进行深入研究，以发现和分析我国要素价格扭曲和能源效率的水平及变化趋势，有助于政策制定者因地制宜，提高能源价格改革政策的精准性。

第二节　要素价格扭曲与能源效率的国内外研究进展与评述

一、能源效率测算方法评述

目前，对能源效率的测度主要有两种方法，分别是数据包络分析（DEA）和随机前沿分析（SFA）。表 4 - 1 列出了测算能源效率的代表性文献。数据包络分析是非参数估计方法，通常用来测算投入要素同比例增减时技术效率的变化。因此，包括能源效率在内的所有投入要素效率都以技术效率来衡量（Hu，2014），容易受到极端值的影响（Lin 和 Long，2015）。随机前沿分析是参数估计方法，需要假设估计函数的形式，但相对而言，该方法的最终结果不易受到个别不准确数据点的影响，其原因在于在确定效率前沿的时候，SFA 可以把随机因素的影响分离出来（杨红亮和史丹，2008），故被很多学者用于测度能源效率并对能源低效率的原因进行分解。如 Ouyang 和 Sun（2015）运用了随机前沿生产函数模型对我国工业部门能源配置效率进行了研究；孙传旺和林伯强（2014）使用 37 个行业面板数据，对 2000 年至 2009 年工业能源配置效率进行了测度；史丹等（2008）基于随机前沿生产函数的方差分解，研究了我国能源效率的地区差异及其成因；Hu（2014）运用此方法对我国能源部门150个企业进行了能源配置效率的研究。为了对能源效率的影响因素做进一步分析，我们选择了随机前沿分析作为分析方法，并使用了形式更为灵活的超越对数生产函数形式。

表 4-1   能源效率测算的主要文献

文献	研究对象	研究方法	样本范围与研究期间	主要研究结论
Honma 和 Hu（2014）	全要素能源效率（TFEE）	SFA、DEA	日本 1996 年至 2008 年的 47 个地区	制造业和批发零售业比重越大，能源效率越低
F. Hernández - Sancho 等（2013）	污水处理厂的能源效率	DEA	西班牙 177 个污水处理厂的样本数据（2009 年至 2011 年）	工厂规模、有机物去除量等对污水处理厂的能源效率有显著影响
Wang 等（2014）	中国能源效率	DEA	2001 年至 2011 年中国省级面板数据	2001—2005 年，能源效率下降，2005—2010 年能源效率增加。技术进步是能源效率提升的关键
Kuosmanen 等（2013）	电力配送成本的估计	DEA、SFA、StoNED	2005 年至 2008 年 89 个芬兰电力配送公司的成本数据	对 DEA SFA StoNED 模型的结果进行比较
Camioto 等（2016）	金砖国家与 G7 国家的能源效率	DEA	1993 年至 2010 年 12 个国家的面板数据	G7 国家全要素能源效率均在 95% 以上，高于金砖国家
Makridou 等（2015）	高耗能产业的能源效率	DEA	2000 年至 2009 年 23 个欧盟成员国的 5 个高耗能行业的面板数据	在研究期内，所有行业的能源效率都有所提升；电力价格过高、对能源征税及电力行业垄断都对能源效率有负面影响
Hu 和 Honma（2014）	OECD 国家的全要素能源效率（TFEE）	SFA	1995 年至 2005 年 14 个国家的 10 个工业部门	建筑、造纸和纺织工业能源效率下降，只有金属行业能源效率提高
Lin 和 Long（2014）	化学工业的能源效率与节能潜力	SFA	中国 2005 年至 2011 年 30 个省份面板数据	中国东部地区能源效率高于西部地区，东部地区节能潜力也最高

续表

文献	研究对象	研究方法	样本范围与研究期间	主要研究结论
Hu (2014)	考虑配置效率损失的情况下中国能源部门的能源效率	SFA	中国 150 个能源部门工厂 2000 年至 2005 年的面板数据	煤炭利用效率最低，其次是电力和石油
Ouyang 和 Sun（2015）	中国工业部门要素价格扭曲和能源效率	SFA	中国 37 个两位数工业行业 2001 年至 2009 年的面板数据	研究期内，劳动、资本和能源价格均存在不同程度的扭曲，能源配置效率的损失约为 9.71%
杨红亮和史丹（2008）	中国省级地区能源效率	SFA	2005 年中国省级地区截面数据	中国总体能效水平较低，东部地区与西部地区能效差距较大
孙传旺和林伯强（2014）	中国工业部门要素配置效率和节能潜力的测算	SFA	2000 年至 2009 年中国工业部门 37 个行业面板数据	能源要素市场的扭曲会导致能源要素向高耗能行业流动，约束性能源强度目标可与能源市场化改革可以改善能源要素配置效率
史丹等（2008）	中国能源效率地区差异及其成因	SFA	1998 年至 2005 年中国省级地区面板数据	(1) 全要素生产率、资本—能源比率和劳动—能源比率差异的平均贡献份额分别为 36.54%、45.67% 和 17.89%；(2) 中国能源效率地区差异扩大的主要原因在于全要素生产率差异的作用不断提高

二、要素价格扭曲测算方法评述

现有学者对测算要素价格扭曲的方法进行了广泛的研究。由于价格数据难以测算和获得，很多研究采用了市场化指数等指标作为衡量要素市场化程度的变量。如张杰等（2011）、林伯强和杜克锐（2013）运用樊纲等（2003）《中国各地区市场化相对进程报告》中测算的各省级行政区产品市场化进程程度指数、要素市场市场化进程指数以及总体市场市场化进程指数等构建测度要素市场扭曲程度的指标。该方法所使用的数据经过二次加工，增大了失真的风险。另外，很多研究还运用了影子价格模型。影子价格模型属于随机前沿分析的范畴，其基本思路是通过测算在最优条件下（即成本最小化或产出最大化时）的要素价格与实际要素价格的比 δ，与 1 进行比较。陶小马等（2009）运用影子价格模型研究了工业部门能源价格扭曲与要素替代，发现扭曲最为严重的是劳动价格，其次为能源价格；Ouyang 和 Sun（2015）运用影子价格模型，测度了中国工业部门要素价格扭曲程度及配置效率损失，得出了类似的结论，即资本价格相对于能源价格偏高，而劳动价格相对于能源价格偏低。其他一些学者也运用影子价格模型测度了要素价格扭曲，如袁鹏和杨洋（2014），Khademvatani 和 Gorden（2013）。

其他研究方法与影子价格模型的思路基本相同。王宁和史晋川（2015）建立时变弹性生产函数模型，测度了 1978 年到 2011 年中国整体经济要素价格的扭曲程度；Hu（2014）运用随机前沿生产函数模型测度企业层面能源效率的同时，通过测度要素边际产出与要素价格的比值，来衡量要素价格扭曲。该方法在测算要素价格扭曲的同时，通过无效率损失情况下的最优投入与实际投入进行比较，得到能源效率，思路较为新颖。故我们选择了 Hu（2014）的方法，对要素价格扭曲和能源效率进行测算。

第三节　能源效率和要素价格扭曲的理论分析框架与估计方法

一、理论框架：基于生产可能性边界的分析

生产有效性（productive efficiency）是指生产者为了达到一定的生产目标，在分配他们可支配收入和生产时所实现的成功度（Kumbhakar 和 Lovelli，2003）。生产有效率的目标，可以通过在给定投入下追求产出最大化，或给定产出下追求投入最小化来实现。而生产的无效率就可通过

实际产出（投入）情况与最优产出（投入）的比较得到。因此，生产可能性边界（PPF）是随机前沿分析中估计市场扭曲程度和生产无效率的核心。

按照效率损失产生的原因，生产效率损失可被分为技术效率损失和配置效率损失。通过图4－1可对以上概念做直观的解释，某地区在给定要素禀赋和技术水平下组织生产，其生产可能性边界为PPF曲线，其产出为两种商品 Q_1 和 Q_2，RP曲线表示 Q_1、Q_2 的相对价格曲线，从而在PPF曲线与RP曲线的切点A处，生产者可以实现利润最大化。实际生产点C在PPF曲线之内，实际产出低于最大产出B，在要素禀赋给定的情况下，点BC之间的距离即为技术效率损失；产出组合均在PPF曲线上时，不存在技术效率损失，则此时生产效率损失仅源于配置效率损失，即在AB的距离。要素价格扭曲对以上两种生产效率损失均有影响（郝枫和赵慧卿，2010），但对配置效率损失的影响更为显著和直接。

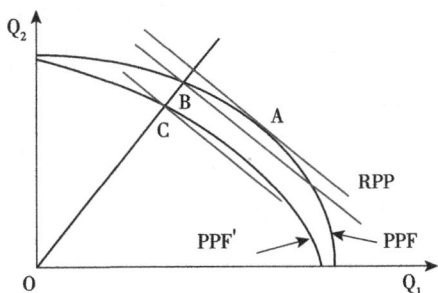

图4－1 生产效率分解

考察如下较为典型的生产过程：若生产函数为 $g(\cdot)$ 表示给定要素禀赋下的最大产出（生产可能性边界），要素投入分别为劳动（L）、资本（K）和能源（E），生产单一产出 y，则 $y < g(x)$，存在技术效率损失的情况下，有

$$\ln y = \ln g(x^{\alpha}) + v - u \qquad (4-1)$$

其中，x^{α} 表示实际要素投入，u 表示技术效率损失，v 为随机干扰项。设在生产边界上的最优要素投入为 x^f，则 $x^f \leqslant x^{\alpha}$。当不存在效率损失且不

考虑随机干扰项时，有

$$\ln(x^f) = \ln(x^\alpha) - u = \ln y \qquad (4-2)$$

式（4-2）给出了测算要素利用效率损失的一种方法，即（$x^\alpha - x^f$）。此时要素投入的边际产出与其价格相等，不存在要素价格扭曲。即

$$MRP_j = p_j, \frac{MRP_j}{MRP_{j'}} = \frac{P_j}{P_{j'}} \qquad (4-3)$$

当上述等式不成立时，即存在要素价格扭曲。定义要素价格绝对扭曲为

$$Dis_j = \frac{MRP_j}{P_j} = \frac{g_j^\alpha}{p_j} \qquad (4-4)$$

要素价格相对扭曲为

$$Dis_{jj'} = \frac{\frac{MRP_j}{P_j}}{\frac{MRP_{j'}}{P_{j'}}} = \frac{MRP_j}{MRP_{j'}} \cdot \frac{P_{j'}}{P_j} = \frac{g_j^\alpha}{g_{j'}^\alpha} \cdot \frac{P_{j'}}{P_j} \qquad (4-5)$$

当 Dis_j 等于 1 时，即为式（4-3），不存在要素价格扭曲；当 Dis_j 大于 1 时，表明要素存在负向扭曲，要素价格小于边际产出；Dis_j 小于 1 时，表明要素存在正向扭曲，要素价格大于边际产出。当 $Dis_{jj'}$ 等于 1 时，要素之间不存在相对价格扭曲；当 $Dis_{jj'}$ 大于 1 时，表明要素 j 的价格相对于要素 j' 价格偏低；当 $Dis_{jj'}$ 小于 1 时，表明要素 j 的价格相对于要素 j' 价格偏高。通过估计式（4-1），即可测算要素价格扭曲程度，进而测得配置效率扭曲。

二、实证估计模型设置

利用随机边界分析方法对能源效率的研究中，对生产函数形式的设定大致有以下两种：第一种是柯布—道格拉斯生产函数（以下简称 C-D 生产函数），该方法的优点是简单易行，且经过经典理论和实证结果反复验证，可靠程度较高。王宁和史晋川（2015）、盛仕斌和徐海（1999）等均使用了 C-D 生产函数对要素价格扭曲进行了测度。但 C-D 生产函数通常设定单位要素的替代弹性均为 1 的强假设，故很多学者选择了形

式更为灵活的第二种生产函数，也即超越对数生产函数。超越对数生产函数可作为一般函数的二阶近式，C－D 生产函数可视为超越对数函数的一种限定形式（孙传旺和林伯强，2014）。Ouyang 和 Sun（2015）、Hu（2014）、孙传旺和林伯强（2014）等均采用了超越对数生产函数对要素市场扭曲进行了测算，因此我们也采用超越对数生产函数的形式，并假定技术非中性。则

$$\ln y_{it} = \ln g(x_{it}) + v_{it} - u_{it}$$
$$= \alpha_0 + \sum_j \alpha_j \ln x_{jit} + \alpha_t t + \sum_j 0.5\alpha_{jj}(\ln x_{jit})^2 + \alpha_{tt}t^2$$
$$+ \sum_j \sum_{j' \neq j} \alpha_{jj'} \ln x_{jit} \ln x_{j'it} + \sum_j \alpha_{jit} \ln x_{jit} t + v_{it} - u_{it} \qquad (4-6)$$

其中，y 表示单一产出 GDP；x_j 为要素投入；u 为技术效率损失，且 u 服从半正态分布，$u \sim N^+(0, \alpha_u^2)$；$v$ 为随机误差项，且 $v \sim N(0, \alpha_v^2)$。u 与 v 不相关。

则在此情况下，相对要素价格扭曲可以表示为

$$Dis_{jL} = \frac{\partial \ln y_{it}/\partial \ln x_{jit}}{\partial \ln y_{it}/\partial \ln x_{Lit}} \cdot \frac{p_L x_L}{p_j x_j} = e^{\xi jL} \qquad (4-7)$$

由式（4-6）求导可以得出

$$\xi_{j'L} = \ln(\alpha_{j'} + \alpha_{j'j'} \ln x_{j'} + \sum_{j \neq j'} \alpha_{j'j} \ln x_j + \alpha_{j't} \cdot t)$$
$$- \ln(\alpha_L + \alpha_{LL} \ln x_L + \sum_{j \neq L} \alpha_{Lj} \ln x_j + \alpha_{Lt} \cdot t)$$
$$- \ln p_{j'} x_{j'} + \ln p_L x_L \qquad (4-8)$$

由式（4-6）估计的参数，即可测算出资本价格和能源价格相对于劳动价格的扭曲程度。

因此，要素配置效率损失可以表示为 $e^{\xi_{jit}} - 1$。当（$e^{\xi_{jit}} - 1$）> 0 时，表示该要素投入相对于劳动投入而言偏低；当（$e^{\xi_{jit}} - 1$）< 0 时，则表明该要素投入相对于劳动投入偏高。估计生产效率损失的关键是测算出在无技术效率损失和配置效率损失时的要素投入 x_{jit}^f。

$$y_{it} = \ln g(x_{jit}^f) + \hat{v}_{it}$$

$$= \hat{\alpha}_0 + \sum_j \hat{\alpha}_j \ln x_{jit}^f + \hat{\alpha}_t t + \frac{1}{2} \sum_j \alpha_{jj} (\ln x_{jit}^f)^2 + \alpha_{tt} t^2$$

$$+ \sum_j \sum_{j' \neq j} \hat{\alpha}_{jj'} \ln x_{jit}^f \ln x_{j'it}^f$$

$$+ \sum_j \hat{\alpha}_{jit} \ln x_{jit}^f t + \hat{v}_{it} \tag{4-9}$$

$$0 = \ln \left(\frac{\hat{\alpha}_{j'} + \hat{\alpha}_{j'j'} \ln x_{jit}^f + \sum_{j \neq j'} \hat{\alpha}_{j'j} \ln x_{jit}^f + \hat{\alpha}_{j't} \cdot t}{\hat{\alpha}_L + \hat{\alpha}_{LL} \ln x_{Lit}^f + \sum_{j \neq L} \hat{\alpha}_{Lj} \ln x_{Lit}^f + \hat{\alpha}_{Lt} \cdot t} \right) - \ln \left(\frac{p_{j'it} x_{j'it}^f}{p_{Lit} x_{Lit}^f} \right)$$

$$\tag{4-10}$$

式（4-9）和式（4-10）测算了在最优生产点时的要素投入，当估计出式（4-6）的参数后，上述两式即可被估计出来。（$x_{jit}^a - x_{jit}^f$）即为要素利用效率的损失。

三、研究数据来源及处理

本章采用 2004 年至 2013 年除港澳台地区和西藏自治区外 30 个中国省级行政区面板数据。根据模型设定，产出变量为各地区国内生产总值（GDP），投入变量包括劳动、资本和能源三种要素各自的投入量（消费量）以及价格。

产出变量：2004—2013 年各省级地区国内生产总值（GDP），采用 GDP 平减指数换算为 2004 年不变价。数据均来自《中国统计年鉴》。

劳动投入（L）及其价格：①劳动投入以就业人数计量，数据来源于《中国统计年鉴》；②劳动价格：考虑到农村人口占我国总人口的 45% 以上，故农村就业人员的工资水平必须包含在劳动价格这一指标中，因此我们采用王宁和史晋川（2015）的方法对劳动价格进行折算。折算方法为：$\dfrac{城镇单位就业人员工资总额 + 农村人口数 \times 农村人均工资性收入}{就业人数}$，

以上数据均来源于《中国统计年鉴》，其中城镇单位就业人员工资总额和农村人均工资性收入都以 2004 年为基年，用 CPI 进行了折算。

资本投入（K）及其价格：①资本投入：在目前研究中，多用永续盘存法对资本存量进行测算，该方法由戈登史密斯（Goldsmith）在1951年开创，张军和章元（2003）、单豪杰（2008）等均用永续盘存法对我国资本存量进行了测算。该方法可以表示为：$K_t = I_t + (1 - \alpha_t) K_{t-1}$，其中 K_t 为第 t 年资本存量，I_t 为第 t 年固定资产投资，I_{t-1} 为第 $t-1$ 年资本存量，α_{t-1} 为资本折旧率，我们采用张军和章元（2003）测算的 9.6%。数据来自《中国统计年鉴》。②就资本价格而言，不同的研究对其计量有很大不同。王宁和史晋川（2015）采用了6个月到1年企业贷款基准利率的平均值作为资本价格的替代指标；袁鹏和杨洋（2014）用地区生产总值与劳动者报酬之差与资本存量的比值测算资本价格。但以上方法均不能对资本价格做分地区的较为全面的考量。因此，我们采用陶小马等（2009）的方法对资本价格进行估计。其计算公式为 $p_{k,t} = (1 + h_t) \frac{1 - u_t z_t}{1 - u_t} (q_{t-1} r_{cp,t} + q_t \delta_t - \gamma_t) + q_t w_t$。其中，$h_t$ 为增值税税率，取法定增值税税率 17%；u_t 为企业所得税税率，我们采用《中国工业统计年鉴》中公布的"规模以上工业企业"所得税费用和利润总额的比值对分省实际所得税税率进行计量，但所得税费用仅自2012年起开始公布，因此其他年份的所得税税率采用2012—2014年所得税税率的平均值来计量；z_t 折旧抵扣现值率，其计算公式为 $z_t = \int_0^\tau \frac{\ell^{-rs}}{\tau} \mathrm{d}s = \frac{1 - \ell^{-rs}}{r\tau}$，其中，$r$ 为名义利率，τ 为折旧年限，根据相关法律，房屋建筑物折旧年限为20年，生产设备折旧年限为10年，我们取其平均数为15年；q_t 为固定资产投资价格指数；$r_{cp,t}$ 为资产回报率，取一年期企业定期存款利率；ω_t 为财产税率，我们采用陶小马等（2009）测算的 0.2%；其中一年期企业定期存款利率来自《中国金融统计年鉴》，固定资产投资价格指数来自《中国统计年鉴》。

能源投入及其价格：由于能源品种众多，分类计量极为烦琐，已有文献大多将能源分为煤炭、石油、天然气、电力四大类，如 Dai 和 Cheng（2016），Ouyang 和 Sun（2015），Hu（2014）等。我们沿袭此法，将能源分为煤炭、石油、天然气、电力四类。具体为：①能源投入取按标准煤计量的能源消费量，数据来自《中国能源统计年鉴》；②能源价格按照煤炭、石油、天然气和电力的价格，各自乘以其占能源消费总量的权重得到。由于数据有限，我们采用陶小马等（2009）的方法，对2004年分品种能源价格进行加权得到总的能源价格，再以燃料、动力类价格指数（来自《中国城市（镇）生活与价格年鉴》）推算其他年份能源价格，从而得到以2004年价格表示的能源价格面板数据。具体测算方法为：①分品种能源消费量中，煤炭分为原煤和焦炭。其中原煤的价格，采用《中国1995年第三次全国工业普查年鉴》中"全部独立核算大中型工业企业主要工业产品平均单价"公布的价格，并用"主要产品工业品出厂价格指数"折算到2004年价格。焦炭的价格采用了《中国物价年鉴》"主要产煤省煤炭价格"中公布的焦炭车板价。最后将原煤和焦炭价格，按照以标准煤计量的消费量比重进行加权，得到煤炭的价格。②油品分为原油、柴油、汽油、煤油和燃料油。其中，柴油、汽油的价格来自《中国物价年鉴》中"36个大中城市主要生产资料市场"公布的价格（以省会城市的价格表示该省份的价格），原油、煤油和燃料油的价格难以获得，我们采用《石油和化学工业统计年报》公布的进口价格代替，并用当年汇率进行了折算。最后将分品种油品价格按照以标准煤计量的消费量比重进行加权，得到石油价格。③天然气和电力的价格分为工业用价格和民用价格，其中工业用价格来自《中国物价年鉴》中公布的价格（以省会城市的价格表示该省份的价格），民用价格来自"36个大中城市主要服务项目平均价格"。另外，生活消费量数据来自《中国能源统计年鉴》，工业消费量数据为总消费量与生活消费量之差。最后，将工业用价格和民用价格分别以各自消费量加权平均，分别得出天然气价格和电力价格的面板数据。

第四节　中国地区能源效率及要素价格扭曲估计

根据2004年至2013年中国30个省级行政区的面板数据，采用随机前沿分析方法对超越对数生产函数进行估计。表 4-2 给出了模型参数及其相关检验的结果。LR 值约为 15.6，在 5% 水平下显著，gamma 值为 0.807，表明各地区生产与生产前沿的差异主要是由于生产无效率造成的，因此适合采用随机前沿的方法。

表 4-2　中国地区生产效率的随机前沿分析（2004 年至 2013 年）

参数	系数	标准误
$\ln x_1$	0.1148	0.3475
$\ln x_k$	1.2712	0.3619***
$\ln x_e$	-0.7312	0.3798*
$\ln^2 x_1$	-0.0500	0.0525
$\ln^2 x_k$	0.0710	0.0835
$\ln^2 x_e$	-0.1324	0.0818
$\ln x_1 \times \ln x_k$	-0.2811	0.0672***
$\ln x_1 \times \ln x_e$	0.3826	0.1031***
$\ln x_k \times \ln x_e$	0.0414	0.1509
$\ln x_1 \times t$	-0.0090	0.0120
$\ln x_k \times t$	0.0106	0.0184
$\ln x_e \times t$	-0.0141	0.0204
t	0.0197	0.0447
t^2	0.0038	0.0034
sigma - squared	0.0458	0.0093
gamma	0.8071	0.0914

注：*、***分别表示在 10%、1% 水平下显著。LR 似然比检验统计量符合混合卡方分布。

一、中国地区技术效率及其变化

图 4-2 展示了我国东部、中部、西部地区[①]的平均技术效率。总体

①　东部地区包括北京、天津、河北、辽宁、上海、江苏、浙江、福建、山东、广东、海南 11 个省和直辖市；中部地区包括山西、内蒙古、吉林、黑龙江、安徽、江西、河南、湖北、湖南、广西 10 个省和自治区；西部地区包括重庆、四川、贵州、云南、陕西、甘肃、青海、宁夏和新疆 9 个省、自治区和直辖市。

而言，我国技术效率随时间推移整体呈下降趋势，东中西部技术效率随时间的变化走势基本一致。其中，2004 年到 2008 年下降趋势较为平缓，2008 年到 2011 年技术效率先快速下降，后渐趋平缓，而 2011 年到 2013 年，技术效率下降速度加快。干春晖和郑若谷（2009）研究了我国 1998 年到 2007 年我国工业的技术效率和全要素生产率，发现我国工业的技术效率在 2004 年达到顶峰，而后呈下降趋势。袁鹏和杨洋（2014）研究也发现，2005 年到 2010 年，技术效率出现了一定程度的下降。

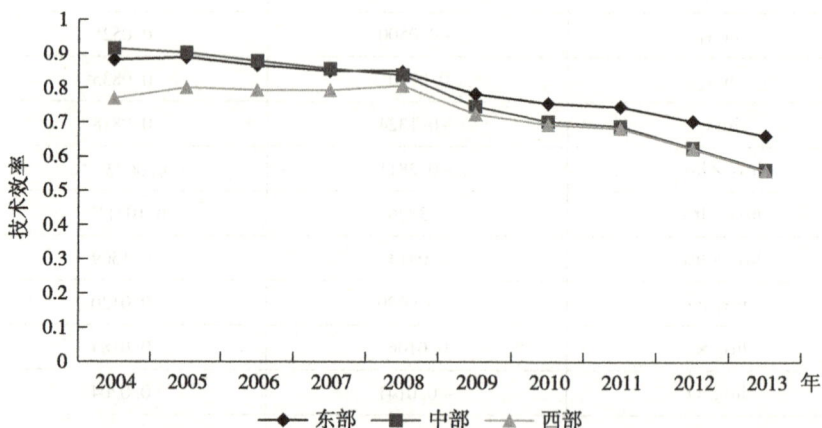

图 4-2 我国地区技术效率（2004 年至 2013 年）

从 2004 年到 2008 年，东部地区和中部地区技术效率水平大致相同，而西部地区技术效率与其他地区有显著差距。2008 年以后，中部地区技术效率快速下降，东部地区技术效率变化幅度较小，从而中西部地区技术效率水平与东部地区进一步拉开差距。Wang 等（2012），王群伟和周德群（2008）、罗掌华和杨志江（2015）等研究均表明，我国西部地区技术效率与东部地区有显著差距。罗掌华和杨志江（2015）通过对 2002 年到 2010 年我国省级面板数据的研究，发现我国中西部地区与东部地区的能源技术效率差距在扩大。

为了进一步分析技术效率的地区性差异，我们采用史丹等（2014）

的方法，将全国分为东北地区、北部沿海地区、东部沿海地区、南部沿海地区、黄河中游、长江中游、西南地区和西北地区八个地区[①]。其中，南部沿海地区的技术效率显著高于其他地区，而西南地区的技术效率在所有地区中是最低的。另外，东北地区的技术效率在 2004 年尚与南部沿海地区比肩，但下降幅度很快，到 2013 年已成为技术效率最低的地区。东部沿海地区的技术效率在八大地区中下降幅度最小，且技术效率水平逐渐赶超南部沿海地区。上海市的技术效率在全国技术效率下降的趋势下，仍保持上升趋势。

表 4 - 3　　　　　中国地区技术效率（2004 年至 2013 年）

	年份	2004	2005	2006	2007	2008	2009	2010	2011	2012	2013
东部地区	东北地区	0.9277	0.9145	0.8736	0.8338	0.7942	0.6954	0.6428	0.6299	0.5689	0.4925
	北部沿海地区	0.8393	0.8675	0.8449	0.8291	0.8255	0.7444	0.7042	0.6904	0.6510	0.6113
	东部沿海地区	0.8885	0.8783	0.8526	0.8398	0.8434	0.8007	0.8044	0.8183	0.7830	0.7582
	南部沿海地区	0.9262	0.9337	0.9269	0.9176	0.9167	0.8653	0.8329	0.8112	0.7600	0.7003
中部地区	黄河中游地区	0.8594	0.8880	0.8649	0.8371	0.8356	0.7399	0.7024	0.6839	0.6216	0.5509
	长江中游地区	0.9176	0.8824	0.8643	0.8487	0.8362	0.7542	0.7116	0.7020	0.6460	0.5987
西部地区	西南地区	0.7814	0.7915	0.7777	0.7741	0.7808	0.7027	0.6626	0.6493	0.6023	0.5557
	西北地区	0.7959	0.8312	0.8284	0.8351	0.8463	0.7569	0.7356	0.7271	0.6486	0.5647
	平均	0.8594	0.8671	0.8486	0.8348	0.8314	0.7527	0.7190	0.7079	0.6539	0.5978

总体来看，技术效率下降的原因可能在于，原有的管理方式、组织形式等不能迅速调整，以适应技术进步所带来的生产可能性边界的外延，从而导致技术效率的降低（袁鹏和杨洋，2014）。在此过程中，经济相对发达、开放程度较高的东部地区，尤其是南部沿海地区，制度较为完善和灵活，管理水平较高，能够较好地适应由技术进步带来

---

① 东北地区包括辽宁、吉林和黑龙江；北部沿海地区包括北京、天津、河北和山东；东部沿海地区上海、江苏、浙江；南部沿海地区包括南部沿海包括福建、广东、海南；黄河中游包括河南、山西、内蒙古和陕西；长江中游包括江西、湖北、湖南和安徽；西南地区包括重庆、四川、贵州、云南和广西；西北地区包括甘肃、青海、宁夏和新疆。

的生产可能性边界的改变。从能源消费的角度来看，煤炭占我国能源结构的半壁江山，2013 年我国煤炭消费占我国一次能源消费比重仍高达 65.7%，且 Hao 等（2015）预期，我国煤炭消费在 2020 年以前将呈现减速增加的状态。Long 等（2016）通过研究我国 2000 年至 2012 年 30 个省级地区的面板数据发现，我国煤炭消费的技术效率呈现明显的下降趋势，其中东部地区技术效率最高，其次是西北地区和中部地区，西部地区技术效率最低，这与总体技术效率水平的趋势也基本一致。另外还可发现以重工业为主、对煤炭依赖性强的东北地区技术效率下降最快，而以轻工业和服务业为主且能源结构调整较为成功的长三角地区和南部沿海地区，技术效率水平下降缓慢（Long 等，2016）。从能源价格的角度来看，东部地区能源价格较中西部更高，也是促进其提高技术效率的一个重要原因。

二、中国区域要素价格扭曲与配置效率

在估计式（4-6）的参数后，即可计算出资本相对于劳动的价格扭曲程度和能源相对于劳动的价格扭曲程度以及资本和能源相对于劳动的配置效率损失。要素价格扭曲对配置效率有显著和直接的影响。其中，资本的配置效率损失通过 $100(e^{\xi_{ki}}-1)\%$ 计算得出；能源配置效率损失通过 $100(e^{\xi_{ei}}-1)\%$ 得出。当 $(e^{\xi_{ki}}-1)>0$ 时，表明该资源相对于劳动投入偏低，而当 $(e^{\xi_{ki}}-1)<0$ 时，表明该资源相对于劳动投入偏高。图 4-3 和图 4-4 分别显示了资本和能源相对于劳动的相对价格扭曲，表 4-4 显示了资本和能源相对于劳动投入的配置效率损失。

总体来看，$\xi_{kl}<0$，即 $e^{\xi_{kl}}=Dis_{k-l}<1$，从而资本价格相对于劳动价格而言偏高。即资本投入相对于劳动投入而言偏高。从趋势上看，资本相对于劳动的价格扭曲程度随时间而减小，在 2009 年达到谷底后，又有略微反弹。2008 年国际金融危机爆发后，中国政府出台了被称为"四万亿计划"的投资计划，旨在拉动内需，促进经济增长。2009 年年均固定资

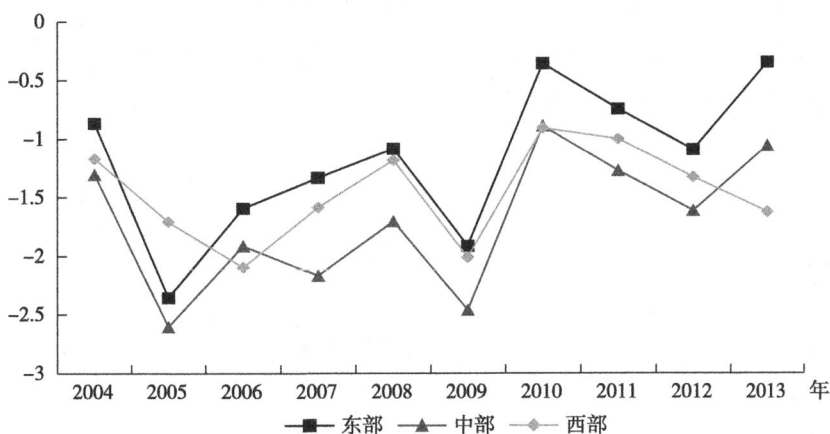

图 4 - 3　资本—劳动相对价格扭曲

产增长率达到 30.1%，为近年之最（王沛沛，2010）。这势必使得资本的相对价格扭曲趋势恶化。从区域来看，东部、中部和西部地区①资本相对于劳动的价格扭曲变化趋势基本相同，但东部地区价格扭曲程度较其他两个地区小，其次是西部地区，中部地区价格扭曲程度最大，但中部地区价格扭曲程度在 2012 年后有上升趋势，超过了西部地区。资本的配置效率损失与资本相对于劳动价格扭曲基本一致。东部地区资源配置效率优于西部地区，中部地区资源配置效率最低。东部地区经济较为发达，是海外投资最先登陆的地方，资本密集型产业聚集，而劳动力相对短缺，因此劳动密集型产业逐渐向中西部内陆地区迁移（刘红光等，2014）。中部地区承接东部产业、技术和资本转移，也能够获得良好的发展契机，但西部地区由于经济相对落后，地理位置不便，且基础设施建设比较落后，招商引资能力差，承接产业转移能力较弱。具体而言，西南地区资本相对于劳动的价格扭曲程度较高，且呈现恶化趋势。长江中

---

　　① 东部地区包括北京、天津、河北、辽宁、上海、江苏、浙江、福建、山东、广东、海南 11 个省和直辖市；中部地区包括山西、内蒙古、吉林、黑龙江、安徽、江西、河南、湖北、湖南、广西 10 个省和自治区；西部地区包括重庆、四川、贵州、云南、陕西、甘肃、青海、宁夏和新疆 9 个省、自治区和直辖市。

游地区和东部沿海地区资本相对于劳动的价格扭曲程度随时间改善，变
化幅度最大。南部沿海地区资本相对于劳动的价格扭曲程度最小，反映
了该地区较为合理的资源配置。

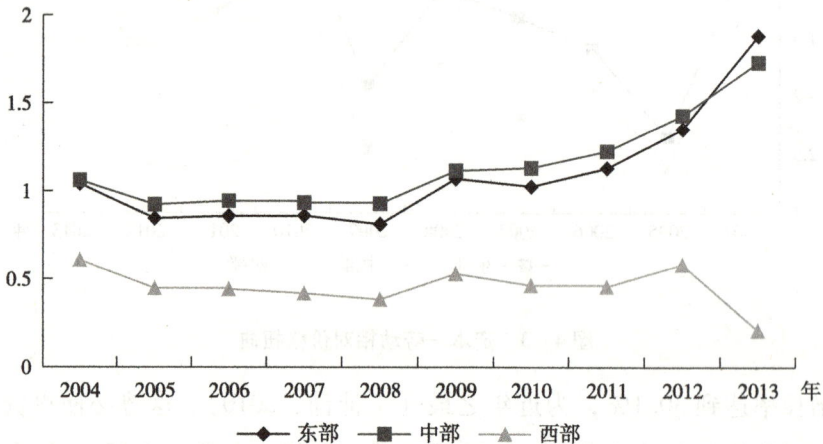

图 4 - 4　能源—劳动价格扭曲

与资本相对于劳动的价格扭曲趋势不同，能源相对于劳动的价格
扭曲程度随时间加深，且能源价格相对于劳动价格偏低（$Dis_{e-l} > 1$）。
即相对于劳动而言，能源的实际价格低于其边际产出，能源投入存在
相对不足。从区域来看，东部地区价格扭曲程度略小于中部地区，且
随时间的推移，有加深的趋势。而西部地区价格扭曲程度小于其他两
个地区，并随着时间的推移而改善。能源配置效率随时间下降，其中
西部地区能源配置效率最高，其次为东部地区，中部地区能源配置效
率最低。具体来看，长江中游地区能源相对于劳动的价格扭曲程度最
大，而东北、西北、黄河中游地区能源相对于劳动的价格扭曲程度较
小。史丹等（2008）指出，造成上述差异是由于，在能源利用效率和
边际产出方面，包括长江中下游地区在内的东部地区和中部地区相对
较高，而西部地区相对较低。由于能源价格受到管制，地区之间能源
价格差异较小，能源价格无法准确反映地区之间能源边际产出的巨大
差异。

表 4 - 4　　　　　　　　中国地区资本和能源要素配置效率损失

配置非效率		年份	2004	2005	2006	2007	2008	2009	2010	2011	2012	2013
资本的配置无效率（$(e^{\hat{\xi}_{kit}} - 1) < 0$）单位：%	东部地区		37.66	82.11	65.42	55.18	43.41	76.37	9.01①	23.82	44.59	15.61②
	中部地区		80.77	91.14	85.38	84.65	77.88	90.50	51.47	69.23	77.92	57.66
	西部地区		69.48	82.87	78.41	74.76	64.63	85.10	55.83	60.76	72.41	70.18
	平均		62.64	85.37	76.41	71.53	61.97	83.99	38.77	51.27	64.98	47.81
能源的配置无效率（$(e^{\hat{\xi}_{eit}} - 1) > 0$）单位：%	东部地区		216.47	156.86	162.18	164.84	155.22	236.35	223.25	260.97	357.43	696.40
	中部地区		238.10	197.76	210.85	211.57	219.81	292.54	317.19	380.14	526.55	955.03
	西部地区		143.73	98.58	103.03	95.79	94.91	120.86	113.02	126.80	161.46	112.64
	平均		199.43	151.07	158.69	157.40	156.65	216.58	217.82	255.97	348.48	588.02

三、中国地区能源效率及其效率损失

生产效率损失可以分为技术效率损失和配置效率损失，因此能源使用效率包括能源技术效率以及能源配置效率。从理论上来说，为了全面地测算能源效率，首先应测算出在没有技术效率损失和配置效率损失的情况下能源投入情况，与实际能源投入进行比较，从而得出能源效率。但由于我们所测得的配置效率为相对配置效率，难以将配置效率损失从实际投入中剥离，而现有文献又大多将能源技术效率直接作为能源效率，在计算理想状况下的产出时，要素配置效率损失可以忽略不计。因此我们仅计算在没有技术效率损失的情况下的最优能源投入，能源效率损失 $= \dfrac{\text{实际能源投入} - \text{最优能源投入}}{\text{最优能源投入}}$。

---

① 此处 $(e^{\hat{\xi}_{kit}} - 1) > 0$。

② 此处 $(e^{\hat{\xi}_{kit}} - 1) > 0$。

在估计出式（4-6）的参数后，即可通过式（4-9）和式（4-10）测算出最优能源投入。通过最优能源投入与实际能源投入，即可测算能源使用效率。结果显示，实际能源投入大于最优点的能源投入，反映了能源效率的损失。总体而言，我国能源效率损失从2004年到2007年呈上升趋势，从2008年到2010年下降，此后又呈现上升趋势。具体来看，中部地区能源效率损失最大，东部地区次之，而西部地区最小，三大地区的能源效率损失随时间推移呈现收敛态势。

从技术效率和配置效率的角度看，东部地区技术效率最高，而能源的相对配置效率较低；中部地区技术效率介于东部和西部之间，且逐渐与西部趋同，但能源相对配置效率最低，这必然在一定程度上影响了其能源效率水平；西部虽然技术效率最低，但其能源相对配置效率是最高的，有利于总体能源效率水平的提高。具体而言，中部地区产煤大省的山西、内蒙古能源效率损失，是30个省级行政区中最大的，在一定程度上拉高了中部地区的能源效率损失。与此类似，东部地区的山东、河北也维持着较高的能源效率损失。山东、河北均为能源消费大省，山东2004年至2013年年均能源消费高达32648.91万吨标准煤，其中原煤占一次能源比重均在73%以上；河北在研究期间内的年均能源消费为25075.36万吨标准煤，原煤占一次能源比重更是保持在88%以上。因此两省能源效率损失居高不下，也在情理之中。从产业结构来看，中部地区以第二产业为主，第二产业比重越高，能源效率越低。东部地区第二产业虽然也占据半壁江山，但伴随着长三江、珠三角等沿海发达地区产业调整和优化，服务业占比日趋上升，有利于能源效率的提高。且随着东部产业结构的优化，能源密集型产业逐渐向内陆转移，首当其冲的就是向中部地区转移，这也造成了中部地区能源效率损失。西部地区工业尚不发达，农林牧等第一产业仍占有较大比重，故而能源效率损失较小。从能源结构来看，中部地区有着丰富的煤炭资源（如山西、内蒙古），一次能源中煤炭消费量大。Long等（2016）研究了2000年至2012年我国30个省级地区煤炭消费效率，发现我国煤炭消费效率总体水平较低，且呈下降趋势。因此，对煤炭消费的依赖影响了能源效率。东部地区消费的一次能源中，煤炭仍占有较大比重，但受益于能源结构的改善，天然气、太阳能等清洁能源的比重逐渐增加，有利于能源效率损失的降低。西部地区煤炭资源较为稀缺，致力于以风能、水能和太阳能等新型能源替代传统能源，因此能源效率较高。另外，很多学者也发现了我国区域能源效率收敛性这一事实，如李国璋和霍宗杰（2010），李梦蕴等（2014）以及赵金楼等（2013）。其主要观点如下：第一，经济发展差距的缩小使得区域间能源效率水平缩小；第二，东中西部产业结构差异的缩小，有利于能源效率差异的缩小；第三，地区间能源价格差异的缩小也降低了地区能源效率的差异（李梦蕴等，2014）。

第五节 本章小结

本章我们运用随机前沿分析的方法，构建了超越对数生产函数，研究了 2004 年至 2013 年中国 30 个省级行政区（除西藏）的要素价格扭曲程度、能源配置效率、技术效率与能源效率，主要结论如下：

第一，我国总体技术效率水平在 2004 年至 2013 年呈下降趋势。技术效率下降的原因可能在于，原有的管理方式、组织形式等有不能迅速调整，以适应技术进步所带来的生产可能性边界的外延。东部、中部和西部的技术效率走势基本一致，东部技术效率水平最高，中部次之，西部技术效率水平最低。东部与中西部技术效率水平差距较大，表明我国地区间存在较强的技术壁垒，区域间经济和技术水平的差距较大。

第二，资本价格相对于劳动价格偏高，资本投入相对于劳动投入而言偏高，而能源价格相对于劳动价格偏低，能源投入相对于劳动投入而言偏低。资本的相对配置效率随时间逐步改善，但能源相对配置效率随着时间的推移而恶化。东部地区资本相对配置效率最大，能源相对配置效率小于西部而高于中部；中部地区资本相对配置效率处于东部与西部之间，而能源相对配置效率最低；西部地区资本相对配置效率最低，但能源相对配置效率最高。以上结果表明，我国能源价格相对于劳动和资本而言市场化程度仍较低，能源配置效率存在较大改进空间。

第三，我国能源效率损失 2004 年至 2007 年呈上升趋势，2008 年至 2010 年下降，此后又呈现上升趋势。具体来看，中部地区能源效率损失最大，东部地区次之，而西部地区最小，三大地区的能源效率损失随时间推移呈现收敛态势。

综上所述，我国要素价格扭曲和能源效率在区域间存在较大差异，地区之间形成差异的原因多种多样，如资源禀赋差异、地理位置、政策差异等。能源效率仍有较大的提升空间，而提高能源效率可以从技术效率和能源配置效率两方面着手。基于以上分析，我们给出相应的政策建议如下：

首先，着力提高技术效率，扭转技术效率的下降趋势。具体措施包括：（1）进一步调整能源消费结构，降低煤炭消费比重，逐步发展和推广太阳能、风能等清洁能源；（2）进一步调整产业结构，降低重工业比重，从而提高能源技术效率；（3）应在引进和提高生产技术的同时，提高管理水平和生产组织能力，以适应由技术水平提高带来的生产可能性边界外移。

其次，加快能源价格的市场化进程，以提高能源配置效率。2013 年 11 月，党的十八届三中全会通过的《关于全面深化改革若干重大问题的决定》中，提出要使市场在资源配置中起决定性作用。此后，劳动和资本的市场化改革都有了显著进展。最低工资标准的实施以及东南沿海地区大面积用工荒，都表明我国人口红利消耗殆尽，劳动价格上涨。2014 年 7 月公布的《关于进一步推动户籍改革的意见》旨在提高城镇化比率，使城乡间人口流动更为顺畅，这也表明劳动价格市场化进程的加快。资本价格市场化改革的启动更早。2010 年 7 月，国务院发布了《关于鼓励和引导民间投资健康发展的若干意见》，对民间资本的开放力度加大；2013 年，央行全面放开金融机构贷款利率管制。相较于劳动和资本价格的市场化改革，能源价格的市场化进程却迟滞不前。2014 年国务院印发了《能源发展战略行动计划（2014—2020 年）》，2015 年中国政府提出推动能源生产和消费革命，能源价格改革虽取得了一定进展，但进展仍然相对缓慢。因此，要进一步提高能源配置效率，降低能源价格扭曲程度，就必须大力推动能源价格市场化改革，引入价格机制，放开电力、成品油及天然气价格，减少交叉补贴，使市场竞争在能源定价和能源配置中发挥决定性作用。

最后，拓宽地区间技术扩散的广度和深度，打破地区间技术转移的壁垒，使得东部、中部和西部间的发展更为均衡。地区间的技术交流和扩散，可以通过产业结构的调整和转移来实现。随着劳动和土地价格的提升，东部地区纺织、服装等劳动密集型企业和钢铁、冶金等高耗能产业大量向中西部地区迁移，与此同时也带去了先进的技术和管理经验。内陆地区在承接产业转移的过程中，需要完善基础设施建设、健全人才引进机制及其他相关的制度措施，从而促进了地区经济发展和技术水平的提高。

本章从我国区域能源效率和配置效率着手，为现有研究做了有益的补充，但仍存在不足。首先，通过比较在没有效率损失情况下的最优投入与实际投入，从而得到能源效率的方法，是一个较为理想的测算方法，但实践中面临很多困难，无法准确测算出能源效率数值。其次，我们虽然对技术效率、配置效率和能源效率进行了深入分析，但未能就技术效率和配置效率的改进对能源效率的影响做进一步研究，这也是未来需要进一步深入研究的方向。

第五章 工业部门能源反弹效应研究之长三角城市群篇

第一节 长三角城市群工业能源效率概述

伴随工业化和城市化的快速发展，中国已然成为世界上能源消费量最大、消费增长最快的国家之一。根据《世界能源统计年鉴2014》的统计数据，2013年中国一次能源消费高达2852.4百万吨油当量，占据全球能源消费总量的22.4%；从增速角度看，中国2013年能源消费增长速度高达4.7%，低于过去10年8.6%的平均水平，但仍远高于全球增长水平2.3%。伴随我国经济的高速发展，能源需求不断攀升、能源矛盾日益突出，传统的粗放型高能耗的经济模式面临严峻的挑战，能源问题逐渐成为社会各界关注要点，解决能源问题迫在眉睫。能源技术革命创新是现阶段被频繁提及的能源战略之一。大力推进科技创新，提高能源科技水平已然成为应对当前能源问题、提高能源效率的有效途径。继煤炭、石油、天然气和核能四大能源之后，能源效率被公认为是统领于四大能源之上的"第五大能源"。然而，实际上能源效率的提高对节能减排的影响很难准确的界定，根本原因在于"能源消费反弹效应"（Jevons，1866）。能源消费反弹效应的存在使能源效率的提高对能源消耗的影响变得更加复杂。根据"Khazzoom – Brookes假说"，能源效率的提高不一定带来能源需求量的下降，其主要原因在于效率的提高，一方面使得能源相较于其他生产要素更低廉，另一方面会刺激经济的快速发展，进而加速能源的消耗，最终引起能源需求量的增加（Khazzoom，1980；Brookes，1992，2000）。因而，深入研究能源消费反弹效应对减少能源消耗，降低温室气体、氮氧化物的排放以及缓解环境污染具有重要意义，有助于为相关决策部门制定能源效率提高的配套政策以更好地实现节能减排。

作为一个以高耗能重工业为主的发展中国家，中国迫切需要改革传统的能源政策和粗放型的经济增长模式，寻求促进节能、控制能耗的有效技术手段和政策措施，以期实现能源—经济—环境系统的可持续发展。选择以长三角城市群工业为研究对象的主要原因有三：其一，长三角城市群是我国城市改革的"模范生"。改革开放以来，长三角城市群成为我国综合实力最强，战略支撑作用最大的地区之一，且预计至 2030 年，将全面建设成具有全球影响力的世界级城市群。其二，长三角城市群工业部门能源消耗量大。《中国统计年鉴 2014》显示，2013 年工业部门能源消费量约占全国能源消费总量的 70%；其中长三角城市群工业部门的能源消费量高达 5.919 亿吨标准煤，占据全国能源消费总量的 14%（图 5 - 1）。因此，对长三角工业部门的能源消费反弹效应进行具体研究对降低全国能源的消费具有重要意义。其三，过高的能源强度日益成为长三角城市群工业经济发展的瓶颈（图 5 - 2）。2003 年至 2008 年，全国工业部门的能源强度从 2.24 吨标准煤/万元上升至 2.68 吨标准煤/万元，年均增加幅度为 3.73%；相比长三角城市群工业部门的能源强度从 2003 年的 0.64 吨标准煤/万元上升至 2008 年的 0.91 吨标准煤/万元，年均增加幅度为 7.32%，该数值为全国工业部门的两倍（均以 2003 年不变价处理）。2008 年至 2013 年，全国及长三角城市群工业部门的能源强度和其增长幅度均呈现波动状态，这主要是由于受世界金融海啸的影响，国家出台了四万亿元投资计划，其中 81% 的资金投向了新建住宅和基础建设设施，带动了高能耗产业的增长。综上，研究长三角城市群工业部门的能源消费反弹效应，对于探究该区域工业部门的节能减排以及对全国工业部门能源效率的提升具有重要意义。

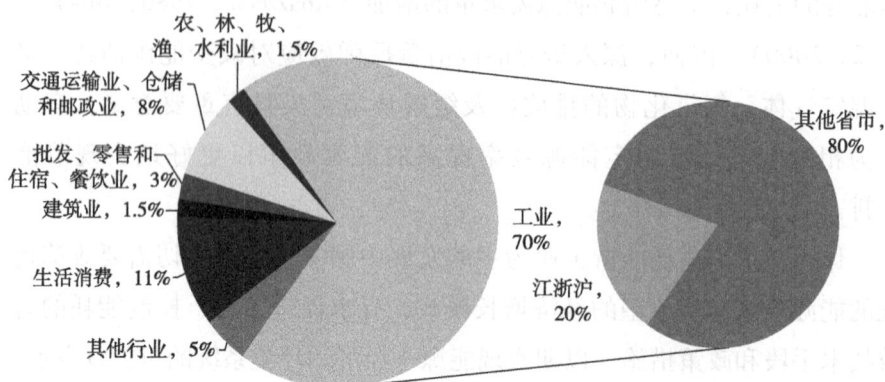

图5-1 2013年全国及长三角城市群能源消费占比情况

（数据来源：《中国能源统计年鉴2014》，中国统计出版社，2014年9月）

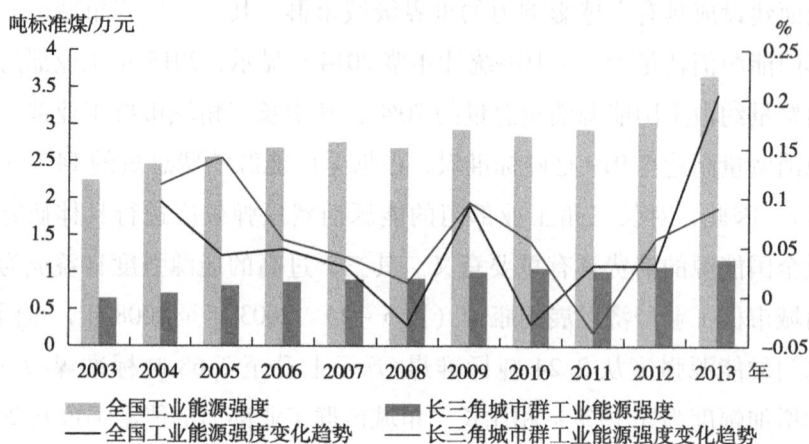

图5-2 长三角城市群工业能源强度及其变化趋势（2003年至2013年）

（数据来源：《浙江统计年鉴2014》，中国统计出版社，

2014年8月；《中国统计年鉴2014》，中国统计出版社，2014年9月）

学术界有关能源消费反弹效应的研究可谓汗牛充栋，但大多集中于对我国省级或分行业的能源消费反弹效应的研究分析，专门针对长三角城市群这一"中国城市化和工业化发展典型代表的地区"所开展的经验研究仍然较为匮乏。各地区由于经济发展水平的不同，其能源消费也存

在较大的差异。我们基于超越对数成本函数以及能源价格分解模型，综合运用动态最小二乘法和似不相关回归，对长三角城市群工业部门能源消费反弹效应的系数进行估计，得出相关结论与含义，并在此基础上针对长三角城市群工业部门能源效率的提高和节能减排的有效实现提出相关政策建议。

第二节　能源反弹效应及其类别综述

在 *The Coal Question* 中，英国经济学家 William Stanley Jevons 首次提出能源反弹效应的概念。在第一次工业革命中，Jevons（1866）观察到，瓦特发明内燃机后，英国的煤炭消费量迅速增长。由于内燃机可大幅地提高煤的使用效率，降低工业生产成本，利润的增加驱使内燃机被广泛地投入各个行业中，内燃机的大规模运用导致对煤炭的需求大幅增加，这便是著名的 Jevons 悖论，认为"技术进步带来资源使用效率的改善会刺激该资源的消耗"。这一现象的揭示引发了学者对能源效率政策有效性的质疑，然而并没有引起主流经济学家的关注。直到 20 世纪 90 年代，Daniel Khazzoom 和 Leonard Brookes 进一步提出"Khazzoom - Brookes 假说"：能源效率提高不一定带来能源需求的下降，其根本原因在于效率的提高促使经济的增长，进而促进能源消费的增加（Khazzoom，1980；Brookes，1992，2000）。

在 Khazzoom 之后，学术界对能源消费反弹效应的分类以及其作用机制进行了广泛讨论。其中 Greening 等（2000）从新古典微观经济学的角度出发，根据反弹效应对不同层面经济行为的差异影响，深层次地剖析能源消费反弹效应的诱发成因和机理，将反弹效应分为以下四类。

第一类是直接反弹效应（direct rebound effects），指某种能源技术的改进直接导致单位产品（服务）的能源投入量减少，进一步引起价格下跌，最终造成相关能源产品（服务）的需求增加。这种反弹效应主要原因在于替代（substitution）效应和收入（income）效应（图 5-3）。相较于间接反弹效应和广泛经济效应，基于微观经济学基本理论支撑的直接反弹效应更容易被测量和计算，其实证研究也更为丰富多样。近年来有关能源消费直接反弹效应的研究主要集中于工业、交通运输以及电力消费等领域（表 5-1）。例如，Lin 和 Li（2014）基于超越对数成本函数模型的研究表明，中国重工业的平均直接反弹效应约为 74.3%，能源消费反弹效应在中国重工业部门显著存在。Lin 和 Tian（2016）以中国轻工业部门为研究对象，测算了劳动、资本、能源和除能源外的中间产品四要素之间的替代关系以及能源消费的反弹效应。结果表明，除能源和劳动要素互为互补品，能源与资本、除能源外的中间投入品均互为替代品，同时，研究发现，中国轻工业的能源反弹效应为 37.7%，显然不存在能源"回火"效应（backfire）。国涓等（2010）采用中国 1978 年至 2007 年的宏观时间序列数据，测算出中国工业部门的能源消费反弹效应为 39.84%，表明能源效率的提高呈现出节约能源的效果，但与发达国家相比仍存在一定的差距。基于美国汽车运输部门的实证研究，Greene（2012）表明，燃料价格的变化对车辆的行程在统计上有着显著的效果，但这并不表示燃料的效率对车辆的行程就存在直接的关系。类似地，Stapleton 等（2015）以 1970 年至 2011 年英国的时间序列数据为基础，首次量化能源反弹效应对英国汽车行程的影响程度，研究结果指出无论以燃料成本还是燃料价格为解释变量，能源直接反弹效应均在 9%～36% 的范围内波动，且其均值为 19%。针对中国城市客运部门的直接能源反弹效应，学者们也进行了诸多相关的实证研究。其中 Wang 等（2012）利用 1994 年至 2009 年的历史数据考察了家庭消费支出对直接能源反弹效应的大小之间的关系，测算出能源的直接反弹效应为 96%，发现由运输能源效率提高引起的节能效果被抵消了相当大的一部分。之后，Zhang 等（2015）采用动态面板分位数回归模型，对 2003 年至 2012 年除西藏外 30 个省区市的数据进行实证研究，测算出中国道路客运短期和长期的直接反弹效应分别为 25.53% 和 26.56%。Wang 等（2014）通过建立协整方程和面板误差修正模型，测算了中国 1996 年至 2010 年的城镇居民用电部门的直接能源反弹效应。在家庭用电方面，Jin 等（2007）对韩国 2002 年的样本数据进行分析，得到冰箱、空调的反弹效应分别为72%～84%、57%～70%。

表 5－1　　　　直接能源消费反弹效应的计量经济经验测算研究

文献	部门	国家	数据样本（年）	反弹效应
Lin 和 Li（2014）	重工业	中国	1980—2010	74.3%
Lin 和 Tian（2016）	轻工业	中国	1980—2012	37.7%
国涓等（2010）	工业	中国	1978—2007	39.48%
Greene（2012）	家庭汽车运输	美国	1966—2007	短期 3.1%、长期 13.1%
Stapleton 等（2015）	家庭汽车运输	英国	1970—2011	19%
Zhang 等（2015）	客运	中国	2003—2012	短期 25.53%、长期 26.56%
Wang 等（2012）	客运	中国城市	1994—2009	96%
Wang 等（2014）	家庭用电	中国	1996—2010	短期 72%、长期 74%
Jin 等（2007）	家庭用电	韩国	2002	冰箱 72%～84%、空调 57%～70%

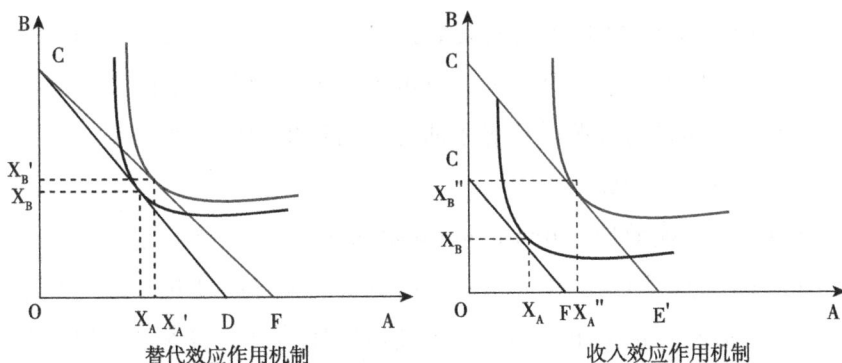

图 5－3　消费者选择过程图示（替代效应与收入效应）

第二类是间接反弹效应（indirect rebound effects），指除能源产品（服务）本身的替代效应和收入效应之外，能源效率的改进对能源消耗量的影响。一方面，技术进步带来能源产品（服务）的成本下降，消费者的可支配收入增加、厂商生产成本降低，进而引起相关能源产品（服务）的需求增加；另一方面，改善能源效率所需的先进机械设备以及制造更节能的能源产品（服务）都需消耗更多额外的能源，造成能源消耗量的上升（Gavankar 和 Geyer，2010）。与直接反弹效应相比，学界针对间接反弹效应开展的实证研究明显不足。Yu 等（2013）利用 2010 年北京家庭能源消费的调查数据进行实证分析，发现空调、洗衣机、微波炉和汽车等家居用品明显存在直接反弹效应和间接反弹效应，各自的平均直接反弹效应分别为 60.76%、106.81%、100.79% 和 33.61%；而其总反弹效应（direct rebound effects plus indirect effects）分别是 88.95%、100.36%、626.58% 以及 31.61%。

第三类是市场出清效应或广泛经济效应（market – clearing price and quantity adjustments or economy – wide effects），指能源效率的提高引起各经济部门之间的要素、价格以及产品之间强烈的相互作用，影响整个经济社会中要素和产品的价格和需求，导致社会供求不平衡，进一步扩展经济的生产可能性边界，带动整个经济的增长，进而增加对能源的消费。Shao 等（2014）基于时变参数状态空间模型，用评估模型和潜变量的方式对中国 1954 年至 2010 年的宏观数据进行实证检验，发现中国宏观层面的广泛经济反弹效应为 39.73%。Lin 和 Du（2015）对中国 1981 年至 2011 年整体经济能源反弹效应做了研究，估算出中国宏观经济层面上的反弹效应平均为 34.3%。

第四类是转换效应（transformational effects），解释了能源效率的提高，引起生产组织形式、社会系统、消费者的偏好的变化，最终改变了能源产品（服务）的需求，而不是单纯地增加燃料的需求。例如纯电动汽车虽然不耗油不耗气、仅靠电力行驶，但实现真正意义上的节能减排，需要保证电力源头是清洁的。

本章主要基于超越对数函数和能源价格分解模型，联立方程系统，所估算得到的能源份额下降的自价格弹性即为基于替代效应所测算的直接反弹效应。

第三节　直接能源反弹效应估计模型构建

一、超越对数成本函数模型

本章主要基于国涓等（2010）、Lin 等（2016）的研究，以超越对数成本函数为基础，把 Morishima 替代弹性（MES, Morishima Elasticity Substitution）模型与技术进步和规模效应即生产效应结合起来，估算出自价格弹性、交叉价格弹性和替代弹性，进而分析能源消费反弹效应。

工业生产要素的投入主要包括资本、劳动力和能源。因此，其中的生产函数和成本函数仅考虑三个生产要素的投入：资本、劳动、能源。于是，假设一个二阶可微的三要素生产函数为

$$Q = Q(K,L,E) \qquad (5-1)$$

其中，Q 为产出，K 为资本要素投入量，L 为劳动要素投入量，E 为能源要素投入量。

如果将要素价格以及产出水平均考虑成外生变量时，那么

$$C = C(P_K,P_L,P_E,Q) \qquad (5-2)$$

其中，P_K、P_L、P_E 分别是资本要素、劳动要素和能源要素的价格，C 是总成本，$C(P_K, P_L, P_E)$ 是单位成本。

采用超越对数成本函数模型，进一步将式（5-2）改写成：

$$\ln C_t = \theta_0 + \eta_q \ln Q_t + \sum \eta_i \ln Q_t \ln P_{it} + \frac{1}{2}\eta_{qq}(\ln Q_t)^2$$

$$+ \sum \alpha_i \ln P_{it} + \frac{1}{2}\sum\sum \alpha_{ij}\ln P_{it}\ln P_{jt} + \gamma_t t$$

$$+ \sum \gamma_i t \ln P_{it} + \sum \gamma_i t \ln Q_t + \frac{1}{2}\gamma_u t^2 + \varepsilon_t \qquad (5-3)$$

$$i,j = K,L,E$$

根据谢泼德引理，分别对成本函数进行关于价格要素的微分以及对超越对数函数进行关于要素价格对数的偏导，分别得到相应要素的需求：

$X_i = \partial C / \partial P_i$ 以及成本份额方程：

$$S_{it} = \alpha_i + \sum_j \alpha_{ij} \ln P_{jt} + \eta_i \ln Q_t + \gamma_i t + \xi_{it} \tag{5-4}$$

其中，X_{it}是在时间 t 第 i 种要素投入的数量，S_{it}是在时间 t 第 i 种要素投入的成本在总成本种的占比。

从式（5-4）可观察到，成本份额方程中已经包含技术因素和产出效应。因此，为了进一步分析技术进步或产出效应对能源消费反弹效应的作用机制，我们将分别考虑单纯存在技术进步、单纯产出效应以及同时存在技术进步、产出效应这三种情形下的能源消费反弹效应，通过建立虚拟变量来区别上述三种情况：

$$S_{it} = \alpha_i + \sum_j \beta_{ij} \ln P_{ij} + D_y \varphi \ln y + D_t \theta t + \varepsilon_{it} \tag{5-5}$$

$$i,j = K,L,E$$

其中，D_y、D_t 分别是产出效应和技术因素的虚拟变量，y 是真实产出，t 是技术进步趋势。在我们中对实证的分析可以分为以下三种情况：情况 I：存在产出效应且不存在技术进步；情况 II：存在技术进步且不存在产出效应；情况 III：不存在产出效应和技术进步。其虚拟变量的取值如表 5-2 所示。

表 5-2　　　　　　　　　　　虚拟变量的取值情况

虚拟变量	情况 I	情况 II	情况 III
D_y	$D_y = 0$	$D_y = 1$	$D_y = 1$
D_t	$D_t = 1$	$D_t = 0$	$D_t = 1$

式（5-5）构成了三个方程的联立方程系统，在新古典生产理论框架下，应满足以下三个约束条件：

$$\sum_i \alpha_i = 1, \ \sum_i \eta_i = \sum_i \gamma_i = 0 \tag{5-6}$$

$$\sum_i \beta_{ij} = \sum_j \beta_{ij} = 0 \tag{5-7}$$

$$\beta_{ij} = \beta_{ji} \tag{5-8}$$

根据式（5-5）得到的估计参数，可以计算出要素的价格弹性，它们随成本份额的变动而变化。

在要素需求分析中，价格响应常常用 Allen – Uzawa 交叉替代弹性 $\sigma_{ij}(i \neq j)$ 和要素的自价格弹性 σ_{ii} 以及需求价格弹性 ε_{ij} 来测度，由份额方程的估计参数进行计算：

$$\sigma_{ij} = \frac{[\alpha_{ij} + S_i S_j]}{[S_i S_j]}, i \neq j \qquad (5-9)$$

$$\sigma_{ii} = \frac{(\alpha_{ij} + S_i^2 - S_i)}{S_i} \qquad (5-10)$$

$$\varepsilon_{ij} = \sigma_{ij} S_j \qquad (5-11)$$

利用式（5-9）~式（5-11）计算得到的替代弹性在每个不同的数据点都会产生不同的结果，为不是一般性，我们选择在数据的均值点计算长三角城市群的平均替代弹性。

基于 Allen 替代效应（AES）在度量两种以上的要素之间的替代关系时，存在许多难以克服的缺陷，正如 Blackorby 和 Russell（1989）指出，AES 不仅无法提供两种要素相对比例以及等量曲线图形，而且无法通过边际替代率来解释两种要素之间的替代关系。而相较于 AES 模型，MES 模型能够有效地区别能源与资本劳动之间在宏观层面和微观层面的关系，即相对替代率和绝对替代率之间的问题。

因此，为更好地度量两个要素之间的替代弹性，我们采用 MES 模型对 Allen 进行了修正：

$$\sigma_{ij}^M = S_j(\sigma_{ij}^A - \sigma_{jj}^A) = \varepsilon_{ij} - \varepsilon_{jj} \qquad (5-12)$$
$$i \neq j, i,j = K,L,E$$

其中，σ_{ij}^M 度量的是要素 j 价格对要素 i，j 投入比值的影响。

基于对上述的分析，为了更准确地度量反弹效应，在能源成本份额方程中，我们需要考量能源价格不同方向的变动，即考虑非对称能源价格的影响。最为常见的做法是将能源价格的变动进行分解，分成三个部分：能源价格恢复 P_{rec}、以往的最高价格 P_{max}、能源价格下跌 P_{cut}。我们参照（Haas 和 Biermayr，2000）的能源价格的具体分解公式：

$$\ln P_t = \ln P_{max,t} + \ln P_{cut,t} + \ln P_{rec,t} \qquad (5-13)$$

$$P_{\max,t} = \max\{P_0, \cdots, P_t\} \tag{5-14}$$

$$P_{cut,t} = \sum_0^t \min\{0, (\ln P_{\max,i-1} - \ln P_{i-1}) - (\ln P_{\max,i} - \ln P_i)\}$$

$$\tag{5-15}$$

$$\ln P_{rec,t} = \sum_0^t \max\{0, (\ln P_{\max,i-1} - \ln P_{i-1}) - (\ln P_{\max,i} - \ln P_i)\}$$

$$\tag{5-16}$$

在超越对数模型的能源份额方程中引入非对称能源价格的影响，除了可以避免过度地损失自由度外，还能够保证各变量具有明确的经济含义。此时，能源份额方程可修改为

$$S_e = \alpha_e + \alpha_{ek}\ln P_k + \alpha_{el}\ln P_l + \alpha_{ee1}\ln P_{rec} + \alpha_{ee2}\ln P_{cut} + \eta_e\ln Q + \gamma_e t + \xi_{et}$$

$$\tag{5-17}$$

估计新的联立的方程系统，进一步计算要素的自价格弹性，其中能源份额下跌的自价格弹性即为我们基于替代效应所测算的反弹效应。

二、数据来源及处理说明

在生产三要素新古典生产函数的框架下，采用面板数据来估算能源消费反弹效应。在长三角 16 座核心城市中，考虑到统计数据的可得性，扬州和泰州未纳入我们的研究范围，因此，本章的研究样本范围为上海、南京、无锡、常州、苏州、南通、镇江、杭州、宁波、嘉兴、湖州、绍兴、舟山和台州 14 个地级及以上城市。需要使用的数据包括上述的 14 个城市 2003 年至 2013 年的经济产出、资本、劳动力、能源三要素的投入份额以及三者的价格。文中选用的变量均按照 2003 年的不变价进行计算。由于资本存量、资本实际使用价格以及能源价格均无法从现有的统计资料中直接得到，本章结合经济理论和现有统计文献的基础上对上述所需数据加以推算。我们数据的来源为《中国统计年鉴》《中国城市统计年鉴》《中国价格统计年鉴》《浙江统计年鉴》《江苏统计年鉴》《中国城市（镇）生活与价格统计年鉴》《上海统计年鉴》《南京统计年鉴》

《无锡统计年鉴》《常州统计年鉴》《苏州统计年鉴》《南通统计年鉴》《杭州统计年鉴》《宁波统计年鉴》《嘉兴统计年鉴》《湖州统计年鉴》《绍兴统计年鉴》《舟山统计年鉴》以及《台州统计年鉴》。

1. 资本存量、资本价格

在目前中国的统计资料中，无法直接获得工业资本存量的相关数据。但关于工业部门资本存量估算方法已经相当成熟，估算的数据也具有较强的说服力，其中最具代表的是永续盘存法。我们参考国涓等（2010）、Lin 等（2016）的研究方法，采用永续盘存法来测算我国长三角 14 个城市的工业部门的资本存量。基本估计公式表达如下：

$$K_t = K_{t-1} + I_t - D_t = K_{t-1}(1 - \delta_t) + I_t \qquad (5-18)$$

其中，K_t 表示 t 年的工业固定资本存量，I_t 表示 t 年的投资数据，D_t 表示 t 年的资本折旧，δ_t 表示 t 年的折旧率。

公式中主要涉及的变量的确定：①基期资本存量：我们直接采用《浙江统计年鉴》《江苏统计年鉴》《上海统计年鉴》中 2003 年各市工业固定资产平均净值的数据作为基期资本存量。②各年的投资数据：一般做法是利用固定资产原值的一阶差分计算出相邻两年的固定资产净增加值，然后用固定资产价格指数进行平减。由于江苏、浙江部分市的固定资产价格指数没有官方的可用数据，因此我们主要计算出江苏、浙江各自以 2003 年为不变价的省级历年工业部门投资序列，再乘以各市投资数据在省投资数据中的占比，即得到各市以 2003 年为不变价的历年工业部门投资序列。③折旧率：单豪杰、师博（2008）分别按 40 年、16 年估计建筑类和设备类固定资产使用年限，估算出工业部门固定资产的综合加权折旧率为 11.6%。我们拟采用该折旧率来进行我们中长三角城市群工业部门的资本存量的计算。

罗默（Romer，1999）认为除了利率外，折旧率、税率和资本自身价格的变化等均会对资本实际使用价格造成影响。我们借鉴 Romer 的资本使用价格测算方程来估算工业部门的资本使用价格。

$$P_k(t) = \left[r(t) + \delta(t) - \frac{P_k(t)}{P_k(t)} \right](1 - f_\tau)p_k(t) \qquad (5-19)$$

其中，$P_k(t)$、$r(t)$、$\dfrac{P_k(t)}{P_k(t)}$、f_τ、$p_k(t)$ 分别表示 t 年工业部门资本的实际使用价格、固定资产贷款利率、预期的资本市场价格变化率、公司所得税以及 t 年资本的市场价格。鉴于我国资本存量是以价值形式而不是以实物形式衡量，因此资本的实际市场价格 $p_k(t) = 1$。此外，由于目前工业涉及的部门较多，税收数据收集难度较大，且税收对资本实际价格的影响非常小，于是假定公司所得税 $f_\tau = 0$。同时，假设理性的生产者，那么预期的资本市场价格变化率等于通货膨胀率，即 $\dfrac{P_k(t)}{P_k(t)} = \pi(t)$。资本使用价格的公式可改写为

$$P_k(t) = r(t) + \delta(t) - \pi(t) \tag{5-20}$$

公式中主要涉及的变量的确定：①固定资产的贷款利率：采取 2003 年以来，当年变动月份加权平均后的 3~5 年期的贷款加权利率，数据来源为中国人民银行官网；②通货膨胀率：鉴于数据的可得性，我们主要采用消费者价格指数（CPI）表示通货膨胀率。

根据上述获得的资本存量数据和资本实际使用价格，可以计算出工业资本的实际使用成本，如下：

$$C_k(t) = P_k(t)K_t \tag{5-21}$$

因此，工业部门的资本价格指数采用我们所估计的资本使用价格进行计算，并换算成以 2003 年为 100，而资本成本份额为资本成本额与工业部门总成本之比，如下：

$$S_k = \frac{C_{k(t)}}{C_T} \tag{5-22}$$

$$C_T = C_k(t) + C_l(t) + C_e(t) \tag{5-23}$$

2. 劳动力、劳动力成本

工业部门的实际劳动力价格指数和劳动力的成本额分别可以用平均实际工资指数和实际总工资额表示。

$$C_l(t) = P_l(t)L_t \tag{5-24}$$

$$S_1 = \frac{C_{1(t)}}{C_T} \qquad\qquad (5-25)$$

其中，$P_1(t)$ 表示工业部门的劳动力实际价格，L_t 表示劳动力投入量，S_1 表示劳动成本份额。

本章采用在岗职工的平均工资作为劳动价格，然后利用居民消费价格指数对平均工资进行调整，得到以 2003 年为不变价的实际劳动价格，进而计算出在岗职工的平均实际工资指数，即得到工业部门的实际劳动力价格指数。而劳动力的成本额是工业部门实际的劳动价格与劳动投入量的乘积。其中，基于数据来源的统一性，利用第二产业的从业人员与建筑业的从业人员的差值，作为工业部门的劳动投入量。以上数据均可由《中国城市统计年鉴》获得。

3. 能源价格与成本

工业的能源消费包括原煤、汽油、燃料油、石油、天然气等，数据均可以从各市统计年鉴中取得。将各种能源的使用量通过折算成标准煤分别加总得到各市每年的能源使用量。自 1978 年以来，我国的能源消费中煤炭的占比高居首位，于是，本章选取 2003 年煤炭企业商品煤平均售价（林伯强，2007）以及 2003 年至 2013 年历年煤炭出厂价格指数，通过原煤和标准煤之间的转换系数，进而得到能源的价格。

目前现有的统计资料中涉及能源价格指数的指标主要限于燃料、动力类的价格指数，因此我们主要以各市的燃料、动力购进价格指数来近似度量能源价格指数。而工业部门的能源成本额是能源价格与工业部门的能源消费的乘积，再利用工业品出厂价格指数进行平减，计算公式如下：

$$C_e(t) = P_e(t) TE_t \qquad\qquad (5-26)$$

$$TE_t = \sum E_{it} \qquad\qquad (5-27)$$

$$S_e = \frac{C_{e(t)}}{C_T} \qquad\qquad (5-28)$$

于是，资本、劳动以及能源的成本份额可以表示出来。最终各投入要素的份额数据特征如表 5-3 所示。

表 5 - 3　　　　　　　资本份额、劳动力份额和能源份额数据特征

变量	S_k	S_l	S_e
Obs	154	154	154
Mean	0. 4503	0. 3314	0. 2184
Std. Dev.	0. 1060	0. 1043	0. 1163
Min	0. 2127	0. 1481	0. 0347
Max	0. 8023	0. 6653	0. 5584

数据来源:《上海统计年鉴》《南京统计年鉴》《无锡统计年鉴》《常州统计年鉴》《苏州统计年鉴》《南通统计年鉴》《镇江统计年鉴》《杭州统计年鉴》《宁波统计年鉴》《嘉兴统计年鉴》《湖州统计年鉴》《绍兴统计年鉴》《舟山统计年鉴》《台州统计年鉴》中国统计出版社,2004 年至 2014 年。

4. 产出效应

工业可划分为众多细分的行业,生产出的产品种类繁多,不同的产品数量内涵的价值不同,因此不能直接简单地相加,无法以实物量对产出进行直接的度量。于是,我们采用工业的产值作为对其产出的度量,数据来源于各市的统计年鉴。

第四节　长三角城市群工业直接能源反弹效应及分析

一、要素自价格弹性与替代弹性的测算与分析

由于宏观数据普遍存在非平稳性的特征,在面板数据的实证研究中,单位根的检验是十分重要的步骤。虽长三角城市群各地区的工业发展均处于全国领先地位,但各地区的经济发展仍存在一定的不平衡,投入的要素禀赋也有所不同,致使地区之间的生产方式也存在较大的差异,因此认为生产函数中各变量的面板数据属于异质面板。又因本章针对长三角 14 个城市 2003 年至 2013 年的面板数据进行实证检验,可见该面板处于完全平衡状态,于是我们采用 IPS 检验(Im、Pesearn 和 Shin,2003)。结果如下:

表 5 - 4   面板单位根检验结果（IPS）

变量	t 值	P 值	结果
$\ln P_k$	-13.091	0.0000	I ~ （0）
$\ln P_l$	-8.819	0.0000	I ~ （0）
$\ln P_e$	-4.604	0.0009	I ~ （0）
$\ln y$	-1.159	0.9645	
D （$\ln y$）	-8.015	0.0000	I ~ （1）

表 5 - 4 检验结果显示，$\ln y$ 未能在 5% 的显著性水平上拒绝不存在单位根的原假设，但在一阶差分后 $D(\ln y)$ 显著拒绝原假设，表明面板数据结构中存在明显的非平稳因素，同时包含了 $\ln P_k$、$\ln P_l$ 以及 $\ln P_e$ 平稳序列和 $\ln y$ 一阶差分后平稳的序列。在非平稳面板估计未知参数时，为避免得到虚假回归，协整是非常关键的步骤。相较于 Engle 和 Granger（1987）两步法与 Johansen（1988）方法，我们选取 Stock 和 Waston（1993）提出的 DOLS（动态最小二乘法），通过引入解释变量的一阶差分以及其超前和滞后项，有效地消除了方程的联立性偏误和小样本偏误，很大程度上降低了估计的偏差。

于是，方程可表达成如下形式：

$$S_{it} = \alpha_i + \sum_i \alpha_{ij}\ln P_{jt} + \eta_i\ln Q_t + \gamma_i t + \sum_{k=-n}^{n} \phi_{ij}\Delta\ln P_{j,t+k} + \sum_{r=-m}^{m} \delta_i\Delta\ln Q_{t+r} + \xi_{it}$$

$$(5 - 29)$$

$$i,j = k,l,e$$

在 DOLS 的框架下，按照上述的方程构建含有三个方程的联立方程组，运用似乎不相关回归，在同质性约束条件下同时对三个方程进行回归。根据 BIC 信息准则，超前和滞后项分别选择 1 和 0。

表 5 - 5   超前和滞后阶数的选择

模型	Obs	AIC	BIC
1	126	-1963.64	-1904.08
2	126	-1923.99	-1855.92
3	140	-1885.01	-1823.24

注：Model 1 超前和滞后项为 1、0；Model 2 超前和滞后项为 1、1；Model 3 超前和滞后项为 0、1。

得到主要的回归结果如下：

表5－6 要素份额方程的参数估计结果（SUR）

变量	S_k	S_l	S_e
$\ln P_K$	0.2176***	－0.1869***	－0.0496*
	(0.0319)	(0.0314)	(0.0304)
$\ln P_l$	－0.0621***	0.0072	0.0395**
	(0.0254)	(0.0270)	(0.0204)
$\ln P_e$	－0.1555***	0.0549***	0.1006***
	(0.0222)	(0.0175)	(0.0224)
$\ln y$	0.0291***	－0.0197***	－0.0106**
	(0.0059)	(0.0042)	(0.0046)
Trend	0.0161***	－0.0060**	－0.0090***
	(0.0037)	(0.0029)	(0.0026)
α_i	－0.1417***	0.7491***	－0.3160**
	(0.0560)	(0.1541)	(0.1497)
R^2	0.7377	0.8660	0.9059

注：各括号内为各参数估计值的 t 统计量，＊表示在10%的显著水平上显著，＊＊表示在5%的显著水平上显著，＊＊＊表示在1%的显著水平上显著。

从表5－6的回归结果可以看出，大部分参数估计值在1%和5%的显著性水平下显著，且各方程的拟合程度都比较高。进一步对各方程残差进行单位根检验，结果表明每一个方程的残差序列都是白噪声过程（见表5－7）。综上所述，我们的参数估计的结果是具有一定意义。

表5－7 各方程残差的平稳性检验

变量	t 值	P 值	平稳性
Resid＿K	－10.117	0.0000	平稳
Resid＿L	－8.028	0.0453	平稳
Resid＿E	－14.552	0.0000	平稳

根据表5－6的参数估计结果，以长三角城市群工业各投入要素成本份额的平均值点对各要素的价格弹性进行估算，代入式（5－9）～式（5－11）计算出长三角城市群工业部门各要素的自价格弹性和交叉价格弹性。得到的结果如下：

表5-8　　长三角城市群工业要素自价格弹性和要素间交叉价格弹性

ε_{ij}	能源	资本	劳动
能源	-0.3209	-0.1270	0.3840
资本	0.2230	-0.0665	-0.1137
劳动	0.5124	0.1934	-0.6469

根据表5-8计算所得的各要素的自价格弹性和交叉价格弹性，代入式（5-12），得到替代弹性，结果如下：

表5-9　　　　　　　长三角城市群工业要素 Morishima 替代弹性

σ_{ij}	能源	资本	劳动
能源		0.1939	0.7049
资本	0.2895		-0.0472
劳动	1.1593	0.8403	

根据表5-8、表5-9的计算结果，发现各要素之间的交叉价格弹性、自价格弹性以及替代弹性均处于合理的范围之内。

观察各要素之间的替代弹性。除劳动—资本相对弹性为负外，其他要素替代弹性都为正值，体现出工业部门能源和资本、劳动和能源之间表现出替代关系，表明能源价格的上涨会刺激劳动力和资本要素的投入，这与国涓等（2010）及鲁成军和周端明（2008）的研究结论基本一致。

比较能源、资本和劳动的自价格弹性。劳动的自价格弹性最大，表明劳动要素投入量对价格的敏感程度最高，这是因为长三角地区拥有过剩的高科技人才和高素质劳动资源，人才竞争激烈且劳动市场化明显。能源替代弹性次之，虽然市场化进程的深化、国际化进程的深入致使能源价格向市场价格过渡、向国际价格趋近，在一定程度上加大了能源需求对价格的敏感程度。但技术水平和要素禀赋的局限性致使可替代能源开发受限、能源替代可行性受阻；此外，长三角地区产业门类齐全，轻重工业发达，对工业的必要投入要素能源具有较强的依赖性，这均构成能源价格弹性增长的消融力量（国涓等，2010）。资本可替代性最小，这主要与资本的属性有关，机械设备等的投入在实际操作中所需要的替代周期较长，在短时间内要素价格的变化对投入量影响不显著。

二、能源消费反弹效应测算及结果分析

根据式（5-13）~式（5-15）的能源价格分解公式，对长三角城市群工业部门能源价格进行分解。在考虑非对称价格影响的情况下，对新要素成本份额的联立方程组重新进行估计，我们仅对能源成本份额方程的估计结果进行报告。

表 5-10　　　　　　　　不同情形下的考虑非对称价格影响的
能源份额方程参数估计（SUR）

能源成本份额方程	存在产出效应且不存在技术进步	存在技术进步且不存在产出效应	不存在技术进步和产出效应
α_i	0.7752***	0.8091***	0.8173***
	(0.1013)	(0.1188)	(0.1174)
$Trend$	-0.0035**		-0.0039*
	(0.0017)		(0.0021)
$\ln P_k$	-0.1884***	-0.1753***	-0.1940***
	(0.0191)	(0.0207)	(0.0227)
$\ln P_l$	0.0197	-0.0022	0.0202
	(0.0184)	(0.0144)	(0.0187)
$\ln P_{cut}$	0.0876***	0.1019***	0.0833***
	(0.0282)	(0.0274)	(0.0833)
$\ln P_{rec}$	0.0811***	0.0756**	0.0905***
	(0.0309)	(0.0326)	(0.0332)
$\ln y$		-0.0008	-0.0024
		(0.0027)	(0.0027)
R^2	0.9566	0.9559	0.9571
残差诊断			
Unit root test	-20.042	-17.545	-20.872
	{0}	{0}	{0}

注：各括号内为各参数估计值的 t 统计量，* 表示在 10% 的显著水平上显著，** 表示在 5% 的显著水平上显著，*** 表示在 1% 的显著水平上显著。

表 5 - 10 给出了考虑存在产出效应且不存在技术进步、存在技术进步且不存在产出效应以及不存在技术进步和产出效应三种情况下的能源成本份额方程的估计结果，且估计的 $\ln P_{cut}$ 系数均在置信度为 1% 的水平下是显著的。根据表 5 - 9 估计的参数，结合式（5 - 9）~ 式（5 - 12），可以计算求得长三角城市群工业整体能源消费的直接反弹效应。

表 5 - 11　　　　不同情况下的考虑非对称价格影响的
工业部门能源消费反弹效应

能源成本份额方程	存在产出效应且 不存在技术进步	存在技术进步且 不存在产出效应	不存在技术进步和 产出效应
能源消费反弹效应	38.03%	31.49%	40.04%

根据表 5 - 11 的测算结果，在摒弃技术进步和经济规模效应即产出效应的情况下，能源消费的直接反弹效应为 40.04%，且数值远小于 100%，表明尽管长三角城市群工业部门存在能源消费反弹效应，但能源效率的提高仍然能够实现一定的节能目标。

比较表 5 - 11 的测算结果，发现无论是技术进步还是产出效应，在一定程度上都降低了能源消费的直接反弹效应。在摒弃产出效应的前提下，若排除技术因素，能源消费反弹效应为 40.04%；而考虑技术进步因素时，能源消费反弹效应为 31.49%。相似地，在摒弃技术因素的前提下，若排除产出效应，能源消费反弹效应为 40.04%；而考虑产出效应时，能源消费反弹效应为 38.03%。由此可以看出，在能源效率提高时，技术进步、产出效应的存在，有助于更深程度地实现节能效应，且技术进步存在的效果明显高于产出效应（鲁成军和周端明，2008）。

第五节　本章小结

本章我们以超越对数生产函数为基础，引入非对称能源价格的影响约束，进行联立方程估计，对长三角城市群 14 个代表性城市工业部门能源消费的直接反弹效应进行了测算。此外，我们引入虚拟变量，分别分析技术因素和产出效应对能源消费反弹效应具体的影响程度，并得到如下结论。

第一，通过对 2003 年至 2013 年长三角城市群工业部门能源消费反弹效应的实证研究，测算出长三角城市群工业能源价格下降引起的反弹效应约为 40.042%，说明尽管工业部门存在一定程度的反弹效应，但通过提高能源效率，仍可以有效地降低长三角城市群工业的能源消耗，达到节能的目的。因而，通过供给侧结构性改革来促进能源转型与创新是长三角地区实现节能目标的重要决策之一。加大对可再生能源和新能源发展专项资金的扶持力度，筹建长三角能源平台，推动跨省市能源企业合作、能源技术沟通，突破可再生能源领域的瓶颈。此外，加强对能源需求侧的管理，提高对用能单位节能考核标准的监督力度，激发用能单位提高能源效率的积极性。

第二，较大的劳动—能源相对价格弹性（σ_{LE} = 70.49%）表明，当能源价格上涨时劳动对能源具有较强的积极替代效果。因此，借助于劳动替代能源来缓解能源缺口的空间较大，同时也减轻了劳动力过剩形成的就业压力。而资本自价格弹性较小（ε_{KK} = 6.65%）表明，利用资本来缓解能源缺口的效果并不显著。因而，促进金融发展、丰富筹融资方式是弥补长三角地区日益扩大的能源缺口以及实现从相对昂贵的能源密集型产业经济模式向技术密集型产业经济模式转变的一项重要手段。提高资本对能源的替代，一方面需要长三角地区政府扩大对节能机电设备补贴的范围以及加大对节能设备补贴的力度；另一方面需加快长三角地区间金融的联合与发展，发挥上海地区先行者的优势，拓宽用能单位对节能设备的融资渠道，利用多层次资本市场开展直接融资。

第三，无论是技术进步还是产出效应，都降低了能源消费的直接反弹效应，表明依托技术创新和产出持续扩大带来的高技术水平和适度规模效应，在一定程度上，有助于降低能源的消耗，提高单位能源消耗所创造的经济价值。因而，通过注重合理控制经济增长速度与规模扩张来实现经济、能源、环境的协调发展是实现节能的一个重要方面。结合上海、浙江、江苏三个省市的"十三五"规划纲要,为实现技术进步和产出效应对节能的效果,一方面需要发挥上海现代化国际大都市的聚集辐射作用以及长三角城市沿海的地理优势,吸引国内外领先的节能技术和机械设备,改造和升级工业企业的高耗能设备,坚定不移地加快产业结构调整;另一方面需要保持经济在转型升级中以平稳较快的速度增长,杜绝以牺牲环境为代价,切实加强生态与环境保护的力度。

第六章 工业部门能源反弹效应研究之珠三角城市群篇

第一节 珠三角城市群工业能源效率概述

中国的工业化和城市化直接导致能源消耗的快速增长。提高能源效率有助于缓解能源供需之间矛盾，并通过减少二氧化碳排放和当地空气污染来改善环境质量（Lin 和 Benjamin，2017）。然而，中国能源强度远远高于美国、日本等发达国家。作为全球最大的能源消费国，中国能源消费总量大约占全球的 23%。工业是中国最耗能的经济部门，其占据全国能源消耗的近 70%（CEIC，2018）。因此，提升工业部门能源效率对达到节能减排目标至关重要。

珠江三角洲城市群毗邻香港和澳门，它不仅是中国改革开放的先驱地，也是亚太地区最具有活力的经济区之一，在中国经济发展中具有重要的战略地位。根据《2017 年广东省统计年鉴》，2015 年珠江三角洲城市群进出口总额达 97525.5 亿美元，分别占广东省和全国进出口总额的 95.3% 和 25%。工业部门在珠江三角洲城市群的经济发展中发挥了举足轻重的作用，对该地区 GDP 的贡献约为 45%。珠三角城市群工业生产总值从 2004 年的 2340.56 亿元增加到 2015 年的 10577.48 亿元（按 2004 年不变价格计算），年均增长为 13.71%。2015 年珠江三角洲城市群工业增加值分别占广东省和国家工业增加值的 84.2% 和 10.8%。工业部门吸纳了该地区大部分的劳动力，广东省大约 82% 的工业就业集中在珠江三角洲城市群①。珠江三角洲城市群工业能源消耗量在 2004 年至 2015 年持续增加，年增长率为 4.9%，2015 年达到 13171 万吨煤当量，分别占广东省和全国工业能源消耗的 75% 和 4.5%。

　　本章研究思路总结如下。首先，我们采用随机前沿分析来评估 2004 年至 2016 年珠江三角洲城市群工业全要素能源效率。大多数现有的关于能源效率测量的研究都集中在国家、区域或者工业层面。珠江三角洲城市群在中国经济发展中发挥着战略性作用，对珠江三角洲城市群工业全要素能源效率进行深入分析，有助于丰富中国工业经济部门和城市层面的能源效率研究。其次，我们将工业全要素能源效率的增长分解为技术变革（TC）、技术效率变化（TEC）和规模经济（SC）效应，以进一步分析各驱动因素对全要素能源效率增长的贡献。最后，基于 Tobit 模型分析全要素能源效率提升的驱动力，并为珠江三角洲城市群工业经济和环境管理提供决策参考。

<h2 style="text-align:center">第二节　能源效率估算的
国内外研究进展与评述</h2>

一、能源效率估算指标

　　能源效率可被定义为以较少的能源产生相同数量的服务或有用产出（Patterson，1996）。Bosseboeuf 等（1997）将能源效率的定义扩展为使用相同或者更少的能源来获得更多的产出或者更高质量的生活。基于 Patterson（1996）提出的能源效率定义，四个指标可用来衡量能源效率：热力学指标、物理热力学指标、经济热力学指标和经济指标。这些指标被认为是单因素能源效率指标。单因素能源效率指标简单直观，可用于分析通过不同类型的分解来处理技术进步、产业结构和其他任何有关能

---

① 该地区的工业部门就业人数约占全国工业就业人口的 12%，几乎是京津冀城市群的三倍。然而，珠三角城市群工业劳动生产率仅为京津冀城市群工业生产率（51.54 万元/人）的 40%。

源效率变化的决定因素。然而，单因素能源效率指标的主要缺点是它仅仅反映了能源投入和产出的比例，却忽略了其他因素，如劳动力和资本对全要素生产效率的贡献。鉴于单因素能源效率指标的缺点，Hu 和 Wang（2006）在全要素生产率的基础上提出了全要素能源效率指标。全要素能源效率指标能够测量所有投入和经济产出的效率，如资本投资、劳动力和能源消耗，且能够反映生产单位的真实能源效率水平。Wei 和 Shen（2009）认为，基于全要素生产率框架提出的能源效率指标将"单投入"法扩展为"多投入"法，而且他们考虑用不同要素组合替代传统单因素来进行能源效率评估。

现有关于全要素能源效率指标的研究主要集中在国家、区域和工业层面。针对国家层面的分析，Zhang 等（2011）使用全要素能源效率指标框架来检验 23 个发展中国家 1998 年至 2005 年的能源效率，发现中国全要素能源效率指标提高最为明显。对于区域层面的分析，基于中国 209 个城市的数据，Wang 等（2013）采用随机前沿函数和非径向定向距离函数构建了一个综合评价节能减排潜力的指数，并分析了导致节能减排潜力损失的理论因素。Meng 等（2016）引入了基于能源效率和碳排放指标的方法论框架以及六种广泛使用的数据包络分析（DEA）模型，并应用这些模型来测量 1995 年至 2012 年中国 30 个省级行政区的区域能源和碳排放效率。Hu 等（2017）应用因子模型分析了 2004 年至 2013 年中国台湾地区 20 个行政区域的能源效率。对于工业层面的分析，基于中国钢铁工业 50 家公司的数据，He 等（2013）首先使用马尔奎斯特生产率指数（MPI）测量 2001 年至 2008 年各企业能源效率和生产率变化，然后使用马尔奎斯特—龙伯格生产率指数（MLPI）考虑非期望产出，以探索 2006 年至 2008 年企业的生产率变化；研究结果表明，环境监管对技术变革具有重要的推动作用。

二、能源效率测度方法

数据包络分析（DEA）和随机前沿分析（SFA）是目前测度能源效

率的主流研究方法。Lin 和 Wang（2014）认为这两种方法的基本思路是一致的，即通过实际产出或投入与边界之间的相对距离来评估能源效率。目前 DEA 是解决能源效率评估问题的常用方法。然而，相对于 DEA 方法，SFA 方法具有以下优点：第一，它明确刻画了生产函数；第二，SFA 随机确定其生产前沿并考虑测量误差的影响，因此该方法可以在面板数据研究中提供更可靠的结论。

基于非参数估计的 DEA 方法，通常用于当投入要素增加或减少时测量技术效率的变化。Hu 和 Wang（2006）首先基于 DEA 方法提出了全要素能源效率指标。后续许多研究进一步发展了 DEA 模型。Wei 和 Shen（2007）使用 DEA 方法构建了一个先进能源效率指标，该指标比较了先进能源效率和传统能源生产率的差别。传统 DEA 模型忽视了决策单位（DMUs）之间的潜在协作，因此 DMUs 效率的评估并不明确。为了解决这个问题，Wei（2013）认为 DEA 是根据不同的权重计算不同时期的能源效率值，这些值不能用于直接比较；因此，作者提出了一种结合初始投入产出经济意义的新方法。Sueyoshi 和 Goto（2011）采用了一种新的 DEA 方法，它将产出分离（期望和非期望产出）纳入能源公司的绩效评估。Wang 等（2013）使用改进的 DEA 模型来评估 2000 年至 2008 年中国 29 个行政区域的能源和环境效率。实证结果表明，中国东部地区能源和环境效率最高，而西部地区最低。Ignatius 等（2016）提出了一种基于 DEA 的框架，其中对称和非对称模糊数代表了投入和产出数据。Wang 等（2017 年）提出了改进后的引导式 DEA 来解决了非期望产出问题，并测量了 2005 年至 2012 年北京 35 个子工业部门的能源效率。研究结果表明，北京工业能源整体效率较高且不断提高，但各产业之间存在显著差异。

SFA 方法也被广泛用于效率评估。Cuesta 等（2009）使用随机前沿方法，通过双曲线距离函数来评估环境性能，可以在增加产出的同时减少投入。He（2011）指出，SFA 需要对生产函数做出明确的假设，因此，它可以确定各种因素对低效率的影响。Zhou 等（2013）利用超效率 DEA（SEDEA）模型和 SFA 估算 1998 年至 2009 年中国 30 个省级行政区的能源效率。结果表明，SEDEA 不仅具有和 DEA 与 SFA 一样的优点，而且可以有效地评估能源效率水平。近年来，Chen（2014）利用面板数据和 SFA 法来测量中国制造业 30 个部门的能源效率，并评估了能源结构对技术效率的影响。结果显示，中国制造业各部门的能源效率水平存在显著差异。Chen 等（2015）使用 SFA 方法分析了 1999 年至 2011 年中国化石燃料发电的技术效率；结果显示，公司规模、所处城市等因素对效率产生了直接影响。Lundgren 等（2016）使用 SFA 方法估计了瑞典制造业 14 个部门的能源需求和能源效率，结果显示，所有部门均存在提高燃料和电力能源效率的潜力。基于 DEA 和 SFA 方法分析能源效率的最新相关研究，总结见表 6-1。

表 6-1　　　　基于 DEA 和 SFA 方法的能源效率决定因素

文献	研究范围	评价指标	研究技术	主要影响因素
Yang 等（2014）	2001—2009 年长三角城市群	工业部门全要素能源效率	SFA 随机前沿分析	企业规模，开放程度，政府直接投资，人均 GDP
Zhang（2014）	1990—2011 年中国 30 个省级行政区	能源效率限制下的总碳排放因子	DEA 数据包络分析	外商直接投资（FDI），出口，政府干预，产业结构，人力资本
Chen（2014）	中国制造业 30 个子部门	全要素能源效率	SFA 随机前沿分析	能源结构
Martínez 和 Sliveira（2012）	瑞典服务部门 19 个子部门	全要素能源效率	DEA 数据包络分析	能源税，电力消耗，投资和劳动生产率
Lundgren 等（2016）	瑞典制造业 14 个部门	全要素能源效率	DEA 数据包络分析	欧盟排放交易体系（ETS），碳排放许可证价格
Bi 等（2014）	2007—2009 年中国火力发电数据	全要素能源效率	DEA 数据包络分析	环境监管
Wang 等（2013）	2000—2008 年中国 29 个省级行政区	全要素能源和环境效率	DEA 数据包络分析	经济发展
Feng 等（2017）	2000—2014 年中国省级工业部门	全要素能源效率	DEA 数据包络分析	企业规模，区域技术差距，管理效率
Jia 等（2012）	中国 30 个省级行政区	全要素能源效率	DEA 数据包络分析	人均 GDP，第三产业的比例，城市化率

第三节 全要素能源效率估算方法概述

一、超越对数生产函数

超越对数生产函数常用的生产函数形式是柯布—道格拉斯（C－D）（Lin 和 Du，2014；Lundgre 等，2014；Zhou 等，2015）和 CES 生产函数（Zhou 等，2015）。与 CES 生产函数相比，超越对数生产函数更灵活，当处理不平衡或异质数据时可以得出稳定结果（Altunbas 和 Chakravarty，2001）。此外，超越对数生成函数可以更好地反映解释变量和被解释变量之间的相互作用，并能更深入地描述经济系统的特征（Cao 和 Zhang，2016）。

本章利用超越对数生产函数和资本、劳动力和能源投入要素来刻画生产过程。Y 表示第 t 年第 i 个城市的工业总产值，K 表示城市的工业资本，L 表示城市的劳动力投入，E 是能源投入。具体函数形式如下：

$$\ln Y_{it} = \beta_0 + \beta_K(\ln K_{it}) + \beta_L(\ln L_{it}) + \beta_E(\ln E_{it}) + \beta_t t + \frac{1}{2}\beta_{KL}(\ln K_{it}\ln L_{it})$$

$$+ \frac{1}{2}\beta_{KE}(\ln K_{it}\ln E_{it}) + \frac{1}{2}\beta_{LE}(\ln L_{it}\ln E_{it}) + \frac{1}{2}\beta_{KK}(\ln K_{it})^2$$

$$+ \frac{1}{2}\beta_{LL}(\ln L_{it})^2 + \frac{1}{2}\beta_{EE}(\ln E_{it})^2 + \frac{1}{2}\beta_{tt}t^2 + \beta_{Kt}t(\ln K_{it})$$

$$+ \beta_{Lt}(\ln L_{it}) + \beta_{Lt}t(\ln L_{it}) + \beta_{Et}t(\ln E_{it}) + v_{it} - u_{it} \qquad (6-1)$$

其中，$i(i=1,2,\cdots,N)$ 表示横截面单位，$t(t=1,2,\cdots,T)$ 表示时间，v 是一个随机扰动项，表示统计误差以及各随机因素对前沿产出的影响；$u \geqslant 0$ 是一个随时间变化的技术低效率项，用于测量相对生产力水平。

二、全要素能源效率增长率分解

根据 Kumbhaker（2000）研究，全要素能源效率增长率可以分解为四个部分：技术变革（TC）、技术效率变化（TEC）、规模经济（SC）

和价格效应（PE）。

技术变革（TC）定义为在投入数量和结构不变的情况下，技术前沿随时间变化的速率：

$$TC_{it} = \partial \ln f(x_{it}, \beta) / \partial t = \beta_t + \beta_{tt} t + \beta_{Kt} \ln K + \beta_{Lt} \ln L + \beta_{Et} \ln E$$

$$(6-2)$$

技术效率变化（TEC）由实际产出和前沿产出之间的距离表示。技术效率随时间变化的速率定义为技术效率的变化：

$$TEC_{it} = -\partial u_{it} / \partial_t \qquad (6-3)$$

规模经济部分（SC）的变化反映了规模报酬对生产率增长的贡献，可表示为

$$SC_{it} = (RTS_{jit} - 1) \sum_j \phi_{jit} \dot{\chi}_{jit} \qquad (6-4)$$

其中，$\dot{\chi}_{jit}$ 是投入要素 $j(j = K, L, E)$ 的变化率，ϕ_{jit} 是要素 $j(j = K, L, E)$ 在总成本中所占份额，$RTS_{it} = \sum_j \varepsilon_{jit}$ 代表规模经济效应，ε_{jit} 是 j 的产出弹性，$\phi_{jit} = \varepsilon_{jit} / RTS_{jit}$ 表示 j 的产出弹性相对于整体经济的比例（规模效应）。

价格效应（PE），既可描述投入价格和其边际产品价值之间的偏差，又可描述边际技术替代率和投入价格比率之间的偏差：

$$PE_{it} = \sum_j (\phi_{jit} - s_{jit}) \dot{\chi}_{jit} \qquad (6-5)$$

价格效应只能通过获取有关价格变量的信息来计算。由于数据可用性，本研究中我们仅计算技术变革的影响（TC），技术效率变化（TEC），以及规模经济（SC）。

全要素能源效率增长率可以分解为

$$TFEG_{it} = TC_{it} + TEC_{it} + (RTS_{it} - 1) \sum_j \phi_{jit} \dot{\chi}_{jit} + \sum_j (\phi_{jit} - s_{jit}) \dot{\phi}_{jit}$$

$$(6-6)$$

三、Tobit 回归模型

由于因变量的全要素能源效率不小于 0，我们使用 Tobit 模型研究其

决定因素。基础模型规范如下：

$$y_i^* = x_i\beta + \varepsilon_i \quad \varepsilon_i \sim N(0,\sigma^2) \qquad (6-7)$$

模型 1（Tobit）用于分析珠三角城市群工业全要素能源效率的决定因素，而模型 2 则用于考察开放程度对工业全要素能源效率的影响。我们分别在模型 3 和模型 4 中引入 ECS 和 ERS 作为控制变量，以测试实证结果的稳健性：

$$TFEE_{it} = \alpha + \beta_1 ES_{it} + \beta_2 GI_{it} + \beta_3 GDI_{it} + \beta_4 FIS_{it} + \beta_5 PGDP_{it} + \varepsilon_{it}$$
$$(6-8)$$

$$TFEE_{it} = \alpha + \beta_1 ES_{it} + \beta_2 GI_{it} + \beta_3 FDI_{it} + \beta_4 FIS_{it} + \beta_5 PGDP_{it}$$
$$+ \beta_6 DO_{it} + \varepsilon_{it} \qquad (6-9)$$

$$TFEE_{it} = \alpha + \beta_1 ES_{it} + \beta_2 GI_{it} + \beta_3 FDI_{it} + \beta_4 FIS_{it} + \beta_5 PGDP_{it}$$
$$+ \beta_6 DO_{it} + \beta_7 ECS_{it} + \varepsilon_{it} \qquad (6-10)$$

$$TFEE_{it} = \alpha + \beta_1 ES_{it} + \beta_2 GI_{it} + \beta_3 FDI_{it} + \beta_4 FIS_{it} + \beta_5 PGDP_{it}$$
$$+ \beta_6 DO_{it} + \beta_7 ECS_{it} + \beta_8 ERS_{it} + \varepsilon_{it} \qquad (6-11)$$

其中，$TFEE_{it}$ 表示第 i 个区域中第 t 年工业全要素能源效率，ε_{it} 是一个随机分布的误差项。

四、研究变量和数据来源

由于研究数据的可得性，以及城市维度数据统计维度的一致性，本研究使用 2004 年至 2016 年珠江三角洲城市群中九个地级城市的宏观数据。研究数据来自每个城市的统计年鉴。

工业产出（Y）：从每个城市统计年鉴中获得的城市工业生产者价格指数。

资本（K）：固定资产投资价格指数可用于估算平均固定资产工业净值。固定资产工业净值数据未在珠海、中山统计年鉴中报告。因此，在上述城市中我们使用工业固定资产的原始值减去累计折旧。此外，除广州外，没有其他城市公布固定资产投资价格指数。因此，本书采用广东省固定资产投资价格指数予以替代。

劳工（L）：我们利用珠江三角洲城市群中的平均工业工人数来衡量劳动力投入。

能源消耗（E）：城市工业能源消耗的大部分数据摘自各市统计年鉴。深圳和中山市工业能源消耗通过天然气、煤炭和电力等能源的热值比例进行折算。

根据现有关于全要素能源效率的文献以及数据可得性，我们确定 8 个指标来衡量其对能源效率的影响。

企业规模（ES）：较高的大型工业企业占比不利于市场竞争。为了检验大型和中型企业的比例是否对能源效率产生不利影响，我们将珠三角城市群大型企业的工业产出比例作为企业规模的代理变量。Yang 等（2014）认为，企业规模的提高会对工业能源效率产生负面影响。另外，Wang 等（2017）使用 Tobit 模型研究能源效率的决定因素，发现企业规模和资本深化对北京市工业能源效率产生了积极影响。

开放程度（DO）：珠江三角洲城市群是中国南方通往世界的门户。2015 年，珠江三角洲城市群进出口总额占全国总额的四分之一。为了检验珠江三角洲城市群的进出口贸易是否具有过度能源消耗和环境污染特点，开放程度用换算为人民币的进出口贸易总额与 GDP 之比来衡量。Wei 和 Shen（2007）认为对外开放对能源效率产生负面影响，开放程度增加1%，导致能源效率下降0.183%。

地方政府支出（LGS）：地方政府支出通过地方政府财政支出与 GDP 的比率来衡量。Wang 等（2011）认为，财政支出每增加1%，能源效率将增加约1.09%。由于珠江三角洲城市群中政府支出结构数据不可得，我们使用地方政府财政支出与 GDP 的比率作为政府支出结构的代理变量以评估政府支出对城市工业能源效率的影响。

外商直接投资（FDI）：外商直接投资变量由外商直接投资占每个城市 GDP 的比例来衡量。珠江三角洲城市群的特点是相当发达的出口导向型经济伴随很大比例的外商直接投资。2015 年，工业部门的 FDI 占中国 FDI 总额的 2.4%。Zhang（2011）认为，FDI 流入对长三角城市群的能源效率产生了不利影响，因为它具有高能耗和高污染的特点。Wang 等（2017）发现市场集中度和 FDI 对能源效率有显著影响。

要素投入结构（*FIS*）：该变量由工业从业人员数量与投资额之间的比率来衡量。要素投入结构反映了工业部门如何强调资本密集型或劳动密集型投入。资本密集型投入结构意味着需要更多的能源投入来获得相同的产出水平，这对能源效率增长产生不利影响（Yang，2014）。

环境监管强度（*ERS*）：基于 Xin 等（2018）的计算方法，ERS 综合指数以环境指标为基础，如工业废水排放，工业二氧化硫排放，工业烟尘排放和工业固体废物利用率等。上述变量的数据主要来自《中国城市统计年鉴（2016 年）》和《中国统计年鉴（2016 年）》。Song 和 Wang（2014）认为，制定合理的环境政策是提高环境效率的解决方案。ERS 指标计算如下：

首先，我们将每个污染指标标准化：

$$R_{i,j,t} = \frac{X_{i,j,t} - \min(X_{j,t})}{\max(X_{j,t}) - \min(X_{j,t})} \qquad (6-12)$$

$$R_{i,j,t} = \frac{\max(X_{j,t}) - X_{i,j,t}}{\max(X_{j,t}) - \min(X_{j,t})} \qquad (6-13)$$

其中 $i(i = 1,2,\cdots,N)$ 代表城市；$t(t = 1,2,\cdots,T)$ 指时间；$j(j = 1,2,\cdots,J)$ 代表污染指数；$\max(X_{j,t})$ 和 $\min(X_{j,t})$ 分别代表每种污染的最大值和最小值。$R_{i,j,t}$ 是相关指标的标准化值。

在此基础上计算指标调整因子：

$$c_{i,j,t} = \frac{X_{i,j,t}}{\sum X_{i,j,t}} \Big/ \frac{P_{i,t}}{\sum P_{i,t}} \qquad (6-14)$$

其中，$c_{i,j,t}$ 是各种污染物的调整因子，反映每个城市环境治理的差异程度；$P_{i,t}$ 代表城市工业产值。

ERS 指标最终计算如下：

$$V_{i,j,t} = R_{i,j,t} \times c_{i,j,t} \qquad ERS_i = \sum V_{i,j,t} \qquad (6-15)$$

其中，$V_{i,j,t}$ 是与每种污染相对应的环境监管指数；ERS 是城市整体环境监管强度；该数值越小，意味着城市整体环境监管越强。

人均生产总值（*PGDP*）：该指标用于检验经济增长是否与全要素能源效率正相关。Yang 等（2014）认为区域经济发展水平与工业全要素能源效率负相关。Chang 和 Hu（2010）发现人均 GDP 对 TFEPI 有积极影响，而第二产业比例增加对 TFEPI 有负面影响。

能源消费结构（*ECS*）：能源消费结构衡量了工业能源消耗中工业煤耗所占比例。Yang 等（2014）表明，煤炭消费比例对工业全要素能源效率增长具有显著的抑制作用。2016 年，珠江三角洲城市群9 个城市工业部门的能耗为 11.48 百万吨标准煤，占广东省工业能耗的 73%。

第四节　珠三角城市群工业全要素能源效率及其影响因素

一、工业全要素能源效率估计

为了评估珠三角城市群工业全要素能源效率，我们以 Frontier 4.1 为基础估计式（6-1）的参数。超越对数生产函数的估算结果见表6-2。

表 6-2　　　　　　　　基于 SFA 方法的生产函数参数估计

参数	系数	标准差	T 统计量
β_0	-2.1661	2.0340	-1.0650
β_k	-0.4412	0.6242	-0.7069
β_L	0.5189	0.4599	1.1281
β_E	2.1829	0.5655	3.8603***
β_t	0.0524	0.0706	0.7425
β_{KL}	0.4255	0.2276	1.8698*
β_{KE}	-0.4521	0.2184	-2.0698**
β_{LE}	-0.0310	0.3384	-0.0916
β_{KK}	0.2311	0.1349	1.7134*

续表

参数	系数	标准差	T 统计量
β_{LL}	− 0.1713	0.1840	− 0.9307
β_{EE}	− 0.1098	0.1638	− 0.6707
β_{tt}	0.0044	0.0034	1.2683
β_{Kt}	− 0.0276	0.0193	1.2683
β_{Lt}	− 0.0154	0.0101	− 1.5207
β_{Et}	0.0340	0.0114	2.9990***
σ^2	0.2990	0.1562	1.9142*
γ	0.9558	0.0249	38.4271***
μ	− 1.0692	0.4260	− 2.5101***
η	− 0.0111	0.0168	− 0.6632
log likelihood function		73.61	
LR test for the one – sided error		85.70	

注：*，**，***分别代表10%，5%和1%水平的统计显著性。

根据表6-2的参数估计，我们计算了2004年至2016年珠三角城市群工业部门的全要素能源效率，结果如表6-3所示。深圳、广州、肇庆、珠海等地工业部门的全要素能源效率高于其他城市，分别为0.968、0.961、0.959和0.954。对于该估计结果有几种可能的解释。首先，1980年，深圳被指定为中国第一个经济特区，20世纪90年代和21世纪初，成为中国发展最快的城市之一。近年来，深圳不仅是全球领先的技术中心，也是世界上最繁忙的集装箱港口之一，其经济发展不依赖于重工业。其次，作为广东省的省会城市，广州的经济发展处于珠江三角洲城市群的最高位次。广州市一直致力于提高经济发展的整体效率，其工业全要素能源效率也更高。作为珠江三角洲城市群的后发区域，肇庆近年来也在积极发展低碳产业，推动经济从粗放型转向高质量型发展，以根据其资源和环境优势加速与珠江三角洲城市群的融合。珠海作为珠三角地区最为重要的城市，其发展模式追求经济与环境的协调发展。惠州、江门和东莞的全要素能源效率是珠江三角洲城市群九个核心城市中最低的。

表6-3　珠三角城市群工业全要素能源效率估计（2004—2016年）

年份 城市	2004	2005	2006	2007	2008	2009	2010	2011	2012	2013	2014	2015	2016	Mean
Guangzhou	0.9635	0.9631	0.9627	0.9623	0.9618	0.9614	0.9610	0.9606	0.9601	0.9597	0.9593	0.9588	0.9584	0.9610
Shenzhen	0.9705	0.9701	0.9698	0.9695	0.9692	0.9688	0.9685	0.9681	0.9678	0.9674	0.9671	0.9667	0.9664	0.9685
Dongguan	0.5570	0.5534	0.5498	0.5461	0.5424	0.5387	0.5350	0.5312	0.5275	0.5237	0.5199	0.5161	0.5123	0.5349
Zhuhai	0.9566	0.9561	0.9556	0.9551	0.9546	0.9541	0.9536	0.9531	0.9526	0.9521	0.9516	0.9511	0.9505	0.9536
Zhaoqing	0.9615	0.9611	0.9607	0.9603	0.9598	0.9594	0.9589	0.9585	0.9580	0.9576	0.9571	0.9567	0.9562	0.9589
Huizhou	0.7510	0.7485	0.7461	0.7437	0.7412	0.7387	0.7362	0.7337	0.7312	0.7286	0.7261	0.7235	0.7208	0.7361
Zhongshan	0.9483	0.9477	0.9472	0.9466	0.9460	0.9454	0.9448	0.9442	0.9436	0.9430	0.9424	0.9418	0.9412	0.9448
Foshan	0.9097	0.9087	0.9077	0.9068	0.9058	0.9048	0.9038	0.9027	0.9017	0.9007	0.8996	0.8986	0.8975	0.9037
Jiangmen	0.7258	0.7232	0.7205	0.7179	0.7152	0.7126	0.7099	0.7072	0.7044	0.7017	0.6989	0.6961	0.6933	0.7097
平均值	0.8604	0.8591	0.8578	0.8565	0.8551	0.8538	0.8524	0.8510	0.8497	0.8483	0.8469	0.8455	0.8441	0.8523

惠州的主要产业是数字电子和石油冶炼；江门的工业生产以建筑材料、食品、服装、纸制品为中心，其特点是能耗高、污染水平高；东莞专注于鞋类、玩具和电子产品的生产，其技术含量相对较低。

珠江三角洲城市群工业能源效率呈下降趋势，即使下降的比率比较小。相关研究也有类似结论。例如，Li 和 Hu（2012）计算了 2005 年至 2008 年中国 30 个省级行政区的生态全要素能源效率（ETFEE），发现 ETFEE 和 TFEE 在 2005 年至 2009 年呈下降趋势。这种现象有几种可能的解释。为了缓解全球金融危机的不利影响，中国政府出台了一揽子经济刺激计划，该计划主要是扩大基础设施建设。大规模的基础设施建设促进了能源密集型产业的发展和相关耗能生产扩张。能源密集型产业的大规模发展可能是工业部门全要素能源效率降低的主要原因。此外，出口导向加工区珠江三角洲城市群经济增长的放缓也是工业全要素能源效率下降的原因之一。

二、全要素能源效率增长率分解

基于上述估计结果和式（6-2）至式（6-6），本研究进一步将珠江三角洲城市群工业全要素能源效率增长分解为三个指标：技术变化（TC），技术效率变化（TEC）和规模变化（SC）。2004 年至 2016 年城市群中 9 个城市的工业技术变化率没有显著差异。技术进步率较高的城市包括广州（0.11）、珠海（0.10）和江门（0.09）。城市群中 9 个城市的工业技术效率变化率很小，约为 0.01，且研究样本之间没有显著差异。珠江三角洲城市群中的 9 个城市在规模经济方面存在显著差异，其中具有负规模经济的城市是珠海（-0.05）、东莞（-0.15）、深圳（-0.18）和广州（-0.91）。工业规模平均变化率最高的城市是惠州（0.76）和江门（0.32）。这表明工业规模扩张和全要素能源效率增长是不平衡的，规模扩张是工业全要素能源效率相对较低的城市提高能源效率的重要方法之一。

2004 年至 2016 年珠三角城市群 9 个城市工业全要素能源效率平均增

长率的差异较大。其中，惠州、江门、肇庆、佛山、中山、珠海等城市处于第一梯队，变化率为正。然而，深圳和广州等工业全要素能源效率相对较高的城市处于第二梯队，变化率为负。基于上述分析，技术变革是工业全要素能源效率增长的主要驱动力，而规模经济可能对工业全要素能源效率相对较低城市的增长具有显著贡献。

三、全要素能源效率提升驱动因素分析

本节将基于 Tobit 模型分析珠三角城市群工业全要素能源效率提升的主要驱动力。首先，我们采用自然对数方法很大程度上控制异方差问题。其次，我们进行了方差膨胀因子（VIF）测试，发现变量之间不存在多重共线性问题。具体估算结果如表 6-4 所示。

表 6-4　　　　　　　　　　基于 Tobit 模型的估计结果

变量	模型 1		模型 2		模型 3		模型 4	
	Coef	z-stat	Coef	z-stat	Coef	z-stat	Coef	z-stat
ES	-0.0182***	-3.9	-0.0203***	-3.66	-0.0202**	-2.25	-0.0116**	-2.43
LGS	-0.0274	-0.9	-0.0138	-0.9	0.0867**	2.15	0.0154	0.99
FDI	0.1853***	8.22	0.1732***	8.22	0.0741**	1.96	0.1759***	9.04
FIS	0.0117***	6.96	0.0140***	6.96	0.0206***	5.45	0.0114***	6.11
PGDP	0.0005**	4.46	0.0009***	4.46	0.0025***	6.85	0.0006***	3.09
DO			0.0035***	4.05	0.0231***	14.52	0.0050***	6.36
ECS					-0.0325***	-5.3	-0.0232***	-14.14
ERS							-0.0010***	-6.00
Constant	0.8416***	419.88	0.8274***	387.82	0.8170***	122.56	0.8640***	408.56
sigma_u	0.1486***	4.24	0.1487***	4.24	0.1455***	4.24	0.1469***	4.24
sigma_e	0.0038***	14.49	0.0038***	14.58	0.0054***	14.88	0.0035***	14.95
Rho	0.9986		0.9994		0.9986		0.9994	

注：**，***分别代表 5% 和 1% 水平的统计显著性。

表 6-4 汇报了模型 1-4 的估计结果。在模型 1 中，在 1% 的统计显著性水平上，三个变量（ES，FDI 和 FIS）的系数是显著的。外商直接投资（FDI），人均 GDP（PGDP）和要素投入结构（FIS）对珠江三角洲

城市群工业全要素能源效率产生积极影响，而企业规模（ES）和地方政府支出（LGS）对工业 TFEE 产生负面影响。在此基础上，我们将开放度（DO）纳入模型以考察实证结果的稳健性。模型 2 中的变量系数与模型 1 中的变量系数一致，表明开放程度对工业全要素能源效率具有积极影响（在 1% 的水平上具有统计显著性）。在模型 3 中，能源消费结构（ECS）与工业全要素能源效率呈负相关（在 1% 水平上具有统计显著性），上述结果符合我们基本的预期。在模型 4 中，新添加的变量 ERS 也与工业全要素能源效率负相关（在 1% 水平上具有统计显著性）。如前所述，ERS 值越小，表明环境监管力度越大。因此，更强有力的环境监管有助于改善工业全要素能源效率。

具体而言，企业规模扩张对珠江三角洲城市群工业全要素能源效率产生负面影响。ES 每增加 1%，工业 TFEE 将下降 0.01%（虽然系数值较小）。一般而言，较大规模的企业具有更高的能源效率水平。其主要原因是大型企业更有可能在生产过程中实现规模经济，更有能力引进更先进的低能耗设备，并具有更高的生产管理经验。根据《广东省统计年鉴（2017 年）》，珠江三角洲城市群规模以上工业总产值占工业总产值的43.4%。企业规模对工业全要素能源效率的负面影响可能是由于企业规模的大规模扩张和相对较低的生产管理水平。

地方政府支出与模型 4 中的工业全要素能源效率正相关；然而，实证结果在统计上微不足道。相反，在模型 1 和模型 2 中，地方政府支出的系数是负的。事实上，基础设施建设支出主导了中国的财政支出。2017 年，广东省政府发行新债 960.8 亿元（其中财政部门限额内发行940.8 亿元），基础设施建设占 51.66%。基础设施投资将促进工业特别是高耗能行业生产的扩张。因此，在一定程度上，政府支出结构将会影响工业部门的发展模式以及相关产业的结构。由于数据可用性，我们使用地方政府财政支出与 GDP 的比率作为政府支出结构的代理变量。

外商直接投资的增加有助于提高珠江三角洲城市群工业部门的全要素能源效率。从最初的采矿和制造业到第三产业，珠江三角洲城市群吸引外商直接投资的目标经历了重大转变。2016 年，采矿业和制造业的外商直接投资实际使用量分别比 2015 年下降 54.1% 和 43.8%；而计算机服务和教育行业实际使用外商直接投资的比例分别比上年增长 402.5% 和 813.6%。因此，外商直接投资带来的技术创新和技术溢出效应日益明显。

工业就业和投资比例的增加对珠江三角洲工业部门的 TFEE 产生了积极影响。较高的要素投入结构意味着工业生产更偏向于劳动或人力资本密集型。资本密集型结构将有利于重工业的发展，并导致需要使用更多能源投入才能获得相同水平的产出水平，从而导致工业部门整体能源效率水平的降低。总的来说，偏向劳动/人力资本密集型的生产要素投资结构对珠三角城市群工业全要素能源效率产生了积极影响。

提高经济发展水平（PGDP）对工业部门全要素能源效率产生积极影响。根据表 6-3 中 2004 年至 2016 年珠江三角洲城市群工业部门的全要素能源效率，珠江三角洲城市群中每个城市的整体工业能源效率都相对较高。其中，深圳和广州市工业能源效率最高，分别为 0.97 和 0.96。经济发展水平的提高伴随城市群的科技进步和技术创新，因而有助于促进不同经济部门全要素能源效率的进一步提高。

开放程度对珠三角城市群工业能源效率有一定程度的积极影响。珠江三角洲城市群一直是中国重要的对外开放地，对外贸易比重较高。通过进出口贸易引进先进技术和创新管理理念，也即充分发挥对外贸易和吸引外商直接投资的技术溢出效应，可在一定程度上提高技术效率。近年来，珠江三角洲城市群一直在优化其对外贸易结构，通过引进更先进的生产设备和高端技术，改善该地区的工业全要素能源效率。

能源消费结构与珠江三角洲城市群工业部门的能源效率显著负相关。在本节中，能源消费结构衡量了煤炭消耗占能源消费的比例。因此，能源结构指标的数值越高，对工业全要素能源效率的提高越不利。这一结果符合我们的预期，因为煤炭资源消耗产生的污染明显高于天然气等能源品种。此外，重工业生产过程意味着高能耗，煤炭消费占比越高，越不利于工业全要素能源效率的提高。

整体环境监管强度综合指数（ERS）与珠江三角洲城市群工业全要素能源效率呈负相关。在工业生产过程中，如果工业"三废"排放量相对于工业产值的比例越高，则意味着生产过程中能耗和其他资源消耗造成的污染越大，工业生产过程的污染程度就越高。环境污染程度对珠江三角洲城市群工业全要素能源效率产生了负面影响。

第五节　本章小结

本章采用 SFA 方法分析了 2004 年至 2016 年珠江三角洲城市群九个核心城市的工业全要素能源效率，并基于 Tobit 模型评估了效率提升的驱动力。主要结论如下：（1）珠江三角洲城市群工业部门的全要素能源效率相对较高，但在研究区间内，工业能源效率呈下降趋势；（2）规模经济对工业全要素能源效率增长率的贡献最大；（3）开放程度、地方政府支出、外商直接投资、要素投入结构、环境监管力度和人均 GDP 对珠江三角洲城市群工业全要素能源效率产生积极影响，而企业规模和能源消费结构对工业能源效率有负面影响。

地区环境政策应结合不同城市的特点与差异，以解决城市群部分城市工业部门能效相对较低的问题。考虑到地区发展水平以及城市产业结构的差异，需要因地制宜地提高珠三角地区城市重点部门的能源效率。例如，作为中国最早实行经济改革与开放的城市，深圳市的发展围绕"以高科技为先导，以先进产业为基础"这一原则实现了从粗放型发展模式转向优质和集约型管理模式的转变，其工业能源效率领先于珠三角城市群其他城市。以节能城市为标杆，充分发挥标杆城市对周边城市的辐射和带动作用，对提高珠三角城市群工业部门全要素能源效率至关重要。

第七章 交通运输部门
能源反弹效应研究

第一节 交通运输部门能源消费的特征

交通运输业是能源消耗大户（2019 年消耗 3.26 亿吨油当量），占中国能源消耗总量的 15.53%（CEIC，2022）；其油品终端消费，占油品终端消费总量的 54.55%（IEA，2017），已成为仅次于工业的第二大能源消耗部门和中国油品消费的主要部门。图 7-1 展示了我国 1997 年至2016 年交通运输部门能源消费情况。研究区间内，部门能源消费逐年递增，占全国能源消费的份额也逐年增加，从 1997 年的 7.2% 上升至 2016

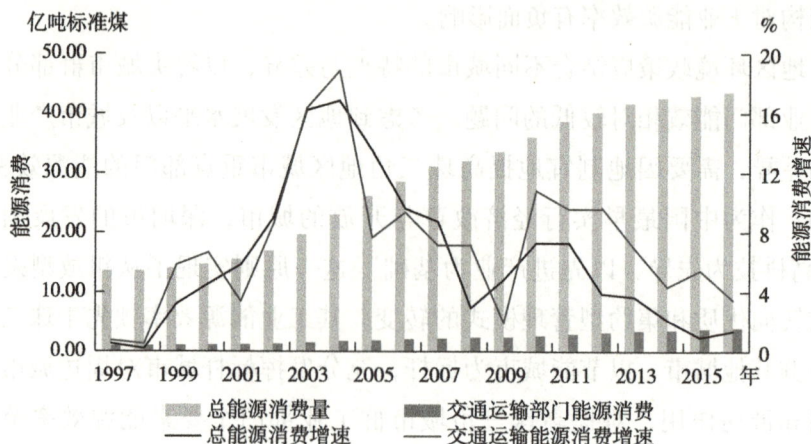

图 7-1　我国全社会与交通运输部门能源消费情况（1997 年至 2016 年）

（数据来源：国家统计局）

年的 9.1%。2016 年交通运输部门能源消费总量为 3.97 亿吨标准煤，是 1997 年的 3.93 倍，年均增速达 7.22%。从 2010 年起，交通运输业能源消费增速（11.3%）超过全社会能源消费的增速（7.3%），成为我国能耗增长最快的行业之一。随着城市化进程的加快以及交通基础设施投资的进一步增长，交通运输行业的节能降耗直接关系到国家节能减排目标能否顺利实现。

交通运输设备的改造升级是推进中国交通运输领域节能减排的重中之重。推动能源利用效率提升也是当前环境政策层面的重点，例如，近年来政府推出的《乘用车燃料消耗量限值》《乘用车燃料消耗量评价方法及指标》等一系列条例。然而，由于能耗回弹效应（ERE）的存在，此类政策的实际节能效果表现不如预期。能源反弹效应是指能源效率提高所带来的节能效应由于收入效应和替代效应被抵消的现象，其存在导致实际节能量低于预期节能量，甚至致使能源消耗量不降反增，影响节能政策的有效性。为此，制定交通运输能效提升政策应充分考虑能源反弹效应的存在。

国内一些学者验证了我国经济部门存在能源反弹效应（周勇等，2007；查东兰和周德群，2010；Lin 和 Liu，2012；Shao 等，2014）。此外，由于地区间存在经济发展水平、交通基础设施建设完善程度、产业政策和运输结构的不同，交通运输业的能源消费量和反弹效应存在地区性差异（Wang 等，2012；Wang 和 Lu，2014；Zhang 等，2015；Zhang 和 Lin，2018）。本章侧重于评估中国交通运输部门能源反弹效应，并比较了直接和整个经济系统能源反弹效应之间的差异。可能的贡献如下：首先，考虑输入要素之间的替代或互补关系，我们采用动态最小二乘法（DOLS）和似无关回归（SUR）评估中国交通部门的直接能源反弹效应。其次，我们采用广义矩法（GMM）和两阶段动态面板回归来评估部门经济系统内的能源反弹效应大小。动态面板回归能够评估短期和长期能源反弹效应的大小，与传统的面板回归方法相比，GMM 可以消除"动态面板偏差"问题。最后，现有能源反弹效应测度的文献大多侧重于探索不同估计方法的特征和适用性，而忽略了不同能源反弹效应估计结果的可比性。为此，本研究比较了直接和经济系统能源反弹效应估计之间的差异。根据两个概念的特征，我们在直接能源反弹效应估计的框架下分析了投入要素之间的替代或互补关系；同时，在经济系统的能源反弹效应估计框架下计算了短期和长期的综合能耗回弹指标。本章聚焦交通运输业的反弹效应研究，对能源节约尤其是油气能源政策设计与区域差异化产业环境政策制定具有一定意义。

第二节　能源反弹效应定义及作用机制综述

本节从反弹效应的定义与作用机制、直接能源反弹效应的研究方法和交通运输领域反弹效应的实证研究对已有文献进行梳理和回顾。

一、能源反弹效应的定义与作用机制

能源回弹效应是指能源效率提高所带来的潜在能源消耗减少被能源需求增加所抵消的现象（Saunders，1992）。基于市场对燃油效率变化的反应，能源回弹效应可大致分为三类：直接回弹效应、间接回弹效应和经济系统内的回弹效应（Greening 等，2000）。直接和间接能源回弹效应从微观经济视角衡量能源服务相对价格下降的影响，因此无法考虑资本成本变化的长期影响（Ouyang 等，2018；Liu 等，2019）。经济系统的 ERE 估计则基于宏观视角，考虑了价格和数量的重新调整以及效率变化带来的动态经济增长（Adetutu 等，2016）。

直接能源反弹效应主要可从以下四个方面进行定义（Sorrell 和 Dimitroupoulos，2008；Frondel 等，2012）：（1）能源服务的能源效率弹性（Berkhout 等，2000）。其最符合对反弹效应的自然定义，而以下几类定义则需要基于假设推导得出。（2）负的能源服务需求的价格弹性（Frondel 等，2007）。（3）负的能源自价格弹性。（4）负的交通运输需求的能源价格弹性。我们选择定义（3）作为能源反弹效应的定义，在 Sorrell

和 Dimitropoulos（2008）提出的假设条件下，即能源消费者对能源价格下降与能源效率上升的反应相同，能源反弹效应可由能源自价格弹性估计。Bentzen（2004），Sorrell 和 Dimitropoulos（2007）以及 Sorrell 等（2016）都证明了直接能源反弹效应与其能源自价格弹性高度相关。Lin 和 Li（2012）则指出能源自价格弹性提供了直接反弹效应的上限。因此，对能源自价格弹性的估计可作为测度反弹效应大小的较为合适的指标。

二、直接能源反弹效应的研究方法

直接能源反弹的研究方法主要有两种：模拟实验法和计量法。模拟实验法是通过实际调查的方法得到能源效率提高前后能源需求量的变动情况。例如 Schleich 等（2014）将反弹效应定义为照明需求对灯泡能效变高的弹性，通过对德国家庭进行覆盖全国范围的大型调查，量化了家庭照明的能源反弹效应。相对于模拟实验法，计量法的应用更为广泛，研究结果也更为丰富（见表 7 – 1）。

表 7 – 1　　　　　　　国内外直接能源反弹效应的主要参考文献

文献	国家	样本数据	时期跨度（年）	研究方法	反弹效应
周勇和林源（2007）	中国	全国整体	1978—2004	岭回归	30% ~80%
刘源远和刘凤朝（2008）	中国	28 个省级面板数据	1985—2005	GLS	平均53.68%
王群伟和周德群（2008）	中国	全国整体	1981—2004	LMDI OLS	平均62.8%
国涓等（2010）	中国	全国工业整体	1978—2007	SUR	39.48%
冯烽和叶阿忠（2012）	中国	29 个省级面板数据	1995—2010	空间误差模型	– 8.5% ~ 62.48%
邵帅等（2013）	中国	全国整体	1954—2010	状态空间模型	短期：27.39% 长期：81.20%
Bentzen（2004）	美国	美国制造业投入产出数据	1949—1999	DOLS	24%

续表

文献	国家	样本数据	时期跨度（年）	研究方法	反弹效应
Small 和 Dender (2007)	美国	美国汽车运输部门州级数据	1966—2001	3SLS	短期：4.5%
				OLS	长期：22.2%
Jin (2007)	韩国	居民用电数据	1975—2005	非线性方程模型 OLS	短期：30%
					长期：38%
Freire - González (2010)	加泰罗尼亚（西班牙）	居民用电数据	1999—2006	双对数方程 OLS	短期：35%
					长期：49%
Liu 和 Liu (2012)	中国	全国整体	1980—2009	LMDI	平均53.2%
				LA - AIDS 模型	
Liu 和 Li (2014)	中国	全国重工业整体	1980—2011	DOLS SUR	74.3%
Lin 和 Tian (2016)	中国	全国轻工业整体	1990—2012	DOLS SUR	37.70%

直接能源反弹效应的研究对象不仅涉及各国家与时期，还包括全国、行业以及企业或家庭层面，模型形式主要有线性、对数线性、双对数、超越对数等，计量方法有普通最小二乘法（OLS）、广义最小二乘法（GLS）、对数平均迪式指数法（LMDI）、近似理想需求系统模型（AIDS）、似不相关回归（SUR）、动态面板分位数回归等。王群伟和周德群（2008）、Small 和 Dender（2007）和 Jin（2007）都使用 OLS 对直接能源反弹效应进行估计，这种估计方法能够保证估计结果的无偏性，但当样本量较小时易出现估计偏误。Small 和 Dender（2007）的估计结果显示，相比于两阶段最小二乘法（2SLS）和三阶段最小二乘法（3SLS），OLS 存在 88% 的高估，稳健性较弱。因此我们参照 Bentzen（2004）、Lin 和 Li（2014）、Lin 和 Tian（2016）和国涓（2010）的研究，采用动态最小二乘法（DOLS），其适用于观测量较小和变量非同阶单整的数据，结合 SUR，能够有效减少小样本偏误和联立性偏误，提高估计结果的可靠性（Stock 和 Watson，1993；Lin 和 Tian，2016）。

三、交通运输业能源反弹效应的实证研究

国外学者较早对交通运输业能源反弹效应进行实证测算，实证结果

丰富，研究方法多样，研究对象多集中于家庭汽车交通的微观层面，测算结果变异也较大。如 Frondel, M. 等（2012）基于1997年至2009年德国家庭交通日数据，从直接能源反弹效应的四种定义出发，研究反弹效应的异质性，估算得反弹效应值为 57% ~ 62%。Sorell 和 Stapleton（2018）利用英国道路货运的时间序列数据，分别构建了 25 个模型并分别使用周转量的燃料效率弹性、周转量的燃料价格弹性和周转量的燃料成本弹性对直接能源反弹效应进行测度，得到结果 21% ~ 137%，其中能源服务需求的能源效率弹性估计值平均 69%，显著高于另外两种弹性 57% 的估计值。

国内的交通运输业反弹效应研究较少，且由于数据的可得性，大多数文献仅研究道路的客运及货运情况，使用数据均在微观层面。近期一批文献研究了城市道路客运（Wang 等，2012；Lin 和 Liu，2013）、乘用车（Moshiri 和 Aliyev，2017）和公路货运（Sorrell 和 Stapleton，2018）等特定部门的效率提高对交通能源消耗的回弹效应。黄晗（2017）使用我国交通运输业 1994 年至 2014 年的宏观时间序列数据，用普通最小二乘法测算反弹效应，发现我国交通运输业存在较为严重的要素错配与效率损失，有"回火"情形出现，并提到受限于数据可获性与样本量较小，其估计结果不够显著。现有针对交通运输行业的能源反弹效应研究具有以下两个特点：一是文献多集中于对部门直接能源反弹效应的估算，而无法将能源效率的动态变化纳入估算；二是采用不同方法得到的能源反弹效应估算值差异较大，缺乏对不同类型能源反弹效应估算结果的对比分析。因此，我们从交通运输整个行业层面进行分地区的反弹效应测算是对既有文献的有益补充，同时鉴于交通运输业节能政策的精细化需要和区域平衡发展要求，本章研究具有较为重要的现实意义。

有关经济系统能源反弹效应的文献将研究视角扩展到宏观层面（Pfaff 和 Sartorius，2015；Adetutu 等，2016；Galvin，2020；Adha 等，2021）。估计经济系统能源反弹效应的最常用方法是可计算一般均衡模型（CGE）

（Broberg 等，2015；Lu 等，2017；Zhou 等，2018；Du 等，2020），该模型作出的估计依赖于如市场均衡、完全竞争、规模报酬不变等一系列严格的假设。一些学者使用宏观经济模型和计量经济分析方法（Brockway等，2021）估测经济系统的能源反弹效应。例如，基于 DEA 模型测得的能效指数，Lin 和 Du（2015）采用岭回归法估计了三种输入的 translog 函数，计算了中国 1981 年至 2011 年最终能源反弹效应的平均值，大小约为 34.3%。Adetutu（2016）使用两阶段动态面板回归和随机前沿分析（SFA）估计了 55 个国家 1980 年至 2010 年的短期和长期能源反弹效应大小。两阶段动态面板方法将能源反弹效应估算分为两个阶段，可以避免能源效率估算中使用替代指标或依赖严格假设。

还有部分文献分析了中国地区间能源反弹效应的差异。现有研究采用省级、市级数据，对交通运输业能源反弹效应进行了分地区测算，验证了我国交通运输业能源反弹效应存在地区差异性，但由于数据类型、反弹效应定义、模型设定与计量方法的差异，估计结果差异较大。例如，Wang 和 Lu（2014）使用 1999 年至 2011 年道路货运省级面板数据，得出全国及东中部地区反弹效应分别为 84%、52%、80%、78%，且进一步进行长期均衡分析后得到长期反弹效应整体为 84%，高于 OECD 国家，地区间东部最低而中部最高。基于 2003 年至 2012 年中国各省公路客运数据，Zhang 等（2015）使用动态面板分位数回归模型计算了中国各地区的短期和长期能源反弹效应。Zhang 和 Lin（2018）利用 2003 年至 2013 年中国城市层面道路交通数据，分析表明东部沿海地区拥有最高的燃油效率（0.914）和 ERE（82.2%），而东北地区拥有最低的能源效率（0.612）和最低的能源反弹效应（7.2%）。Zheng 等（2022）采用中国 2003 年至 2017 年的省级数据，基于内生增长理论框架运使用非线性最小二乘法计算了交通部门的能源反弹效应。该研究发现中国的能源反弹效应从东部到西部地区呈下降趋势，并将这种现象归因于产品的供需关系。

综上所述，近年来我国交通运输业的能源反弹效应分析受到越来多学者的关注，但仍有以下问题值得进一步研究。首先，能源反弹效应的估计结果依赖于相应的假设（Bentzen，2004；Sorrell 等，2009），而严格的假设会使估计结果容易出现偏差（Stapleton 等，2016）。经济系统的能源反弹效应测度克服了直接能源反弹效应估计中严格假设的缺陷（Yan 等，2019）。其次，尽管存在依赖假设的缺陷，直接能源反弹效应估计也有其价值。例如，通过这种方法，我们可以进一步分析要素价格弹性计算过程中的要素关系（Sorrell 和 Dimitropoulos，2008）。因此，直接能源反弹效应的估算不仅可以为经济系统能源反弹效应的估算结果提供参考，而且可以从要素投入关系分析的角度对经济系统能源反弹效应的估算形成有益的补充。最后，现有关于能源反弹效应区域差异的分析多从直接能源反弹效应的角度进行研究，而从能源反弹效应的宏观视角解释区域差异的研究不足。

表 7 - 2 列示了国内外关于交通运输业能源反弹效应研究的主要参考文献。

表 7 - 2　　　　　　交通运输业直接能源反弹效应的相关研究

文献	国家	样本数据	时间跨度（年）	反弹效应定义	研究方法	反弹效应估计值
Frondel 等（2012）	德国	家庭交通日志数据	1997—2009	1、2、3、4	面板估计分位数回归	平均57% ~ 62%
Matos 和 Silva（2011）	葡萄牙	道路货运全国数据	1987—2006	4	静态固定弹性模型 OLS 2OLS	24.10%
Hymel 等（2010）	美国	道路交通全国数据	1966—2004	2	联立方程模型 3OLS	16%
Sorrell 和 Stapleton（2018）	英国	道路货运时间序列数据	1970—2014	1、2、4	静态和动态常数弹性方程	21% ~ 137%
黄晗（2017）	中国	交通运输业全国数据	1994—2014	1	超越对数生产函数 OLS	35.4% ~ 191.99%

续表

文献	国家	样本数据	时间跨度（年）	反弹效应定义	研究方法	反弹效应估计值
张晓明（2014）	中国	交通运输业及子行业全国数据	2000—2010	1	LMDI C－D 生产函数	总体50%；公路13.4%；铁路19%；水路27.2%；民航32.7%
Wang 等（2012）	中国	城市家庭人均消费支出省级数据	1994—2009	1	AIDS SUR	平均55.73%
Zhang 等（2015）	中国	道路客运交通省级数据	2003—2012	4	动态面板分位数回归	短期：东部26.61%；中部41.45%；西部23.39% 长期：东部31.3%；中部100.36%；西部42.67%
Zhang 和 Lin（2018）	中国	道路交通市级数据	2003—2013	4	随机前沿反弹效应模型	平均7.2%～82.2%
Wang 和 Lu（2014）	中国	道路货运省级数据	1999—2011	4	双对数回归方程误差修正模型	全国84%；东部52%；中部80%；西部78%
王辉等（2011）	中国	城市家庭消费支出省级数据；城市交通及其他商品价格数据	1994—2009	1	LA－AIDS SUR	平均96%
Chai 等（2016）	中国	道路运输全国数据	1985—2013	1、3、5	3OLS	短期：东部130%；中部120%；西部1% 长期：东部17%；中部10%；西部0.25%
Zhang 等（2017）	中国	私家车二氧化碳排放省级数据	2001—2012	1	2AIDS	40%～60%

注：其中"反弹效应定义"一栏，1－5分别指代对能源反弹效应的定义：1－能源消费量实际变化与能效提升在理想状况下能源消费节约量之比；2－能源服务需求的价格弹性；3－能源自价格弹性；4－能源服务需求的能源价格弹性；5－废气排放量的能源价格的弹性。

第三节 直接能源反弹效应测度模型构建

一、基于超越对数函数的成本份额方程

为进一步估算投入要素间价格弹性，需要依据生产函数构造各要素的成本份额方程。在函数形式上，我们选用超越对数成本函数模型，一方面是由于对任意要素间替代弹性估计的便利，另一方面是它允许替代弹性随着投入要素密集度而变化，从而比柯布－道格拉斯（C－D）生产函数更具灵活性（黄晗，2017）。参考国涓（2010）、Lin 和 Li（2014）和黄晗（2017）估计能源反弹效应构建的超越成本对数函数形式，交通运输业生产函数的构建考虑资本、劳动、能源三个投入要素，如下：

$$Q = Q(K, L, E) \tag{7-1}$$

其中，Q 为以货物和旅客周转量衡量的交通运输业产出，K 为交通运输业资本存量，L 为交通运输业就业人员，E 为交通运输业终端能源消费量。

在产出水平及要素价格为外生决定的假设下，可进一步将成本函数写为如下形式：

$$C = C(P_k, P_l, P_e, Q) \tag{7-2}$$

其中，C 为总交通运输业生产成本，P_k、P_l、P_e 分别代表资本、劳动、能源的要素投入价格。

在超越对数成本函数框架下，式（7-2）可写为：

$$\ln C_t = \alpha_0 + \ln Q_t + \sum \alpha_i \ln P_{it} + \frac{1}{2} \sum \sum \beta_{ij} \ln P_{it} \ln P_{jt} + \varepsilon_t \tag{7-3}$$

$$i, j = K, L, E$$

其中，C_t 为成本，Q_t 为产出，P_{it} 为投入要素 i 的价格，P_{jt} 为投入要素 j

的价格，ε_t 为白噪声。

根据谢泼德引理（Shepard's lemma），对成本函数求各要素价格求偏导，可得各要素的需求，即 $X_t = \partial C/\partial P_i$。进而对式（7-3）两边求要素价格的对数的偏导，并假设技术进步为希克斯中性，加入时间趋势项，得到成本份额方程如下：

$$S_{it} = \alpha_i + \sum_i \beta_{ij}\ln P_{jt} + \delta_i Q_t + \gamma T + \varepsilon_{it} \quad i,j = l,k,e \quad (7-4)$$

$$S_{it} = \frac{\partial \ln C_t}{\partial \ln P_{it}} = \frac{P_{it}}{C_t}\frac{\partial C_t}{\partial P_{it}} = \frac{P_{it}X_{it}}{C_t} \qquad (7-5)$$

其中，X_{it} 为要素 i 的投入量，进而 S_{it} 表示要素 i 的成本在总成本中所占份额，T 为时间趋势项。

式（7-4）为一个由三个方程构成的联立方程组，在新古典理论框架下，满足以下条件：

$$\sum_i \alpha_i = 1, \sum_i \delta_i = 1, \sum_i \gamma_i = 1,$$

$$\sum_i \beta_{ij} = \sum_j \beta_{ij} = 0$$

$$\beta_{ij} = \beta_{ji} \qquad (7-6)$$

二、自价格与交叉价格弹性测算

在估计上述成本份额方程的参数后，重点关注自价格弹性 σ_{ii} 与交叉价格弹性 σ_{ij}。能源要素的自价格弹性即为我们测算反弹效应的替代指标，而要素间交叉价格弹性则反映了一种要素需求量对另一种要素价格变化的敏感程度。

艾伦—小泽一郎替代弹性（Allen - Uzawa substitution effect，AES）被广泛用于现有实证研究中的替代弹性测度：

$$AES_{ij} = \frac{\beta_{ij} + S_i \cdot S_j - S_i \omega_i}{S_i \cdot S_j} \qquad (7-7)$$

其中，若 $i=j$，则 $\omega_{ij}=1$，若 $i \neq j$，则 $\omega_{ij}=0$。

但 AES 具有对称性，即 $AES_{ij} = AES_{ji}$，Sorrel（2014）的研究证明

AES 的对称性在基础分析中具有简便易行的优点，但在分析价格、利息等变量变化时并不准确。因此，很多学者采用交叉价格弹性（cross price elastictity，CPE）进行修正（Berndt 和 Wood，1975；Frondel，2004；Saunders，2014），将其定义如下：

$$CPE_{ij} = AES_{ij} \cdot S_j \qquad (7-8)$$

交叉价格弹性提供了要素自价格弹性（$i = j$）的可靠估计，而能源的自价格弹性值就是我们对反弹效应的估计；但是 CPE 所反映的交叉价格弹性只是简单地描述了要素间的绝对替代弹性，当面对要素之间比例发生相对变化时没有很好的解释能力。所以采用 Morishima（1967）提出的 Morishima 替代弹性（MES），它可用于估计两种投入要素比例变化对某一要素价格变化的敏感程度，MES 可被计算为：

$$MES_{ij} = CPE_{ij} - CPE_{jj} \qquad (7-9)$$

我们使用式（7-4）的参数估计值，代入式（7-10）和式（7-11）分别计算要素自价格弹性 σ_{ii} 与要素间交叉价格弹性（Morishima 替代弹性）σ_{ij}：

$$\sigma_{ii} = \frac{\beta_{ij} + S_i^2 - S_i}{S_i} \qquad (7-10)$$

$$\sigma_{ij} = S_j(\sigma_{ij}^A - \sigma_{jj}^A) = S_j\left(\frac{\beta_{ij} + S_i \cdot S_j - S_i}{S_i \cdot S_j} - \frac{\beta_{ij} + S_j^2 - S_j}{S_j^2}\right) \qquad (7-11)$$

三、整体经济系统能源回弹效应

1. 经济系统内短期和长期能源回弹效应

根据 Sorrell 和 Dimitropoulos（2008），整个经济体的 ERE 定义如下：

$$R = 1 + \eta_\xi \qquad (7-12)$$

其中，η_ξ 表示能源消耗对能源效率的弹性 $\frac{d\ln E}{d\ln\xi}$。因此，衡量 ERE 的关键是估计能源消耗的效率弹性。

为了估计 η_ξ，我们根据经济理论构造一个由能源价格、产量和能源效率的自然对数组成的未知函数来表示能源消耗的自然对数：

$$\ln E_{it}^* = f(\ln P^e_{it}, \ln Y_{it}, \ln \xi_{it}) + \mu_i + \varepsilon_{it} \qquad (7-13)$$

其中，i 代表第 i 个省，t 代表时间，E_{it}^* 代表最佳能源消耗，P^e_{it} 是能源价格，Y_{it} 是运输周转量，ξ_{it} 代表能源效率，μ_i 是特定省份的截距，ε_{it} 是误差项。

此外，能源是交通运输的基本动力（Li 等，2019），能源消耗不能在一瞬间进行调整，因此可以假设能源消耗的实际变化是一个动态过程（Adetutu 等，2016）。

$$\ln E_{it} - \ln E_{it-1} = (1-\delta)(\ln E_{it}^* - \ln E_{it-1}) \qquad (7-14)$$

其中，E_{it} 表示实际能耗，δ 是调整比例。通过结合式（7-13）和式（7-14），可得如下关系：

$$\ln E_{it} = \delta \ln E_{it-1} + (1-\delta)f(\ln P_{it}, \ln Y_{it}, \ln \xi_{it}) + (\alpha_i + \nu_{it})$$

$$(7-15)$$

其中，$\alpha_i = (1-\delta)\mu_i$，$\nu_{it} = (1-\delta)\varepsilon_{it}$。此外，为了估计能源消耗对能源效率的弹性，我们使用第二次泰勒展开来近似 $f(\ln P_{it}, \ln Y_{it}, \ln \xi_{it})$ 的值。因此，式（7-15）可改写为：

$$\ln E_{it} = \delta \ln E_{it-1} + \beta_1 \ln P_{it} + \beta_2 \ln Y_{it} + \beta_3 \ln \xi_{it}$$

$$+ \frac{\beta_4}{2}\ln P_{it}\ln\xi_{it} + \frac{\beta_5}{2}\ln Y_{it}\ln\xi_{it} + \frac{\beta_6}{2}\ln P_{it}\ln Y_{it}$$

$$+ \frac{\beta_7}{2}[\ln\xi_{it}]^2 + \frac{\beta_8}{2}[\ln Y_{it}]^2 + \frac{\beta_9}{2}[\ln P_{it}]^2 + (\alpha_i + \nu_{it}) \quad (7-16)$$

基于式（7-16），得到短期弹性效率：

$$\eta_{\xi,it}^{sr} = \frac{\partial \ln E_{it}}{\partial \ln \xi_{it}} = \beta_3 + \frac{\beta_4}{2}\ln P_{it} + \frac{\beta_5}{2}\ln Y_{it} + \beta_7 \ln\xi_{it} \qquad (7-17)$$

从式（7-17）计算得出的 ERE 不是常数，大小取决于能源价格、收入水平和能源效率，该结果符合经济直觉。

长期能源效率的计算应考虑调整比率 δ，该比率可由式（7-16）估算得到。据此，我们可以获得长期的灵活效率弹性：

$$\eta_{\xi,it}^{lr} = \frac{\beta_3 + \dfrac{\beta_4}{2}\ln P_{it} + \dfrac{\beta_5}{2}\ln Y_{it} + \beta_7\ln\xi_{it}}{1-\delta} \qquad (7-18)$$

通过上述两个等式，我们分别计算了短期和长期经济系统内的能源反弹效应。由于所有估计的参数都可以从式（7-16）中获得，潜在的统计噪声可能影响估计结果准确性。针对该问题，我们参考 Zhang 和 Lin Lawell（2017），使用 Delta 方法基于估计结果构建了对应的 95% 置信区间。

2. 动态能效指标

正如上面所讨论的，能源效率的综合衡量不仅应该包括能源使用的静态效率，还应该考虑能源使用的动态技术变革。因此，与 Adetutu 等（2016）给出的静态效率指数不同，我们使用 Malmquist 能源生产力指数（MEPI）作为本研究中能源效率的衡量指标。继 Du 和 Lin（2017）之后，我们基于 Shephard 能量距离函数测度总能源生产力，该函数定义为：

$$D_E^t(K,L,E,Y) = \sup\{\theta \mid (K,L,E/\theta,Y) \in P^t\} \qquad (7-19)$$

其中，上标 t 代表时间；K, L 和 E 分别表示资本、劳动力和能源投入；Y 表示期望产出；P^t 指某一时期 t 的生产技术，可以表示为：

$$P^t = \{(K,L,E) \text{ can produce } Y\} \qquad (7-20)$$

Shephard 能源距离函数描述了在一定的生产技术水平下，在保持其他投入（资本和劳动力）和产出不变的情况下，能源投入的最大减少。能源利用效率通常定义为最佳（最小）能源输入与实际能源输入之比（Hu 和 Wang，2006），可以计算为 $1/D_E^t(K,L,E,Y)$，是一种不考虑能源技术进步的能源效率静态测度方法。

第 i 个 DMU 的 Malmquist 能源生产力指数定义为：

$$MEPI_i^{t,t+1} = \left[\frac{D_E^t(K_i^t,L_i^t,E_i^t,Y_i^t) \times D_E^{t+1}(K_i^t,L_i^t,E_i^t,Y_i^t)}{D_E^t(K_i^{t+1},L_i^{t+1},E_i^{t+1},Y_i^{t+1}) \times D_E^{t+1}(K_i^{t+1},L_i^{t+1},E_i^{t+1},Y_i^{t+1})} \right]^{\frac{1}{2}}$$

$$(7-21)$$

式（7-21）衡量了时间段 t 和 $t+1$ 之间的能源生产力变化，它可以分解为：

$$MEPI_i^{t,t+1} = \frac{D_E^t(K_i^t, L_i^t, E_i^t, Y_i^t)}{D_E^{t+1}(K_i^{t+1}, L_i^{t+1}, E_i^{t+1}, Y_i^{t+1})}$$

$$\times \left[\frac{D_E^{t+1}(K_i^{t+1}, L_i^{t+1}, E_i^{t+1}, Y_i^{t+1}) \times D_E^{t+1}(K_i^t, L_i^t, E_i^t, Y_i^t)}{D_E^t(K_i^{t+1}, L_i^{t+1}, E_i^{t+1}, Y_i^{t+1}) \times D_E^t(K_i^t, L_i^t, E_i^t, Y_i^t)} \right]^{\frac{1}{2}}$$

$$\equiv EFFCH_i^{t,t+1} \times TECCH_i^{t,t+1}$$

$$(7-22)$$

$EFFCH_i^{t,t+1}$ 刻画了第 i 个 DMU 靠近或远离边界的情况。在本研究中，每个省级行政区的交通部门都被视为一个 DMU。因此，该方程能够估计能源利用效率的变化，反映了生产边界沿能源方向的转移，衡量了能源技术的改进。式（7-22）表明，能源生产率的变化是能源利用变化和能源技术变化的结果。它是一种动态的能源效率测度方法，同时考虑了能源利用效率和能源技术的变化。

数据包络分析（DEA）方法可用于估计 MEPI。作为一种非参数方法，DEA 在文献中被广泛用于效率测量。与其他主流方法如随机前沿分析（SFA）相比，DEA 可以避免潜在的模型错误设定问题。在 DEA 框架下，数据集中各省的交通部门被视作一个 DMU，可以较好地衡量相应时期各省的部门能源效率。

四、研究数据来源与处理

我们采用 2003 年至 2016 年 30 个省级行政区交通运输业的面板数据，具体包括我国交通运输业资本、劳动、能源投入量及其相应价格以及行业总产出的省级数据①，基本来源有 CEIC 数据库、《中国统计年鉴》《中国金融年鉴》《2004 年中国普查年鉴》等各类年鉴。所有涉及价格

---

① 包括北京、天津、河北、山西、内蒙古、辽宁、吉林、黑龙江、上海、江苏、浙江、安徽、福建、江西、山东、河南、湖北、湖南、广东、广西、海南、重庆、四川、贵州、云南、山西、甘肃、青海、宁夏、新疆的 30 个省级行政区。

的变量值均换算为按照 2003 年的不变价计算。具体地，对各变量的来源与处理方法说明如下：

1. 能源投入与价格

能源消费量（E）：各类能源终端消费量来自 CEIC 数据库煤、油品、天然气、液化石油气与电力的分地区能源平衡表中交通运输、仓储与邮政行业终端能源消费项。由于不同能源单位不同，参考赵莉（2012）采用的交通运输业能源标准煤折算系数将各个能源消耗量折算为以万吨标准煤为统一单位。

能源价格（P_e）：首先，从《中国煤炭工业统计汇编》《石油和化学工业统计年报》和《中国物价年鉴》收集 2004 年各省份各类能源的价格数据。由于数据的可获性，其中原油、燃料油和煤油价格数据为全国数据，汽油、柴油、居民用天然气和居民用电力价格数据为选取 36 个大中城市能源价格数据中的省会城市数据代替该省份数据。其次，对上述数据以消费量为权重进行加权得煤、油品、天然气、液化石油气与电力价格。具体地，煤价直接以原煤价格代替，油品价格以原油、燃料油、汽油、煤油和柴油各自在交通运输、仓储和邮政行业的终端能源消费量为权重加权得到，天然气和电力价格均为工业价格和居民价格按总消费量加权得到。最后，利用各省份燃料、动力类价格指数折算 2003 年至 2016 年各年能源价格。其中 2004 年燃料、动力类价格指数来自各省份统计年鉴，2005 年至 2012 年数据来自《中国城市（镇）生活与价格年鉴》，2012 年至 2016 年数据来自《中国物价年鉴》。以各省份燃料、动力类价格指数计算能源价格增长率，结合 2004 年的各类能源价格得到 2003 年至 2016 年各类能源价格数据。按照各能源折算标准煤的交通运输终端能源消耗份额进行加权，得到能源投入价格。

2. 资本投入与价格

资本投入量 K：资本存量估计方法较为成熟，本章参考李杰伟和张国庆（2016）对交通运输业基础设施资本存量方法，采用永续盘存法对各年度交通运输业资本存量数据进行估算，计算方法为：$K_t = I_t +$（1 －

δ) $\cdot K_{t-1}$，其中 K_t 与 K_{t-1} 分别指交通运输业第 t 与 $t-1$ 年的资本存量，I_t 为第 t 年剔除价格因素的投资额，δ 为交通运输部门固定资产折旧率。①基期资本存量：以金戈（2016）估算的 2004 年全国分省份经济、社会基础设施资本存量加总得基础设施资本存量，再加上非基础设施资本得全社会总固定资本，并用 1997 年至 2004 年固定资产投资价格指数将二者折算为 2004 年价格。以 2004 年交通运输业基础设施资本占全国基础设施资本比重和全社会总固定资本估计得交通运输业总资本存量，用固定资产投资价格指数将其折算为 2003 年价格，作为基期资本存量。②固定资产投资额：从 CEIC 数据库获取交通运输业分省份全社会固定资产投资数据，用固定资产价格指数将历年投资折算为 2003 年不变价。③折旧率：采用李杰伟和张国庆（2016）所估算的交通运输固定资产的综合折旧率 8.76%。

资本价格（P_k）：参考陶小马等（2009）的资本价格计算方法，将资本价格计算为 $P_{K,t} = (1 + h_t)\dfrac{1 - u_t z_t}{1 - u_t}(q_{t-1}r_{cp,t} + q_t\delta - \gamma_t) + q_t\omega_t$。其中，$h_t$ 为增值税率，u_t 为企业所得税率，z_t 为折旧抵扣现值率，q_t 固定资产投资价格指数，$r_{cp,t}$ 为资产回报率，γ_t 为第 t 年与第 $t-1$ 年投资价格指数之差，ω_t 为财产税率。具体数据处理有：①资产回报率：名义利率，取《中国金融统计年鉴》中城乡居民与单位一年期整存整取的定期存款利率，当一年中存在多个利率时按《金融机构利率调整表》进行时间加权平均计算。②折旧抵扣现值率：由于我国相关法律规定企业折旧采取直线折旧法，计算式可采用 $z_t = \int_0^\tau \dfrac{e^{-rs}}{\tau}ds = \dfrac{1 - e^{-r\tau}}{r\tau}$。其中 r 为名义利率，τ 为折旧年限，根据相关法律，交通运输业折旧年限取 15 年。③企业所得税率：根据各地企业所得税收入总额和企业利润总额计算得各省份各年企业所得税率。④增值税税率：采用法定增值税税率 17%。⑤财产税率：采用陶小马（2009）所使用的财产税率 0.2%。

3. 劳动力投入与价格

劳动力投入量（L）：数据来自 CEIC 数据库运输业公路、水路、铁路、航空分省份就业人数加总，为交通运输业分省份私营企业和个体就业人数、城镇单位从业人数之和。

劳动力价格（P_l）：参考 Lin 和 Li（2014）的劳动力价格计算方法，在《2004 年中国经济普查年鉴中》获取交通运输业各子行业的从业人员劳动报酬和全部从业人员的年平均人数，结合消费者物价指数，计算得各省份交通运输业 2004 年的人均实际工资，进而结合以实际平均工资指数计算实际工资增长率，得到各年分省份的从业人员实际平均工资，作为劳动力价格。其中，消费者物价指数和实际平均工资指数来源于 CEIC 数据库。

4. 各生产要素投入份额

根据式（7-5）计算各要素投入份额（S_e, S_k, S_l）。具体来讲，将上述得到的各投入要素价格与投入量相乘得到各投入要素使用成本（C_e, C_k, C_l），加总得总生产成本 C_T。要素的成本份额为各要素投入成本占总生产成本的比重，即 $S_i = C_i / C_T$。

5. 行业产出

行业产出（Q）：以交通运输部门运输周转量（亿吨公里）衡量，数据采用 CEIC 数据库各运输业子行业（公路、铁路、水运、航空）的旅客周转量与货物周转量。由于二者单位不同，将旅客周转量转换为货运周转量，转换系数参考 Lin 和 Xie（2014）的研究，公路、铁路、水运、航空的换算比例分别为 0.1、1、0.3 和 0.075。

表 7-3　　　　　　　　　变量的描述性统计

变量	变量描述	均值	方差	最小值	最大值	观测值
E	能源消费（METC）	9.0208	6.4748	0.2700	36.4242	510
K	资本（十亿元）	27.5067	25.2479	0.3708	144.59	510
L	劳动（万人）	1.7303	1.0818	0.2011	6.4146	510
P_e	能源价格（万元/吨标煤）	50.0492	13.9437	18.9537	101.3926	510
P_k	资本价格（%）	13.9055	5.1819	2.6565	33.0824	510
P_l	劳动力价格（万元/人）	40.6425	21.2883	9.8749	138.6566	510
Y	综合运输量（亿吨）	4705.098	4919.818	142.67	30453.49	510

第四节 中国交通运输部门能源
反弹效应及其分析

一、直接能源反弹效应

在研究方法上，当样本量较小时，使用 OLS 很可能会出现估计误差（Small 和 Dender，2007；Jin，2007）。因此，本研究参考 Bentzen（2004）、Lin 和 Li（2014）以及 Lin 和 Tian（2016），采用了动态最小二乘法（DOLS），该方法适合于小的观测值和具有整个数据顺序列表的变量。此外，SUR 可以处理使用 DOLS 可能出现的序列相关问题，从而提高估计的效率（Westerlund，2005）。因此，结合 SUR，DLOS 可以有效减少小样本偏差和同步偏差，提高估计结果的可靠性（Stock 和 Watson，1993）。

$$S_{it} = \alpha_i + \delta_i \ln Q_t + \sum_i \beta_{ij} \ln P_{jt} + \gamma T + \sum_{r=-m}^{m} \varphi_i \Delta \ln Y_{t+r} + \sum_{k=-n}^{n} \Phi_{ij} \Delta \ln P_{j,t+k} + \varepsilon_{it}$$
$$i,j = L,K,E \tag{7-23}$$

根据 AIC 和 BIC 的信息准则，选择数据的一阶领先和滞后项。如表 7-4 所示，大多数参数在 1% 和 5% 的显著性水平上都有统计学意义。对于各方程残差的单位根检验，其残差序列在 1% 的显著性水平上均为白噪声过程。

表 7-4　　　　　　　　　　变量的描述性统计

变量	(1)	(2)	(3)
	S_l	S_k	S_e
$\ln p_l$	0.0946 ***	-0.2093 ***	0.1150 ***
	(0.0072)	(0.0209)	(0.0179)
$\ln p_k$	-0.0343	0.2094 ***	-0.1752 ***
	(0.0103)	(0.0302)	(0.0260)
$\ln p_e$	-0.0502 ***	-0.1442 ***	0.1943 ***
	(0.0085)	(0.0247)	(0.0212)

续表

变量	(1) S_l	(2) S_k	(3) S_e
Y	-0.0053 *** (0.0018)	-0.0194 *** (0.0054)	0.0247 *** (0.0021)
T	-0.0049 *** (0.0008)	0.0367 *** (0.0025)	-0.0318 *** (0.0021)
cons	0.1123 * (0.0437)	0.9941 *** (0.1286)	-0.1066 (0.1106)
R^2	0.416	0.610	0.655
Unit root test	-9.4433 {0}	-9.4433 {0}	-9.4433 {0}

注：括号内的数字是参数估计的相应 t 统计量。*、** 和 *** 分别表示系数在10%、5% 和 1% 的水平上具有统计学意义。{0} 代表数据中不存在单位根，意味着数据是静止的。

根据表7-4的参数估计，我们进一步计算中国运输部门各投入要素的价格弹性。我们计算了运输业各投入要素的自我价格弹性和投入要素之间的替代弹性。

如表7-5所示，我们发现投入要素之间的自价格弹性和替代弹性都处于合理范围。结果还表明，除了劳动—能源和资本—劳动之外，所有的替代弹性都是正值。这两个负值表明，当能源或劳动力价格上升时，劳动力投入与能源投入或资本投资与劳动力投入的比率将下降。特别是，能源—资本和资本—能源的替代弹性都是正值，反映在交通部门之中，资本和能源是 Morishma 的替代品。然而，由于能源—资本替代弹性的绝对值小于资本—能源替代弹性的绝对值，如果二者保持相同的价格增长率，资本与能源的比率将增加。此外，资本—能源替代弹性大于能源—资本替代弹性，表明能源价格的变化在能源和资本的替代关系中占主导地位。

表7-5　　　　中国交通部门要素自价格弹性和交叉价格弹性

$\sigma_{ii} / \sigma_{ij}^M$	能源（E）	资本（K）	劳动（L）
能源（E）	-0.1089	0.0933	0.2927
资本（K）	0.2100	-0.0779	-0.4495
劳动（L）	-0.0273	0.0310	0.2029

鉴于 σ_{LE} 的绝对值较小，劳动和能源之间的互补效应并不明显。但是，值得注意的是，在表 7 – 5 中，σ_{EL} 是最大的弹性值，说明一旦交通运输部门的劳动力价格上升，就存在明显的替代关系。此外，由于能源成本在要素成本比重中占比最高，平均为 51.05%，说明交通运输部门是能源密集型部门，能源价格不具有弹性。因此，当劳动力价格上升时，替代效应将提高能源投入与劳动力投入的比例。中国进入高质量发展阶段以来，各种变化塑造了劳动力市场；2010 年以来，中国的劳动力供求格局已经从总量平衡转向劳动力供给不足。考虑到人口结构和劳动参与率，预计从 2018 年到 2050 年，中国可用劳动力的供给规模将从 7613.4 万下降到 4946.8 万，年均下降率为 1.34%（Li，2020）。随着供应量的减少，劳动力价格预计将继续上升。在价格上涨的趋势下，在可预见的未来，能源投入对劳动力投入的替代效应将增加交通部门的能源消耗。

宏观层面的直接能源反弹的估计指标 –0.1089 的值相对较小，表明能源投入对于能源价格变化缺乏弹性。可能的原因有以下三个方面。首先，如上所述，能源特别是作为动力源和主要原材料的石油，是交通部门的主导投入因素。中国交通部门的能源依赖型产业结构在一定程度上抵消了能源价格弹性的增长。其次，能源价格市场化改革的深化进程，促进了能源价格形成由政府管制向市场导向的逐步转变。但是，价格体系仍处于不断完善的过程中。政府干预下的能源价格偏低，部分能源产品价格不能完全反映其生产、消费和环境成本（Ouyang 等，2019）。最后，中国正处于城市化进程的加速期。随着生活水平的提高和物流业的蓬勃发展，客运和货运需求的扩大，必然会导致能源需求的增加。然而，目前的技术水平和要素禀赋阻碍了替代能源的发展，从而降低了能源替代的可能性。简而言之，上述所有因素构成了提高能源价格弹性的障碍。

二、宏观能源反弹效应

与静态面板不同，固定效应模型在估计动态面板时往往会出现"动态面板偏差"。系统广义矩量法（GMM）被广泛用于动态面板数据模型的研究中（Patrícia 和 Petro，2017；Li 等，2019；Istemi 等，2020）。表7-6显示了式（7-16）的估计结果。我们使用最小二乘法（OLS）和固定效应模型（FE）来估计该模型，以便与 GMM 的结果进行比较。需要注意的是，GMM 估计方法的前提假设需要通过 AR 检验和 Sargan 检验进行验证。如表7-6所示，根据 AR 检验可以看出，数据处理中不存在二阶序列相关，根据 Sargan 检验不能拒绝 GMM 估计中使用的工具整体外生性的无效假设。综上所述，可以得出结论，本研究采用 GMM 模型进行估计是合理有效的。

表7-6　　　　　　　　　　因素份额方程的参数估计结果

变量	参数	OLS	FE	sysGMM
$\ln E$	δ	0.8987 *** (0.0118)	0.6481 *** (0.0382)	0.5824 *** (0.0503)
$\ln P_e$	β_1	0.2187 (0.4775)	1.7404 ** (0.7000)	-1.3984 (0.9956)
$\ln Y$	β_2	0.5084 *** (0.0957)	0.7557 *** (0.1827)	0.8412 (0.6036)
$\ln \xi$	β_3	-4.4200 *** (0.3169)	-3.3976 *** (0.4861)	-3.1198 *** (0.6316)
$0.5 \times \ln P_e \times \ln \xi$	β_4	1.8099 *** (0.2003)	1.3415 *** (0.2763)	1.2151 *** (0.3131)
$0.5 \times \ln \xi \times \ln Y$	β_5	0.1358 *** (0.0479)	0.1124 (0.0822)	0.1155 ** (0.0488)
$0.5 \times \ln P_e \times \ln Y$	β_6	-0.1971 *** (0.0524)	-0.2368 ** (0.0940)	-0.4134 (0.4352)
$0.5 \times [\ln \xi]^2$	β_7	-0.0421 (0.0350)	-0.0661 ** (0.0269)	-0.0134 (0.0517)
$0.5 \times [\ln Y]^2$	β_8	-0.0078 (0.0108)	-0.0159 (0.0180)	0.0214 (0.0461)
$0.5 \times [\ln P_e]^2$	β_9	0.1234 (0.1326)	-0.1865 (0.1960)	-0.0936 (0.5514)
$Cons$	α	-2.2531 ** (0.9282)	-6.4423 *** (1.4255)	-6.2654 (2.4634)

续表

变量	参数	*OLS*	*FE*	*sysGMM*
AR（1）（$p-value$）				0.0013
AR（2）（$p-value$）				0.5151
$Sargan\ test$（$p-value$）				1.0000
N		480	480	480

注：括号中为系数的标准差；＊＊＊、＊＊分别表示系数在1%、5%的显著性水平上显著。

利用表7-6中的 GMM 估计系数，我们使用式（7-17）和式（7-18）来计算整个经济系统的能源反弹效应。表7-7显示了2003年至2019年部门平均短期和长期能源反弹效应的点估计结果，以及各省交通运输部门在95%置信区间（CI）内的具体估计结果。全国的部门平均短期能源反弹效应为71.60%，而部门平均长期能源反弹效应为32.00%。在95%的置信区间内，部门的短期能源反弹效应在67.19%～75.50%，而在同一置信区间内，部门的长期能源反弹效应在6.90%～59.88%。根据表7-7的结果，我们还发现了部门平均经济效益指数的跨区域差异。东部省份的部门平均短期能源反弹效应为77.62%，而中部和西部地区的部门平均短期能源反弹效应则相对较小（分别为68.78%和67.63%）。东部地区的部门短期能源反弹效应的95%置信区间在74.86%～80.38%。相比之下，中部地区的部门短期能源反弹效应在63.81%～73.75%，而西部地区的部门短期能源反弹效应在61.29%～73.97%。交通运输部门的长期能源反弹效应显示出类似的区域差异。详情请见表7-7。

表7-7　　　　　　　动态能源消耗方程的参数估计结果

省级行政区	短期整体经济系统能源反弹效应	95%置信区间		长期整体经济系统能源反弹效应	95%置信区间	
安徽	74.18	69.68	78.68	38.17	16.20	60.14
北京	72.71	64.07	81.34	34.65	5.47	63.82
福建	81.50	77.56	85.44	55.70	42.13	69.26
甘肃	60.87	52.96	68.78	6.30	-33.04	45.64

续表

省级行政区	短期整体经济系统能源反弹效应	95%置信区间		长期整体经济系统能源反弹效应	95%置信区间	
广东	72.84	66.22	79.46	34.97	8.77	61.17
广西	74.82	71.04	78.60	39.71	19.29	60.12
贵州	77.40	69.45	85.36	45.89	21.73	70.05
海南	57.32	47.06	67.58	-2.20	-47.87	43.48
河北	79.79	75.48	84.11	51.61	35.71	67.52
河南	82.66	79.71	85.61	58.49	47.89	69.08
黑龙江	78.89	72.46	85.33	49.46	29.29	69.63
湖北	75.44	72.30	78.57	41.19	22.06	60.32
湖南	76.41	73.50	79.32	43.51	25.85	61.17
吉林	36.11	17.67	54.54	-52.98	-129.28	23.32
江苏	74.65	70.45	78.85	39.31	18.18	60.44
江西	71.41	67.14	75.69	31.55	6.93	56.17
辽宁	73.42	67.54	79.31	36.37	11.87	60.86
内蒙古	59.96	50.88	69.04	4.12	-37.48	45.73
宁夏	75.06	63.43	86.89	40.28	7.20	7335
青海	25.44	3.55	47.33	-78.54	-169.19	12.12
山东	83.49	79.71	87.28	60.48	49.24	71.72
山西	55.14	44.25	66.03	-7.41	-55.96	41.15
陕西	72.06	67.81	76.32	33.11	9.25	56.97
上海	89.85	83.45	95.25	75.70	62.06	89.34
四川	73.77	68.83	78.71	37.19	14.42	59.97
天津	86.05	81.91	90.19	66.59	57.43	75.76
新疆	87.24	77.14	97.33	69.44	45.86	93.03
云南	63.90	56.20	71.61	13.57	-22.40	49.55
浙江	82.20	79.04	85.36	57.38	45.70	69.07
重庆	73.44	68.13	78.75	36.41	12.80	60.02
东部地区	77.62	74.86	80.38	46.41	30.14	62.68
中部地区	68.78	63.81	73.75	25.25	-2.79	53.28
西部地区	67.63	61.29	73.97	22.50	-8.17	53.17
全国	71.60	67.19	75.50	32.00	6.90	55.88

为了进一步明确整个经济系统能源反弹效应的区域差异，本文在图7－3和图7－4中分别展示了2003年至2019年短期能源反弹效应和长期能源反弹效应的分区域和全国趋势曲线。通过对图7－2的观察，所有曲线的形状几乎相同，总体上呈现出持续上升的趋势。值得注意的是，2003—2019年，东部地区短期能源反弹效应的幅度高于全国平均水平，而中部和西部地区的幅度则略低于全国平均水平。上述动态趋势的差异表明，不同地区的相对经济总量能源反弹效应随着时间的推移不断变化，随着时间的推移，中国不同地区的短期能源反弹效应的幅度逐渐趋于80%左右。

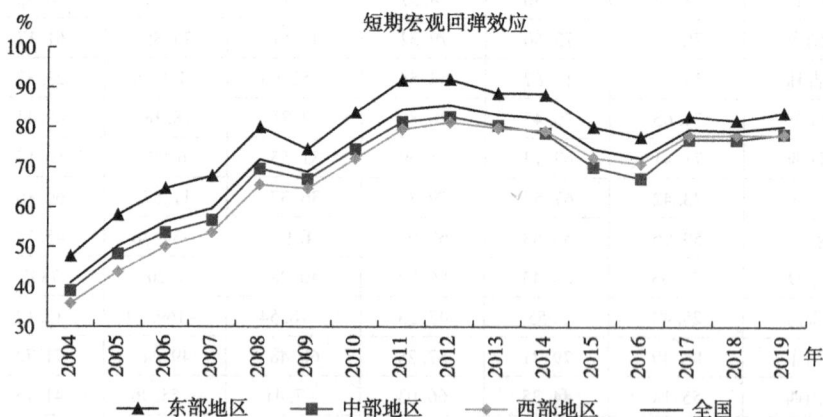

图7－2　中国交通运输行业短期宏观能源回弹效应

图7－3中的长期经济范围内的经济增长值与图7－2中的短期经济增长值的形状和趋势基本相似。主要区别在于长期经济增长的幅度和不同地区之间长期经济增长幅度的差距。近年来，中西部地区的长期经济增长值的幅度约为47%，而东部地区的长期经济增长值约为60%，明显高于中西部地区。

根据对交通部门整体经济范围能源反弹效应幅度的分析，我们提出以下结论。首先，东部、中部和西部地区短期内存在部门经济范围内的能源反弹效应，其平均幅度分别为77.62%、68.78%和67.63%；而东

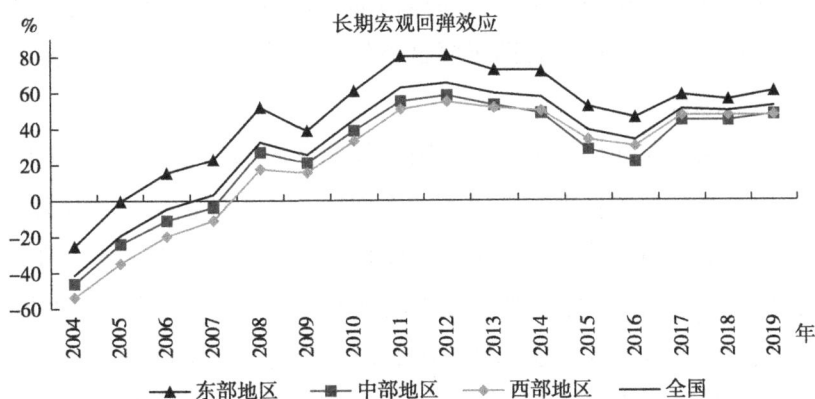

图7-3 中国各地区交通运输行业长期宏观能源回弹效应

部、中部和西部地区长期存在部门经济范围内的能源反弹效应，其幅度分别为46.41%、25.24%和22.50%。由于这些数值都小于100%，表明尽管能效政策没有完全发挥作用，但由于能效的提高，节能目标可以在一定程度上得到实现。部门短期能源反弹效应的大小与其他研究的结果一致，即整个经济的能源反弹效应可能会侵蚀一半以上的预期节能效果（Brockway 等，2021）。此外，研究发现，短期能源反弹效应明显高于长期能源反弹效应（Adetutu 等，2016）。一方面，随着科学技术的进步和知识的积累，部门生产力将随着技术的进步和能源利用效率的提高而不断提高。另一方面，随着居民环保意识的增强，居民的绿色消费理念也会倒逼行业节能减排。

其次，短期和长期整体经济范围的能源反弹效应都呈现出先升后降的趋势，在2012年达到峰值。中国东部地区的部门经济效益指数在60%左右小幅波动，中西部地区的部门经济效益指数为45%左右。2012年，中国GDP增长目标首次降至8%以下，标志着中国经济进入新常态，经济增长的档次正在从高速转向中高速。同年，中国国务院新闻办公室发布《中国的能源政策》白皮书，明确了保持能源资源的长期稳定和可持续利用是中国政府的一项重要战略任务。政府将采取包括"节约优先"在内的八项能源发展政策，建立现代能源产业体系，实现能源的可持续发展。在宏观政策层面，包括交通运输部门在内的高耗能行业已成为中国节能减排的重点领域，有助于降低整体经济的长期能源反弹效应，有效实现节能减排。

最后，从短期和长期来看，中国东部地区的部门经济范围内的能源反弹效应最高，其次是中部地区和西部地区。东部地区的能源反弹效应明显高于中部和西部地区，在短期内提高能源效率可以带来约30%的预期节能效果。事实上，东部地区是中国城市化水平最高、人口密度最大、工业最集中的地区，其交通基础设施的密度最高，质量最好。如图7-4所示，东部地区在部门能源需求规模和增长率方面远远超过了中部和西部地区。特别是在2015—2019年，东部地区的客运和货运营业额的年平均增长率为7.37%，远远高于中部（2.28%）和西部（2.34%）。同时，也略高于全国水平（5.38%），表明东部地区已成为运输需求的主要推动力。从地理上看，与中国内陆相比，东部地区的水运系统很发达。上海虹桥、浦东国际机场、首都国际机场等十大机场中的六个位于东部地区，为民航带来了更大的需求。由于主要发达城市的交通枢纽作用，东部地区的铁路和公路密度也远远高于中部和西部地区（Zhang 等，2015）。总的来说，经济发展和城市化水平越高，就会带来二、三产业的

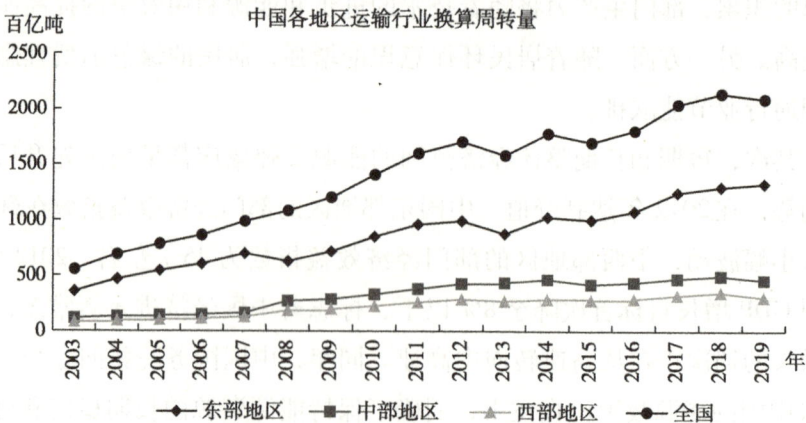

图7-4 中国全国、东部、中部及西部交通运输业换算周转量

比重越高，特别是交通运输业的快速发展。在此基础上，通过提高能源效率促进实际运输成本的降低，将使东部地区的行业发展进一步扩大，导致能源需求激增。事实上，现有的研究表明，东部地区由于部门能源消费比重最高，其节能潜力的绝对量也最大（谢晓东等，2018）。因此，东部地区与其他地区在部门长期能源反弹效应方面的差距，可以部分解释为历史能源消费路径带来的惯性。

三、研究结果的比较与讨论

本研究从直接可再生能源和经济整体可再生能源的角度分析了中国交通运输业在国家和次区域层面的可再生能源的差异。首先，我们用能源的自价格弹性来估计部门直接环境影响的大小。部门的能源反弹效应是通过衡量能源产品或服务价格变化下的能源消费变化来评价的。除能源投入的自我价格弹性外，通过采用成本分摊函数，可以衡量各种投入之间的替代或互补关系。根据不同投入的关系，可以对交通部门的投入比例进行合理调整，以实现节能减排。然而，存在一个严格的假设，即在使用能源自我价格弹性来衡量直接的能源反弹效应时，能源效率的变化可以完全被能源价格的变化所反映。相关研究对能源效率和能源价格之间的对称性假设提出质疑（Sorrell 等，2009；Thomas 和 Azevedo，2013）。中国的能源价格正处于市场化进程中，几种能源的价格仍由政府监管。具体来说，中西部地区石油价格扭曲程度要大于东部地区（Sha 等，2021），这导致能源效率的提高在一定程度上不能直接反映在能源价格的变化上。此外，能源效率只与能源价格以外的其他要素投入的价格相关联。用价格弹性衡量的直接能源反弹效应忽略了能源效率和其他投入品价格的变化，导致估算结果可能出现较大偏差。

当能源效率的提高降低了能源产品和服务的成本，从而部分地增加了能源消费，抵消了能源效率对节能的贡献时，就会出现直接能源反弹效应。从宏观角度衡量的全经济范围的能源效率，可以提供比直接能源效率更可靠的估计。就估算方法而言，整体经济范围的能源反弹效应可以避免直接能源反弹效应测量中的严格假设，即假设能源效率和能源价格之间是对称的。整体经济范围的能源反弹效应的评价也在一定程度上克服了内生性问题，因为它不要求能源产品或服务的实际价格变化会引起整个行业的中间产品和最终产品的价格相应调整。因此，对整体经济能源反弹效应的估计更科学、更合理。本书参考 Adetutu 等（2016）的研究，先测算动态能效，再计算部门经济范围内短期和长期的能源反弹效应，从而为我国交通行业节能减排规划的科学合理设计提供决策依据。

综上所述，本研究在研究内容和方法上可以为现有文献提供有益的补充。第一，我们利用成本分摊函数计算投入要素的价格弹性，从而得到交通行业投入要素之间的替代或互补关系。第二，我们根据动态能源消耗方程评估部门经济范围内的能源反弹效应，该方程避免了直接估算能源反弹效应所需的严格假设，从而使估算更为可靠。第三，本研究总结了两类估算方法的优缺点，并比较了它们在估算结果上的差异。同时，本书报告了关于中国各地区的部门能源反弹效应的更加系统和全面的估算结果，有望为节能减排政策的制定提供更可靠的参考。

第五节　本章小结

本章采用动态 OLS 法和 SUR 法，基于中国 30 个省级行政区 2003 年至 2019 年的部门面板数据，对中国交通部门的直接能源反弹效应进行估计。考虑到直接能源反弹效应在估计方法上的局限性，我们进一步采用动态能耗和 GMM 方法来估计中国不同地区的部门经济范围的能源反弹效应。

第一，中国交通部门的资本和能源之间存在替代关系。具体而言，资本—能源价格弹性为 0.2100，大于能源—资本价格弹性，表明当能源价格上涨时，资本投资会有较大程度的增加。能源—劳动力价格弹性为 0.2927，表明能源投入将随着劳动力价格的上升而更大程度地增加。第二，东部、中部和西部地区存在部门经济范围的能源反弹效应，分别为

77.62%、68.78%和67.63%。第三，各地区的部门经济范围的能源反弹效应的大小是不同的。东部地区的短期和长期经济范围的能源反弹效应最大（分别为77.62%和46.41%），其次是中部和西部地区。

相关政策建议总结如下：

首先，交通运输部门的能效政策在考虑技术进步带来能耗减少的同时，还应考虑能源反弹效应对节能的抵消作用，避免高估实施能效政策带来预期能源节约量。针对地区间直接能源反弹效应的程度差异，要因地制宜地制定与评估节能政策。相较于能效节能政策完全有效的西部和具有轻度反弹效应的中部地区，应重点关注拥有较高能源反弹效应的东部地区，在制定能效标准时充分考虑其反弹效应，建立能效与节能的双重目标，同时抑制东部地区交通运输业的反弹效应，从而在整体上实现行业节能目标。

其次，发展公共交通系统，推动绿色出行发展。通过加快轨道交通、快速公交（BRT）等大容量快速公共交通运营系统的建设，创造便捷、经济、舒适的公共交通出行环境，增强公共交通对人员出行的吸引力。除此之外，鼓励居民步行或骑行共享单车解决出行"最后一公里"，在交通领域落实绿色、共享发展理念。另外，利用资本对能源的替代作用，通过PPP等模式推动交通运输的基础设施建设，尤其鼓励对清洁能源和新能源交通工具的投资和推广，促进交通运输领域生产模式转变，减少能源要素投入。

最后，进一步推进交通运输业能源价格的市场化改革。事实上，对于占交通运输业能源消耗九成以上的汽油、柴油和燃料油等成品油，其定价机制从2016年《石油价格管理办法》下发起就进一步完善；根据国家发改委计划将在"十三五"期间实现成品油价格完全市场化，相较于煤炭等能源，成品油走在了价格改革的前端。考虑到能源效率提升引发能源实际成本的降低是能效政策节能有效性削弱的根本原因之一，在成品油价格改革领域，除了与国际油价接轨，使成品油价格充分反映市场供求之外，还需要通过构建碳排放、大气污染交易市场，对产能过剩的运输企业、高油耗高排放的运输工具等进行环境污染征税等方式，让交通运输业的负外部性体现在运输能源价格之中。综合运用碳交易市场和环境污染税收工具，有效降低交通运输领域能源反弹效应，推动交通运输业的可持续发展。

第八章　服务贸易与能源——碳排放效率研究

第一节　贸易发展与能源——碳排放效率

随着经济全球化和贸易自由化的发展，各国携手应对全球气候变暖、发展低碳经济已成为全球环境治理的重要途径，然而应对气候变化的国际形势正变得日益复杂。2014 年 11 月，中美发布应对气候变化的联合声明，美国首次提出到 2025 年二氧化碳排放量较 2005 年减少 26% ~ 28%。中国承诺到 2030 年非化石燃料的使用量将提高到 20%。2017 年 6 月 1 日，美国宣布将退出 2015 年签订的旨在缓解气候变化的《巴黎协定》，全球气候合作遭遇重创。许多学者对美国退出的决定进行了评估和讨论。例如，Kemp（2017）指出，美国的退出给气候援助方面留下了巨大的缺口，它还为中国和欧盟（EU）成为全球气候变化领导者创造了机会（Hilton 和 Kerr，2017）。Da 等证明，美国退出《巴黎协定》将减少碳排放空间，同时增加包括中国、欧盟和日本在内的其他各国的减排成本。而目前，全球进入"气候紧急状态"，中国已经在不断提升其自主减排标准，并基于国际责任引领全球绿色经济复苏。2020 年 12 月，联合国及有关国家共同倡议举办 2020 年气候雄心峰会，旨在呼吁全球重视气候问题，并采取更有效的措施应对。在此背景下，中国国家主席习近平提出了"2030 碳达峰"和"2060 碳中和"目标，标志着中国已步入高质量发展阶段，在生产中节能减排，重点在于减少含碳污染物的排放量。同时，2021 年 3 月，欧盟提出了通过以碳边境调节机制（CBAN）来应对气候恶化的主张，拟对不能遵守碳排放相关规定的贸易往来国家征收碳关税。这将严重影响高碳排放工业产品的进出口贸易。一方面，这将直接拉升高碳工业产品的出口成本；另一方面，随着欧盟对高碳产品出口数量的限制，将会进一步压缩高碳产品出口市场。在碳中和的大趋势下，高耗能行业必须加快绿色转型步伐。

Grossman 和 Helpman（1993）认为碳排放是生产活动的副产品，其大小取决于规模、结构和技术效果。作为世界上最大的能源消耗国，2019 年中国的能源消费量达到 48.6 亿吨标准煤（Mtce），二氧化碳排放量达到 942.87 亿吨，远高于排名第二的美国[①]。一方面，由于经济总量大、人口基数大、城市化进程快，中国很难显著地减少二氧化碳排放总量。另一方面，严格控制二氧化碳排放对经济增长产生的负面影响将对发展中国家形成较大负担。对外贸易顺差是拉动中国经济长期增长的"三驾马车"之一，同时也是增加我国人均碳排放的主要原因之一（赵忠秀，2013），由于加工贸易环节处于全球价值链低端而导致出口产品隐含碳排放长期处于总量巨大且加速增长的态势（孔令丞，2011）。值得注意的是，在现代经济全球化越来越以服务贸易为主体，服务贸易结构越来越向着资本和技术密集的部门转型的背景下，积极参与双边、多边自由贸易区，提高服务贸易，尤其是提高新兴服务贸易部门的开放程度，对于减少中国贸易隐含碳排放，提升能源和碳排放效率是有效途径之一。

然而，目前鲜有文献深入研究服务贸易与能源和碳排放效率的关系，关于服务贸易对环境的影响的讨论，得出的结论也不尽相同，有学者认为服务贸易自由化程度高有利于减少环境污染（Linda Fernandez，2010；蔡宏波等，2010）。然而 Arik Levinson（2009）通过计算却得出服务贸易与环境之间的相关性很弱，服务贸易自由化对环境的影响甚微。因此，现有的研究难以回答服务贸易全球化对发展低碳经济有何影响。本书着

---

① 数据来源：国家统计局、BP 能源统计年鉴。

重探讨这一关键性问题，并寻找服务贸易传统部门和新兴部门的影响是否存在分化的相关证据。本章将从以下两个角度展开，首先测算世界上主要国家的能源和碳排放效率指标，其次通过实证分析以检验服务贸易自由化对各国能源和碳排放效率的影响，并考虑该影响的时间趋势，服务贸易不同部门的差异以及国别比较。

第二节　贸易发展与环境问题国内外研究进展与评述

国际贸易在一个国家的经济发展中起着重要的支持作用（Mattoo 等，2006；El Khoury 和 Savvides，2006；Were，2015；赵文军，2012；陶爱萍和吴文韬，2020）。吴力波和汤维祺（2010）运用两阶段最小二乘估计（2SLS）和 GMM 动态面板回归技术，基于 1960 年至 2006 年利用全球各收入水平国家的面板数据，发现国际贸易对经济增长有促进作用，且其与一国的收入水平以及经济发展阶段相关。Rahman 和 Mamun（2016）利用多元扩展增长模型探讨了澳大利亚 53 年（1960—2012 年）贸易主导型增长的存在。Manwa 和 Wijeweera（2016）在边界测试协整过程中使用了自回归分布滞后（ARDL）框架，发现南非在短期和长期都明显受益于其贸易全球化政策。然而，根据 1996—2012 年 10 个东南欧国家的面板数据，Fetahi – Vehapi 等（2015）发现，贸易开放对经济增长的积极影响受初始人均收入和其他解释变量的制约，否则，贸易开放与经济增长之间没有明显的相关性。Zahonogo（2016）证明撒哈拉以南非洲的贸易开放与经济增长之间并非线性关系而是呈倒 U 型曲线（贸易拉弗曲线）。谷克鉴和陈福中（2016）利用 1995—2011 年中国省级面板数据，实证检验了净出口与经济增长的非线性关系及其区域异质性表现。

近年来，国际贸易与环境污染的关系越来越受到研究者的关注。大多数研究证实了环境库兹涅茨曲线（EKC）的存在。例如，Omri 等（2015）在 1990—2011 年使用联立方程小组数据模型对 12 个中东和北非国家的面板数据进行了研究，并指出了二氧化碳排放量与经济增长之间的双向因果关系。宋锋华（2017）利用中国各省份 15 年的面板数据进行实证分析，证实了经济增长对环境污染的影响与 EKC 假说吻合。此外，有学者认为经济增长和贸易开放存在双向因果关系，而贸易开放和二氧化碳排放是单向因果关系。周睿（2015）以 17 个新兴国家 1984—2010 年的面板数据验证了能源消耗、经济增长和二氧化碳的排放在短期内互为因果关系。Kasman 和 Duman（2015）研究 1992—2010 年欧盟新成员国和候选国家的能源消耗、二氧化碳排放、经济增长、贸易开放和城市化之间的因果关系，为 EKC 假说提供了进一步的经验证据。进一步地，崔鑫生等（2019）采用 30 个国家 1991—2015 年易扩散污染物的数据，使用变异系数法研究了不同发展程度国家的 EKC 动态演进的趋势，丰富了基于国家异质性的 EKC 假说的相关研究。Ren 等人（2014）基于投入产出模型计算了 2000 年至 2010 年中国国际贸易中二氧化碳排放量。结果表明，中国不断增长的贸易顺差是二氧化碳排放量快速增长的重要原因之一。基于 1980 年至 2011 年 15 个亚洲国家的数据，Nasreen 和 Anwar（2014）采用面板协整检验和因果关系法来检验变量之间的长期和因果关系。结果表明经济增长和贸易开放对能源消费的影响是积极的，格兰杰因果关系分析揭示了经济增长与能源消费、贸易开放与能源消费之间的双向因果关系。Zhang 和 Cheng（2009）利用中国 1960 年至 2007 年的数据证明了 GDP 对能源消耗的单向格兰杰因果关系，并表明对外贸易是解释二氧化碳排放的一个重要变量。Halicioglu（2009）实证检验了土耳其案例中碳排放、能源消耗、收入和对外贸易之间的动态因果关系。实证结果表明，收入是解释碳排放增长的决定性因素，其次是能源消费和对外贸易。李锴和齐绍洲（2011）采用 1997 年至 2008 年中国 30 个省区的面板数据，实证研究发现贸易开放增加了中国省区的 CO_2 排放量和碳强度。基于自回归分布滞后（ARDL）方法，Saboori 等（2012）表明，对外贸易是印度尼西亚二氧化碳排放量增长的重要原因之一。Akin（2014）根据 85 个国家 1990—2011 年的数据，发现二氧化碳排放量与能源消耗之间成正比。

目前评估经济全球化背景下气候变化或环境污染影响的研究不在少数。贸易为消费者创造了将与其消费相关的环境污染转移到其他国家的途径（Yunfeng 和 Laike，2010）。Zhang 等（2018）采用元前沿非径向方向距离函数，对 1990—2015 年参与清洁发展机制（CDM）项目的主要国家的全要素能效和碳排放绩效进行了测算。他们发现，清洁发展机制东道国的全要素能效和碳排放绩效明显低于投资国。Atkinson 等（2011）基于全球贸易分析项目（GTAP）数据和投入产出模型来估计国内生产技术和国际贸易模式中隐含的虚拟碳流量。结果表明，贸易量、贸易构成和各国碳生产强度的综合作用导致发展中国家流向发达国家的虚拟碳净流量较大。Sun 等（2018）指出，从国际贸易中体现的能源流动看，印度制造业在节能方面的优势逐渐丧失。He 和 Fu（2014）认为，中国出口的污染相对中国进口的较少，贸易中体现的大量碳盈余是来源于出口贸易，相比贸易伙伴，中国的碳排放强度更高（"碳泄漏"现象）。Liu（2011）进一步指出，2007 年中国进口碳占 21.97%，出口碳占中国对外贸易的 30.56%。由此可见对外贸易尤其是进口贸易对提升中国的碳生产率具有积极作用（赵秀娟和张捷，2016）。从行业分化角度，Fu 和 Zhang（2015）通过可行的广义最小二乘回归表明，贸易减少了整个制造业和低碳制造业的碳排放，但增加了高碳制造业的碳排放。同时，考虑区域间的空间关系，闫金玲等（2021）利用动态空间杜宾模型检验了对外贸易对中国碳排放的空间效应，实证结果发现对外贸易对本地和临近地区碳排放存在显著的抑制作用。

现有文献大多探讨贸易对经济发展的影响，或经济发展对碳排放的影响，鲜有文献研究服务贸易对碳排放的影响。此外，针对贸易在环境质量中的作用仍存在很大争议（Kander 和 Lindmark，2006；Halicioglu，2009；Hossain，2012；Hao 等，2015；Fernández – Amador 等，2016）。一些学者认为，服务业的高度贸易全球化有助于减少环境污染（Fernandez，2010）。例如，Tang 和 Ma（2009）表示，服务贸易可以有效地优化外贸增长模式。从服务业影响制造业的角度，沈鸿和顾乃华（2017）以中国 2004 年至 2011 年 28 个制造业行业的面板数据进行了实证分析，发现服务贸易开放会显著促进制造业全要素生产率的提高，促进制造业的转型升级。然而，一些学者认为服务业的发展并不是环境友好的（庞瑞芝和王亮，2016）。王恕立和王许亮（2017）在对中国地区 2002 年至 2014 年服务业的绿色全要素生产率进行估算后进行分析，实证结果表明，服务业的外商直接投资显著抑制了其绿色全要素生产率的增加，从对外投资的角度说明了服务业的高度全球化会不利于其绿色发展。同时，还有一些学者认为服务贸易与环境质量之间存在较弱的相关性。Levinson（2010）指出，贸易全球化对环境的影响很小，难以证明服务贸易对能源和二氧化碳排放效率的影响。因此，本书拟在经济全球化和环境恶化的背景下，探究服务贸易全球化是否促进低碳全球化这一科学性问题。

第三节 能源和碳排放效率测度模型构建

一、基于非径向方向距离函数的能源和碳排放效率测量

数据包络分析（DEA）作为一种非参数的效率评价方法，在能源效率分析中得到了广泛应用（Hu 等，2006；Zhou 等，2010）。传统的 DEA 模型建立在谢泼德距离函数的基础上，只允许期望产出和非期望产出以相同的比例增减，意味着减少非期望产出的代价是必须付出等量的期望产出。为了解决这个问题，Chung 等（1997）引入了方向距离函数（DDF）作为新生产力指数的一部分，将期望产出和非期望产出放在同一模型中，并将它们分为强可处置性和弱可处置性。这使得方向距离函数在测算能源效率时可以同时考虑期望产出的增加和非期望产出的减少。但 DDF 的局限性在于，它以相同的速度增加期望产出并减少非期望产出（Färe 等，2007；Wang 等，2013；Du 等，2015）。换言之，DDF 测量的是径向效率，从而降低了估计决策单元（DMU）能效的准确性。然而，

在实际的生产过程中，在投入保持不变的前提下，人们通常希望期望产出越多越好，非期望产出越少越好。同时，评价过程中各期望产出之间、各非期望产出之间以及期望产出与非期望产出之间存在差异。

基于此，Zhou 等（2012）提出了一种非径向的方向距离函数（NDDF）方法，允许投入、期望产出和非期望产出之间的比例调整，从而使 NDDF 比 DDF 更具辨别力。Zhang 等（2014）提出了两个函数，一个是全要素方向性距离函数（total – factor directional distance function），其包含所有导致投入和产出低效率的因素，来衡量统一的（运行方面和环境方面）化石能源发电行业的效率。另一个是能源—环境友好型方向性距离函数（energy – environmental directional distance function），衡量化石能源发电行业在能源—环境友好方面的表现。其他衡量统一的效率和能源—环境友好表现的指标都是从这两个方向性距离函数演变而来。

因此，本章基于非径向方向距离函数（NDDF）测量能源和二氧化碳排放效率。假设有 N 个测量区域，每个区域为一个 DMU，每个 DMU 使用资本（K）、劳动力（L）和能源（E）来产生期望产出（Y），在生产过程中产生了非期望产出二氧化碳（C）。根据 Färe（1989）提出的联合生产函数，生产可能集表示为：

$$T = \{(K,L,E,Y,C):(K,L,E)\ 产生\ (Y,C)\}$$

在生产理论中，T 通常需要满足一定的条件才能具有现实的经济意义：①有限的投入只能产生有限的产出；②投入要素和期望产出可以任意支配，过多投入和期望产出可以在无任何成本情况下得到处理；③如果非期望产出为零，则不能产生期望产出，即减少非期望产出是以减少期望产出为代价。

根据 Zhou 等（2012）及相关研究，我们将非径向方向距离函数定义如下：

$$\vec{D}(K,L,E,Y,C;g) = sup\{W^T\beta:((K,L,E,Y,C) + g \times diag(\beta)) \in T\}$$

$$(8-1)$$

其中 $W^T = (w_K,w_L,w_E,w_Y,w_C)^T$ 表示标准化的权重向量，根据每种投入和产出的数量赋予权重。$g = (-g_K, -g_L, -g_E, g_Y, -g_C)^T$ 是一个方向向量，表示投入和产出。$\beta = (\beta_K, \beta_L, \beta_E, \beta_Y, \beta_C)^T$ 表示比例因子，衡量每种投入和产出缺乏效率的程度，即实际的生产活动与最优状态的距离。$diag(\beta)$ 是 β 的对角矩阵。

由于方向向量 g 和权重向量 W 可以根据不同情况赋值，为了研究世界各国的能源和 CO_2 排放效率，采用 Zhang 等（2014）提出的指标，本书采用统一的效率指数 UEI（Unified Efficiency Index）和能源环境绩效指数 EEPI（Energy – Environmental Performance Index）。

UEI 将方向向量 g 设置为 $(-K, -L, -E, Y-C)$，并赋予权重 $W = (1/9, 1/9, 1/9, 1/3, 1/3)$，同时令 $\beta^* = (\beta_k^* \beta_L^* \beta_E^* \beta_Y^* \beta_C^*)$ 为此情况下式（8-1）的解。根据 Zhang 等（2014），UEI 表示如下：

$$UEI = \frac{1/4[(1-\beta_K^*)+(1-\beta_L^*)+(1-\beta_E^*)+(1-\beta_C^*)]}{1+\beta_Y^*}$$

$$= \frac{1-1/4(\beta_K^*+\beta_L^*+\beta_E^*+\beta_C^*)}{1+\beta_Y^*}$$

$$(8-2)$$

式（8-2）测量了投入要素、期望产出和非期望产出的缺乏效率的程度。

由于能源消耗是产生 CO_2 排放的主要因素，资本和劳动力并不产生 CO_2 排放，为了更准确地衡量能源效率，假设非能源要素投入固定不变。根据 Zhang 和 Choi（2013），通过将方向向量设置为 $g = (0, 0, -E, Y, -C)$，权重向量为 $W = (0, 0, 1/3, 1/3, 1/3)$，可以在目标函数和约束条件中去除资本和劳动对效率的稀释效应。根据 Zhang 等（2014），能源环境绩效指数 EEPI 可以表示如下：

$$EEPI = \frac{1/2[(1-\beta_E^{**})+(1-\beta_C^{**})]}{1+\beta_Y^{**}} = \frac{1-1/2(\beta_E^{**}+\beta_C^{**})}{1+\beta_Y^{**}}$$

$$(8-3)$$

显然，UEI 和 EEPI 的范围都在 0 到 1 之间，指数越高，说明能源和二氧化碳排放效率越高。如果 UEI = 1，则表明 DMU 处于生产前沿，这意味着最优生产性能。

从技术上，UEI 和 EEPI 可以由 DEA 模型求解得出。根据 Lin 和 Du（2015），本研究中的 UEI 和 EEPI 可通过求解以下线性规划方程来计算：

$$\vec{D} = (K,L,E,Y,C) = \max 1/9\beta_K + 1/9\beta_L + 1/9\beta_E + 1/3\beta_Y + 1/3\beta_C$$

$$\sum_{t=1}^{T} \sum_{n=1}^{N} \lambda_{n,t} K_{n,t} \leq K - \beta_K K$$

$$\sum_{t=1}^{T} \sum_{n=1}^{N} \lambda_{n,t} L_{n,t} \leq L - \beta_L L$$

$$\sum_{t=1}^{T} \sum_{n=1}^{N} \lambda_{n,t} E_{n,t} \leq E - \beta_E E$$

$$\sum_{t=1}^{T} \sum_{n=1}^{N} \lambda_{n,t} Y_{n,t} \geq Y + \beta_Y Y$$

$$\sum_{t=1}^{T} \sum_{n=1}^{N} \lambda_{n,t} C_{n,t} = C - \beta_C C$$

$$\lambda_{n,t} \geq 0, n = 1,\cdots,N, t = 1,\cdots,T$$

$$\vec{D} = (K,L,E,Y,C) = \max 1/3\beta_E + 1/3\beta_Y + 1/3\beta_C$$

$$s.t. \sum_{t=1}^{T} \sum_{n=1}^{N} \lambda_{n,t} K_{n,t} \leq K$$

$$\sum_{t=1}^{T} \sum_{n=1}^{N} \lambda_{n,t} L_{n,t} \leq L$$

$$\sum_{t=1}^{T} \sum_{n=1}^{N} \lambda_{n,t} E_{n,t} \leq E - \beta_E E$$

$$\sum_{t=1}^{T} \sum_{n=1}^{N} \lambda_{n,t} C_{n,t} = C - \beta_C C$$

$$\lambda_{n,t} \geq 0, n = 1,\cdots,N, t = 1,\cdots,T$$

采用第二部分所描述的非径向方向距离函数来测量能源和碳排放效率。本章以各国实际 GDP（美元计价）表示期望产出，并用以 1980 年为基期的美元 CPI 指数进行调整作为代理变量。各国基础能源消费量和 CO_2 排放量来自《BP2014 年世界能源统计年鉴》。劳动力变量采用国际货币基金组织（IMF）公布的就业人数。资本变量采用资本总额占 GDP 的百分比乘以各国 GDP 作为代理变量，数据来自世界银行公布的"世界发展指标"。利用公（8-2）和式（8-3）计算 30 个国家 34 年的 UEI 和 EEPI。

二、服务贸易开放程度对能源和 CO_2 效率的影响：基于 Tobit 模型

Tobit 模型也称为受限因变量模型，是因变量满足某种约束条件下取值的模型。Tobit 模型不同于离散选择模型和一般的连续变量选择模型，它的特点在于因变量是受限的，模型实际上由两类方程组成，主要研究在某些选择行为下，连续变量如何变化的问题。在评估过程中，DEA 方法使用了决策单元可以控制的投入和产出，却没有考虑其他一些不可控制的因素。而这些不可控因素的差异是造成决策单元效率差异的重要原因。在使用效率评价结果作为回归模型的被解释变量时就面临效率评价结果小于等于 0 和大于 1 时的数据截取问题。在该情况下，OLS 普通最小二乘法的估计结果是有偏且不一致的。要避免 OLS 估计带来的偏误，往往采用受限因变量模型，即 Tobit 模型来进行回归。Tobit 模型的基本结构如下：

$$Z_i = \begin{cases} 0, B^T X_i + e_i < 0 \\ B^T X_i + e_i, B^T X^m + e_i > 0 \end{cases}$$

其中，Z 是效率值，X 是解释变量向量，B^T 是未知参数向量，Tobit 模型的一个重要特征是解释变量 X_i 取实际观测值，而被解释变量 Z_i 只能以受限制的方式被观测到。当 $Z_i > 0$ 时，"无限制"观测值均取实际的观测值；当 $Z_i \leq 0$ 时，"受限"观测值均取 0。可以证明，用极大似然法估计出 Tobit 模型的 B^T 和 σ^2 是一致估计量（涂斌，2011）。当前，这种模型已经引入了更复杂的形式，面板数据、半参数等形式的 Tobit 模型在研究中广泛应用（周华林，2012）。比如 Shi 和 Shen（2008）运用规模报酬不变的超效率 DEA 模型测算了中国省际全要素能源效率，并基于市场分割的视角用 Tobit 模型检验省际全要素能源效率的影响因素。

基于以上对 DEA-Tobit 模型的分析，为了较准确地衡量服务贸易开

放程度对能源和 CO_2 效率的影响，采用以下计量模型：

$$y_{it} = \beta_0 + \beta_1 Ser_{it} + Z_{it} + \varepsilon_{it} \qquad (8-4)$$

其中 y 表示能源和 CO_2 效率指标 UEI 和 EEPI；Ser 代表服务贸易开放程度；Z 代表一系列控制变量，以排除其他因素对因变量的影响；ε 是随机误差项。

三、研究变量描述

本章选取 1980—2013 年服务出口额排名前 30 个国家（由于数据可得性排除了俄罗斯、比利时和卢森堡）的年度数据，并基于非径向方向距离函数测量能源和碳排放效率。样本国家或城市分别是澳大利亚，奥地利，巴西，加拿大，中国，丹麦，中国香港，印度，爱尔兰，韩国，荷兰，挪威，新加坡，西班牙，瑞典，瑞士，芬兰，希腊，以色列，马来西亚，波兰，葡萄牙，泰国，土耳其，法国，德国，意大利，日本，英国和美国。

在效率指标测算的基础上，建立模型进一步研究服务贸易对效率的影响。根据已有的研究，能源和 CO_2 排放效率的影响因素主要有能源价格、能源强度、经济规模、产业结构、能源结构、对外开放程度、技术和 FDI 等（Zhang 等，2011；魏梅等，2010；Zhang，2011）。

参考张艳（2013）对中国服务贸易自由化测度方法，本章采用三种方法比较全面地衡量了中国服务贸易自由化的程度。

一是用进出口总额衡量的一国在全球服务贸易中的市场份额（TS），一国服务贸易进出口总额与世界服务进出口总额的比值越大，表明自由化程度越高。这个指标可以衡量服务贸易实际的开放程度或服务贸易的竞争力。数据由世界贸易组织数据库整理得来。

二是服务贸易市场份额与货物贸易市场份额的比值（TS/MTS）。反映一国服务贸易与货物贸易的相对开放程度。侧重考察服务贸易相对于货物贸易而言对效率影响的程度，从而验证贸易结构，外贸增长方式的转变对效率的影响。

三是基于服务贸易政策数据计算的服务贸易限制指数（RES）。服务贸易限制指数的计算方法是针对不同服务部门的特征，按照服务贸易的4 种提供模式，拟定每个服务部门壁垒的测度模板，分别列明构成该服务部门服务贸易壁垒的类别，每个类别根据其限制的程度分别打分，并根据权重计算得到最终的服务贸易限制指数。本章采用由世界银行服务贸易限制数据库发布的数据。世界银行测算了 103 个国家的 5 个服务贸易部门（通信，金融，交通运输，销售和专业服务）在跨境交付、商业存在、自然人流动以及总体这四个方面的政策限制情况。所衡量的政策限制主要是对国外服务和国外服务提供者的歧视性政策。本书采用总体的限制指数做回归分析。服务贸易限制指数越小，说明服务贸易自由化程度越高。

表 8 - 1　　　　　　　　研究变量的描述性统计

变量	描述	来源	均值	标准误	最小值	最大值
TS	服务贸易进出口总额占比	世贸组织数据库	0.026	0.029	0.001	0.165
TS/MTS	服务贸易市场份额与货物贸易市场份额的比值	世贸组织数据库	1.182	0.527	0.336	5.644
RES	服务贸易限制	世界银行	25.080	13.207	11.000	65.700
ES	化石能源消费份额	世界银行	79.546	16.760	31.744	99.998
IS	第二产业占国民生产总值的比重	世界银行	30.671	7.820	6.830	52.880
Urb	城市人口占总人口的比例	世界银行	71.024	17.654	19.358	100.000
FDI	外商直接投资净额	世界银行	0.800	1.725	-1.059	15.371

表 8 - 2　　　　　　　　研究变量的相关系数矩阵

	TS	TS/MTS	RES	ES	IS	URB	FDI
TS	1.0000						
TS/MTS	-0.0378	1.0000					
RES	-0.1806	-0.2038	1.0000				
ES	0.1295	-0.0028	-0.0274	1.0000			
IS	-0.1012	-0.2435	0.0605	-0.0629	1.0000		
URB	0.1753	0.0687	-0.3525	0.1801	-0.4031	1.0000	
FDI	0.5353	-0.0535	-0.0554	0.0626	-0.1092	0.0753	1.0000

第四节　能源环境绩效指数及其影响因素

一、统一效率指数和能源环境绩效指数

根据式（8-2）和式（8-3）计算了统一效率指数（UEI）和能源环境绩效指数（EEPI）。在此基础上，对效率指数进行了纵向分析（时间趋势）和横向分析（国家差异），并对效率指数与服务贸易开放程度的关系进行了相关分析。图 8-1 报告了 30 个样本国家的平均 UEI 和 EEPI 的时间趋势。

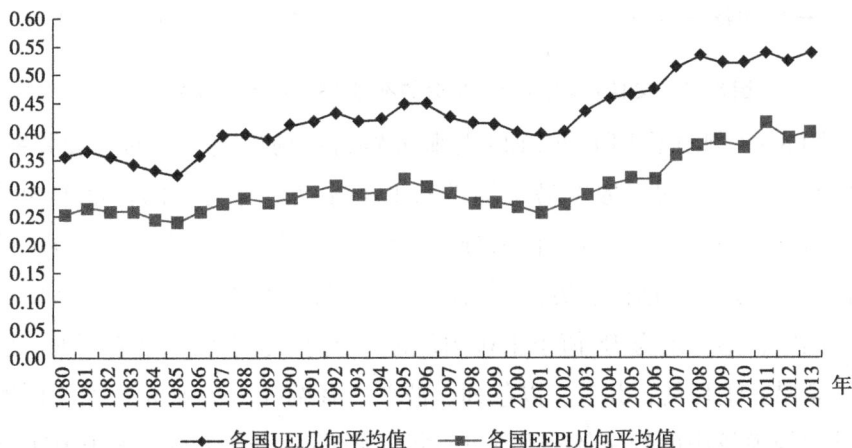

图 8-1　全球 30 个国家平均 UEI 和 EEPI 的时间趋势

由图 8-1 可以发现，总体上 UEI 和 EEPI 在过去 34 年间有缓慢的小幅度增长，其中 1980—1985 年和 1995—2001 年两个时间段效率表现有轻微的恶化，除此之外总体效率都呈现出逐渐改善的情况。另外，UEI 由于包含了资本和劳动力对产出的贡献，对产出的增加较为明显，EEPI 将资本和劳动力的权重赋值为零从而提出了二者对效率的稀释作用，更加集中地反映了能源和碳排放效率的状况，因此 UEI 的平均值高于 EEPI。具体来说，可能造成能源和碳排放效率提高的因素有很多，比如经

济的迅速增长导致产出增加幅度大于碳排放增加的幅度，或者由于技术进步提高了能源的使用效率，进而优化能源结构使得能源和碳排放效率提高等，究竟服务贸易的自由化对效率是否有影响还需要从国别的角度具体讨论。

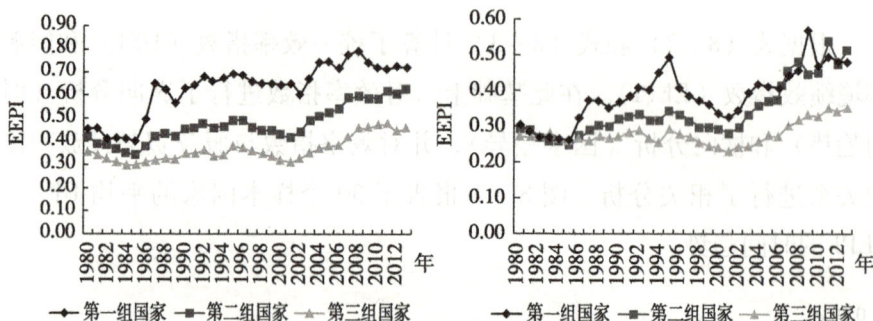

图 8 - 2 按照 1/2 标准差法区分的不同 TS 的国家 UEI 平均值

图 8 - 2 刻画了 UEI 和 EEPI 与服务贸易市场份额之间的一般关系。以所有国家的平均服务贸易市场份额上下浮动二分之一的标准差为界（0.041 和 0.012），将 30 个国家分为三组，第一组为 TS 值大于 0.041 的 6 个国家：美国、德国、英国、法国、日本和意大利，均为 OECD 中高收入国家；第三组为 TS 值小于 0.012 的 9 个国家：泰国、马来西亚、巴西、希腊、土耳其、芬兰、以色列、波兰、葡萄牙，为亚洲发展中国家和欧洲规模较小的经济体；剩余 15 个国家 TS 值介于 0.012 和 0.041 之间，为第二组①，经济规模和服务贸易发达程度介于前两者之间。

由图 8 - 2 可见，服务贸易开放程度高的国家其能源效率和 CO_2 排放效率表现更佳，1980—1985 年三组国家的 UEI 值差距很小，并且均呈现略微下降的趋势，此后差距扩大并且效率逐渐提高，尤其是在 2001 年转折性上升，可能的原因是京都议定书的签订使得世界各国大量减少温室气体的排放。具体来说，三组国家在统一效率指标（UEI）方面差异比

---

① 第二组 15 个国家和地区：荷兰、西班牙、加拿大、中国香港、新加坡、韩国、奥地利、澳大利亚、瑞典、中国、瑞士、丹麦、挪威、印度、爱尔兰。

较明显，第一组国家比第二组国家明显高出约 0.2，第二组与第三组的差距较小，大约 0.1；其中第二组国家效率提高程度最大，2011 年以后大大缩小了与第一组国家之间的差距，造成这种现象的可能原因是 2008 年国际金融危机以后主要发达国家国民生产总值大幅减少，导致能源和碳排放效率降低，且加拿大在 2011 年退出了"京都议定书"。

EEPI 大体上与 UEI 表现一致，但是由于 EEPI 排除了资本和劳动力的影响，各分组国家之间的差距缩小了，尤其是在 1980—1986 年 EEPI 几乎一致，2001 年以后的转折性上升幅度比 UEI 大，2006 年以后第二组国家的追赶效应增强，达到了第一组的水平，说明大多数国家在能源—环境表现上得到了很大程度的改善。部分原因是自 1995 年每年召开一次的世界气候大会逐步取得实质性进展，减少了温室气体的排放，逐步地解决部分环境问题。但第三组国家的增速较缓，与其他国家差距较大，侧面验证了"污染天堂"假说，随着国际贸易自由化程度的加深，较发达国家将污染工业从环保政策严厉的国家流向相对宽松的国家，发展中国家等环保政策较宽松的国家成了"污染避难所"。

就不同地区而言，西欧和北欧发达国家的能源效率和二氧化碳排放效率相对较高。除日本和韩国外，亚洲其他发展中国家在 UEI 和 EEPI 方面排名均落后。尤其是中国的能源和二氧化碳排放表现令人担忧，甚至倒数第二的波兰 EEPI 指数也大幅高于中国同期水平。而泰国和印度不仅平均值较低，甚至累计增长率为负数，说明国家之间的能源和 CO_2 排放表现差距很大。

本章进一步研究了能源和碳排放效率指标与服务贸易全球化程度之间的关系。如图 8-3 所示，能源和碳排放效率与服务贸易的发展程度存在正相关关系，这意味着服务贸易的市场份额，即全球化程度，对能源和碳排放具有积极影响。另外，当 TS 值处于中间时，相关性达到峰值。为了验证能源和碳排放效率与服务贸易发展程度之间是否存在显著的定量关系，我们在第下一小节中对 UEI 和 EEPI 的影响因素进行了实证分析。

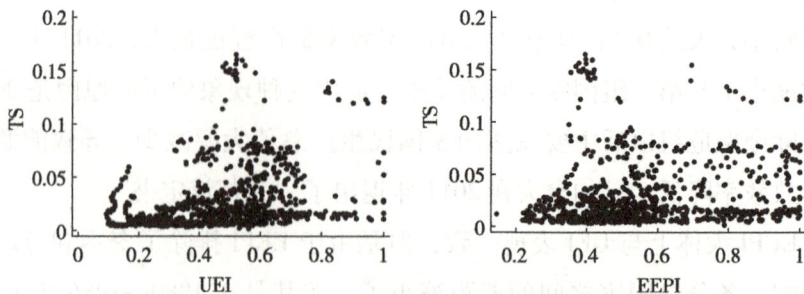

图 8-3　TS 和 UEI 及 EEPI 散点图

二、UEI 和 EEPI 的影响因素

在面板数据回归中，单位根问题会导致模型的有偏估计。因此，我们利用面板单位根检验（LLC 检验）和 Fisher 检验，以检测变量的平稳性。表 8-3 显示所有变量都是平稳序列。

表 8-3　　　　　　　　　　研究变量的平稳性检验结果

变量	(C, T, L)	LLC test	Fisher test
UEI	(C, 1, 1)	-4.745***	2.322**
EEPI	(C, 1, 1)	-10.252***	7.920***
TS	(C, 1, 1)	-2.275***	0.00
MTS	(C, 0, 1)	-2.900***	8.259***
ES	(C, 0, 1)	-5.023***	11.286***
IS	(C, 0, 1)	-4.536***	13.773***
Urb	(C, 1, 1)	-11.463***	12.921***
FDI	(C, 1, 1)	-9.553***	12.280***

注：（）表示 t 统计量；** 和 *** 分别表示结果在 1% 和 0.1% 时具有统计学意义。C 是常数，T 是时间趋势，L 是滞后秩。

我们采用以下方法对影响 UEI 和 EEPI 的因素进行了实证分析：①将服务贸易限制指数（RES）作为因变量，利用 OLS 方法考察国别效应；②将服务贸易市场份额（TS）以及服务贸易和货物贸易市场份额之比（TS/MTS）分别作为因变量，运用 Tobit 模型分析考察综合效应；③以 1995 年为界加入时间的虚拟变量，并分时段回归考察影响的时间趋势；④将服务贸易部门分为传统部门和新兴部门，考察服务贸易产业结构对效率的影响；⑤按照新兴服务贸易比重将国家分为两组，考察国别差异。

表 8 - 4　　　　　　　　影响能源和碳排放效率的影响因素分析

变量	UEI			EEPI		
	模型 1	模型 2	模型 3	模型 4	模型 5	模型 6
TS	2.015*** (5.13)			1.942** (2.7)		
TS/MTS		0.0595*** (11.72)			0.0483*** (5.00)	
RES			-0.00467** (-2.72)			-0.00388* (-2.10)
MTS	-3.892*** (-10.05)		-1.544*** (-4.25)	-3.634*** (-5.05)		-2.123*** (-4.29)
ES	-0.00347*** (-8.67)	-0.00387*** (-10.30)	-0.00516*** (-10.07)	-0.00505*** (-7.19)	-0.00541*** (-8.10)	-0.00472*** (-6.87)
IS	-0.00562*** (-10.21)	-0.00656*** (-12.65)	-0.00596*** (-8.06)	-0.00900*** (-8.83)	-0.00983*** (-9.95)	-0.00932*** (-9.24)
Urb	0.00424*** (8.94)	0.00292*** (6.72)	0.00618*** (10.21)	0.00589*** (6.99)	0.00461*** (5.94)	0.00517*** (5.84)
FDI	0.00981*** (6.04)	0.00564*** (3.64)	0.0163*** (7.48)	0.0167*** (5.48)	0.0125*** (4.26)	0.0173*** (5.65)
CAP	0.00356*** (27.25)	0.00340*** (26.66)				
常数项	0.474*** (10.49)	0.524*** (12.87)	0.763*** (10.12)	0.836*** (10.54)	0.887*** (11.94)	0.981*** (9.92)

注：（ ）为 t 统计量；*、**和***分别表示结果在 5%、1%和 0.1%时具有统计学意义。

表 8 - 4 列出了服务贸易等因素对效率指数的回归结果，模型 1~3 因变量为 UEI，模型 4~6 因变量为 EEPI。其中，模型 1 和模型 4 中 TS 指标的系数为 2.015 和 1.942，在 5%的显著性水平下显著；模型 2 和模型 5 服务贸易市场份额与货物贸易市场份额之比的系数均为正，在 5%

的显著性水平下显著；模型 3 和模型 6 服务贸易限制指数的系数均为负且显著。所有控制变量的回归结果均显示在表 8 - 4 中。

服务贸易市场份额对能源和 CO_2 排放效率产生正向的影响，服务贸易市场份额与货物贸易市场份额比的系数也为正，从政策角度来看，整体的服务贸易限制指数系数为负，以上结果均显著且结论一致，意味着服务贸易自由化有助于提高能源和碳排放效率，和预期一致。造成这种影响的原因主要有以下几点，第一，服务贸易自由化能够显著地促进经济的增长。服务贸易出口每增加 1 的水平，将会带来该国 GDP 增加大约1.86。而货物贸易出口每增加 1 的水平，将会带来该国 GDP 增加大约1.35（李瑞琴，2009）。第二，生产性服务贸易可以有效地促进制造业生产效率的提高从而实现产业结构的优化升级。因为生产性服务贸易作为高级要素投入制造业，参与制造业生产过程，从而促进制造业升级。第三，服务贸易自由化会比货物贸易带来更强的技术外溢效应。服务贸易本身可以成为技术转让的渠道，使发展中国家通过咨询、培训以及其他技术服务形式获得技术和其他信息。第四，环境污染存在规模效应，企业的经济规模越大造成的污染越少，跨国公司进行全球资源配置和构建全球生产网络客观上有利于降低环境污染强度（张少华，2009）。第五，服务贸易对人力资本的依赖程度大于物质资本。一方面，人力资本相对物质资本投入来说，其对环境的影响要小的多。另一方面，人力资本密集型的服务业对能源依赖程度大大降低。这都促使服务业及服务贸易提高了能源和碳排放效率。第六，环保产业作为"朝阳产业"，在提高资源综合利用、实现淘汰部门转型、调整产业结构方面都能发挥较大的作用。第七，服务外包是全球价值链的延伸，生产过程的节点越多，每个节点分摊的污染成本就越低，分散程度高会使得每个节点的污染在技术上的可控性增强，从而在总体上降低能源消耗。

控制变量中，货物贸易市场份额、化石能源消费比重、工业增加值比重均对能源和 CO_2 排放效率产生消极影响，与预期一致。城市化水平系数为正，在城市化发展到一定程度后基础设施的建设放缓，第三产业的比重提高，城市治理更规范，从而提高了能源和碳排放效率。FDI 系数为正验证了"污染光环"假说，在发展中国家进行投资的跨国公司可以向东道国传播更为绿色清洁的生产技术，提升其生产的环保水平。劳均资本（CAP）对 UEI 的影响为正，反映商品结构和产业结构越倾向于资本密集型，越有利于效率的提高。劳均资本并没有作为 EEPI 的控制变量，主要是因为 EEPI 是将资本和劳动的权重赋值为零，仅仅考察能源—环境绩效，所以劳均资本对其影响不大。

各项指标都具有不同程度的波动性，通过表 8－5 和表 8－6 可以发现 UEI 和 EEPI 在不同时间段稍有差异。

表 8－5　　　　　　当因变量是 UEI 时的分时段回归结果

变量	UEI					
	模型 1		模型 2		模型 3	
	1980—1995 年	1996—2013 年	1980—1995 年	1996—2013 年	1980—1995 年	1996—2013 年
TS	−0.112 （−0.19）	5.550*** −5.93				
TS/MTS			0.0856*** −7.98	0.0824*** −8.28		
RES					−0.00472*** （−3.57）	−0.00333 （−1.25）
MTS	3.627*** −4.41	−6.705*** （−8.05）			2.850*** −4.75	−2.731*** （−5.22）
ES	−0.00408*** （−6.54）	−0.00633*** （−6.82）	−0.00606*** （−6.58）	−0.00575*** （−6.56）	−0.00419*** （−7.31）	−0.00609*** （−6.41）
IS	−0.00989*** （−10.23）	−0.00444** （−2.78）	−0.00475** （−2.88）	−0.00472** （−3.05）	−0.00975*** （−10.46）	−0.00587*** （−3.59）
Urb	0.00194* −2.37	0.0128*** −8.92	0.0100*** −7.55	0.00919*** −7.71	0.00176* −2.41	0.0104*** −7.4
FDI	0.00511 −0.57	0.0100*** −3.91	0.00467 −1.86	0.00495* −2.03	0.00582 −0.65	0.0105*** −3.96
常数项	0.836*** −11.23	0.214 −1.58	0.282* −2.17	0.321** −2.67	0.987*** −11.9	0.540*** −3.51

注：（）表示 t 统计量，*、**和***表示结果分别在 5%、1%和 0.1%有统计学意义。

表 8 – 6　　　　　　当因变量为 EEPI 时的分时段回归结果

变量	EEPI					
	模型 4		模型 5		模型 6	
	1980—1995 年	1996—2013 年	1980—1995 年	1996—2013 年	1980—1995 年	1996—2013 年
TS	0.431 – 0.45	3.812** – 2.85				
TS/MTS			0.0106 (– 0.4)	0.0781*** (– 5.31)		
RES					– 0.00507*** (– 4.29)	– 0.0035 (– 1.50)
MTS	– 0.237 (– 0.22)	– 4.706*** (– 3.80)			0.0943 – 0.19	– 1.713* (– 2.37)
ES	– 0.00496*** (– 5.99)	– 0.00708*** (– 5.80)	– 0.00495*** (– 5.95)	– 0.00680*** (– 6.10)	– 0.00491*** (– 6.81)	– 0.00684*** (– 5.75)
IS	– 0.00885*** (– 6.06)	– 0.0113*** (– 4.91)	– 0.00882*** (– 6.03)	– 0.0102*** (– 4.57)	– 0.00887*** (– 6.65)	– 0.0123*** (– 5.51)
Urb	0.00227* – 2.48	0.00700*** – 3.41	0.00231** – 2.59	0.00512** – 3.24	0.00115 – 1.43	0.00487* – 2.36
FDI	– 0.00461 (– 0.31)	0.00713 – 1.8	– 0.00235 (– 0.17)	0.00304 – 0.83	– 0.00593 (– 0.41)	0.00748 – 1.88
常数项	1.018*** – 10.83	0.983*** – 5.32	1.007*** – 10.29	0.957*** – 5.92	1.221*** – 12.32	1.263*** – 6.48

注: ( ) 表示 t 统计量，*、**和***表示结果分别在 5%、1%和 0.1%有统计学意义。

　　由于 WTO 在 1995 年 1 月 1 日正式运作，产生实际效应需要一定时间的延迟，因此我们选择 1996 年作为分界。通过回归结果发现，6 个模型的虚拟变量都在 1%显著性水平上具有显著性，其他指标在不同显著性水平上具有显著性，说明各指标对 UEI 和 EEPI 的影响在 1980—1995 年和 1996—2013 年两个时期存在显著性差异。从分时段的回归分析可以看出，TS 系数前半期不显著，后半期显著且数值增大，TS/MTS 对 UEI 的影响差别不大，但是对 EEPI 前半期不显著。服务贸易限制指数（RES）后半期不显著。

模型 1 和模型 4 中的服务贸易市场份额（MS）系数在 1980 年至 1995 年不显著，而在 1996 年至 2013 年分别上升至 5.55 和 3.81。这意味着服务贸易的实际开放对能源和碳效率的影响随着时间的推移而增加。部分原因是近几年服务贸易越来越受到各国的重视，贸易量有了较大突破，也有部分原因可能是早些年的数据统计方面的欠缺。更有趣的是：对比货物贸易市场份额的系数不仅由正数变为负数，1996—2013 年回归系数的绝对值也明显比 1980—2013 年的大，这更加说明随着货物贸易发展到一定阶段，其对能源和碳排放效率反而会产生负面的影响，而服务贸易在改善能源和碳排放效率中可以起到重要的作用。因此，现代贸易应更加注重贸易量和贸易质量的提高。

研究期间，服务贸易限制指数（RES）的系数下降，其中 1996—2013 年的数值明显低于 1980—1995 年的数值。限制指数是国家政府制定出的强制执行的政策，反映的是名义上的开放程度，而服务贸易市场份额则间接地衡量了服务贸易实际操作上的开放程度。由于政策制定的初期执行力度要大于后期，所以随着时间的推移，政策性限制对能源和碳排放效率的影响逐渐减小，甚至影响变得不显著。

其他变量如能源结构，工业结构和城市化水平都呈现出轻微的后期影响大于前期的现象，FDI 的变化不大。

赵书华（2009）将中国服务贸易的行业按照劳动、资本和技术三个生产要素密集度进行分类。传统服务业一般是指与吃、穿、住、行相关的为人们生活提供服务的行业，主要依托大量简单劳动力，属于劳动密集型服务业。本书将运输，旅游，建筑，个人、文化和娱乐服务划分为传统服务贸易部门。新兴服务贸易部门包括通信，保险，金融，计算机及信息服务，特许使用费和许可证使用费，视听及相关服务，计算机服务，电信服务。其他类服务贸易部门没有包含在内，由于其贸易量较少，并不影响总体回归结果。由于数据的局限性，分部门数据时间为 2000 年至 2013 年。NEW 为新兴服务贸易部门占服务贸易总额的比重，TRA 为传统服务贸易部门占服务贸易总额的比重。回归结果如下：

表 8 - 7　　　　新兴服务贸易部门与传统服务贸易部门影响的比较

变量	UEI		EEPI	
TRA	-0.742*** (-8.65)		-0.400*** (-3.33)	
NEW		0.317*** (3.62)		0.353** (2.93)
TS/MTS	0.0648*** (4.76)	0.0856*** (6.02)	0.0816*** (4.01)	0.0854*** (4.23)
ES	-0.00435*** (-4.75)	-0.00518*** (-5.63)	-0.00558*** (-4.47)	-0.00605*** (-5.03)
IS	-0.00536** (-2.83)	-0.00365 (-1.79)	-0.0119*** (-4.30)	-0.00963*** (-3.43)
Urb	0.00711*** (5.11)	0.00855*** (6.14)	0.00409* (2.19)	0.00471** (2.62)
FDI	0.00736** (3.05)	0.00665* (2.55)	0.00181 (0.48)	0.00171 (0.45)
常数项	0.826*** (5.22)	0.213 (1.40)	1.219*** (5.72)	0.826*** (4.02)

注：( ) 为 t 统计量；*、**和***分别表示结果在 5%、1% 和 0.1% 时具有统计学意义。

如表 8 - 7 所示，新服务贸易部门系数为正，而传统服务贸易部门系数为负，表明在服务贸易中促进资本密集型和技术密集型部门将有助于提高能源和碳排放效率，而传统的服务贸易部门仍然会对效率产生负向的影响。首先，新兴服务业主要指生产者服务业和专业性服务业，这些新兴产业属于人力资本密集型，一方面，人力资本相对物质资本投入来说，其对环境的影响要小的多；另一方面，人力资本密集型的服务业对能源依赖程度大大降低。这都促使服务业及服务贸易提高了能源和碳排放效率。其次，新兴服务贸易部门集中了高科技性、高附加值等特点，在这些行业加速国家之间贸易自由化本身就非常有利于技术的积累。此外，对于很多服务行业，如金融服务、保险服务等，由于其生产和消费的同时性，导致服务的提供过程与消费过程大多不可分割，这意味着服务贸易的实施本身就伴随生产要素，如资本和劳动力等的流动，而生产要素流动带来的技术和知识的传播，决定了服务贸易的自由化将会带来更多的技术外溢效应，更有利于产业结构的优化以及有利于货物贸易向集约型增长方式的转变。所以新兴部门对能源的消耗和对环境的污染相较于运输、建筑、旅游等传统部门少，而相对于粗放型增长的货物贸易更要小得多。

然而对于中国来说，新兴服务贸易的发展情况较复杂，总体上发展较为滞后，各行业发展的差异性也较大。通信服务行业在国内虽是垄断行业，但与国际上的同行业相比，竞争力仍然较弱，保险服务、专利费服务两个行业的竞争力也一直处于弱势地位（焦晋鹏，2013）。不难发现，竞争力较弱的新兴部门较为普遍的存在不同程度的垄断和对外开放性不足的特点，因此不妨可以从提高新兴服务贸易部门的开放程度入手，加大行业内的竞争，提高行业发展水平，这对于能源和碳排放效率的提高有着显著的促进作用。

为了进一步考察国别之间的差异，将30个国家和地区以历年各国新兴服务贸易部门比重的总体平均值为界分为两组，第一组为历年平均值小于总体平均值的国家和地区①，第二组为历年平均值大于总体平均值的国家②，分别进行面板数据回归，剔除不显著的控制变量后，结果如表8-8所示。

表8-8　　　　　　　　　　　国别差异分析

变量	UEI		EEPI	
	1组	2组	3组	4组
NEW	0.193 -0.88	0.327** -2.67	0.816** -2.95	0.473** -2.85
MTS	-3.241** (-2.79)	-2.894** (-2.94)	-3.494** (-2.72)	-0.777 (-0.67)
ES	-0.00908*** (-8.08)	-0.00288 (-1.88)	-0.0103*** (-9.13)	-0.00440* (-2.55)

---

①　第一组国家有：澳大利亚、奥地利、中国、丹麦、法国、希腊、香港（中国）、意大利、日本、韩国、马来西亚、挪威、波兰、葡萄牙、新加坡、西班牙、泰国和土耳其。

②　第二组国家有：巴西、加拿大、芬兰、德国、印度、爱尔兰、以色列、荷兰、瑞典、瑞士、英国和美国。

续表

变量	UEI		EEPI	
	1 组	2 组	3 组	4 组
IS	−0.00185 (−0.84)	−0.00991** (−3.15)	−0.00605** (−2.99)	−0.0159*** (−3.40)
Urb	0.00904*** −5.06	0.00858*** −3.35	0.000665 −0.49	0.00557* −2.28
FDI	0.0191* −2.52	0.0101** −3.06	0.0213* −2.23	0.0037 −0.72
常数项	0.633*** −3.32	0.383 −1.55	1.471*** −8.71	0.863** −2.92
N	252	168	252	168

注：（ ）为 t 统计量；*、**和***分别表示结果在5%、1%和0.1%时具有统计学意义。

对于统一效率指数（UEI）来说，第一组国家新兴部门比重的系数并不显著，第二组国家不仅显著而且系数大于第一组国家，这是由于UEI指数涵盖了资本和劳动力两个因素，而新兴服务贸易部门又属于人力资本和技术密集型，因此新兴部门比重高的国家其服务贸易发展对统一效率指数的提高更为显著。然而，若单纯考虑能源环境绩效指数（EEPI），第一组国家的系数大于第二组国家。由于其剔除了资本和劳动力的因素，单纯地衡量能源投入与产出之间的效率关系，似乎能说明目前服务贸易结构欠优化的国家在效率方面存在"追赶效应"，意味着在服务贸易处于起步阶段或发展阶段的国家扩大开放能够更大程度地提升能源和碳排放效率。同时，在欧盟国家，最早开始开放服务市场的英国和荷兰，其企业在强大竞争压力下早已呈现采取新技术的倾向，而希腊、意大利、葡萄牙和西班牙开放服务市场严重滞后，新技术的采用相对落后（李慧中，2000），可见技术因素在很大程度上影响着统一效率指数的提高。因此，对中国而言，应努力拓宽技术吸收渠道。此外，发达国家也应尽力帮助发展中国家推动技术进步，这对全球的碳排放效率提高有着重要意义。

我们在模型中进一步添加国家虚拟变量和时间虚拟变量，以测试自

变量和因变量之间的因果关系以及模型的稳健性（Greene，2000；Balta-
gi，2001）。结果如表 8 - 9 至表 8 - 11 所示。

表 8 - 9　　　　　　　　　基于特定时间效应模型的结果

变量	UEI			EEPI		
	模型 1	模型 2	模型 3	模型 4	模型 5	模型 6
TS	6. 921*** (15. 18)			6. 083*** (11. 36)		
TS/MTS		0. 115*** (14. 63)			0. 079*** (8. 53)	
RES			- 0. 006*** (0. 000)			- 0. 006*** (0. 000)
MTS	- 5. 322*** (- 11. 34)		1. 152*** (7. 30)	5. 121*** (- 9. 30)		0. 548*** (2. 96)
ES	- 0. 003*** (- 14. 85)	- 0. 004*** (- 14. 72)	- 0. 003*** (- 15. 92)	- 0. 005*** (- 18. 38)	- 0. 005*** (- 18. 35)	- 0. 005*** (- 19. 61)
IS	- 0. 004*** (- 7. 33)	- 0. 004*** (- 6. 60)	- 0. 007*** (- 13. 58)	- 0. 004*** (- 5. 52)	- 0. 004*** (- 5. 70)	- 0. 006*** (- 10. 39)
Urb	0. 004*** (15. 76)	0. 005*** (18. 12)	0. 002*** (9. 42)	0. 002*** (5. 93)	0. 002*** (7. 33)	0. 000 (0. 48)
FDI	0. 007** (2. 19)	0. 014*** (5. 66)	0. 006** (2. 00)	0. 006 (1. 60)	0. 007** (2. 37)	0. 005 (1. 50)
常数项	0. 551*** (16. 89)	0. 395*** (10. 97)	0. 914*** (27. 45)	0. 914*** (23. 88)	0. 827*** (19. 55)	1. 267*** (32. 47)

注：( ) 表示 t 统计量，** 和 *** 表示结果分别在 1% 和 0.1% 有统计学意义。

表 8 - 10　　　　　　　　　国家效应模型的结果

变量	UEI		EEPI	
	模型 1	模型 2	模型 3	模型 4
TS	3. 933*** (7. 53)		1. 679** (2. 23)	
TS/MTS		0. 074*** (11. 21)		0. 046*** (4. 70)
MTS	- 4. 706*** (- 9. 14)		- 4. 066*** (- 5. 48)	

续表

变量	UEI		EEPI	
	模型1	模型2	模型3	模型4
ES	−0.006*** (−11.41)	−0.006*** (−11.86)	−0.005*** (−6.10)	−0.005*** (−6.90)
IS	−0.005*** (−6.79)	−0.006*** (−8.26)	−0.009*** (−8.54)	−0.011*** (−10.17)
Urb	0.008*** (12.41)	0.006*** (10.39)	0.007*** (8.21)	0.006*** (6.79)
FDI	0.015*** (7.15)	0.012*** (5.91)	0.016*** (5.00)	0.011*** (3.52)
常数项	0.568*** (10.33)	0.600*** (11.44)	0.733*** (9.24)	0.810*** (10.44)

注：（）表示 t 统计量；** 和 *** 表示结果分别在 1% 和 0.1% 有统计学意义。

表 8 −11　　　　　　　　双向误差分量模型的结果

变量	UEI		EEPI	
	模型1	模型2	模型3	模型4
TS	2.856*** (7.06)		1.526* (1.88)	
TS/MTS		0.056*** (10.85)		0.027*** (2.85)
MTS	−2.682*** (−6.49)		−2.314** (−2.83)	
ES	−0.005*** (−11.38)	−0.005*** (−11.57)	−0.004*** (−5.64)	−0.004*** (−5.72)
IS	−0.001** (−2.24)	−0.001*** (−2.61)	−0.006*** (−5.80)	−0.007*** (−6.70)
Urb	0.003*** (3.80)	0.003*** (5.45)	0.000 (0.35)	0.001 (1.25)
FDI	0.009*** (5.07)	0.008*** (4.89)	0.012** (2.89)	0.008** (2.48)
常数项	1.028*** (21.52)	1.012*** (22.86)	1.085*** (10.12)	1.144*** (13.90)

注：（）表示 t 统计量，*、** 和 *** 表示结果分别在 5%、1% 和 0.1% 有统计学意义。

回归中的估计系数具有统计显著性，说明自变量与因变量之间存在真正的因果关系，本研究的实证结果具有很强的稳健性。

第五节　本章小结

一、主要研究结论

本章通过实证分析检验了服务贸易自由化对能源和二氧化碳排放效率的实际影响。运用 UEI 和 EEPI 两个新指标测算了 2013 年服务贸易出口额最大的 30 个国家能源和二氧化碳排放效率的表现。得出如下结论，首先，在三十个国家中，大多数国家能源使用和二氧化碳排放效率表现较好（各国历年 UEI 平均值为 0.47，EEPI 为 0.33）；其次，不同国家表现差别较大，西欧和北欧等高收入国家表现好于其他国家，亚洲发展中国家效率大幅低于其他高收入国家；最后，各国整体效率在 1980—2013 年有较大幅度的提高（UEI 平均增长率 45.39%，EEPI 平均增长率 61.38%），呈现稳步上升的趋势，但是仍不乏有土耳其、马来西亚、印度和泰国效率呈现小幅下降的态势。

利用 Tobit 模型考察了服务贸易自由化程度对能源和二氧化碳排放效率的影响，并进一步分析该作用的时间趋势，新兴部门与传统部门的行业分化以及国别差异。主要发现如下：一是服务贸易的自由化会对能源和碳排放效率产生积极的影响，而货物贸易在后期会对效率产生消极的影响，中国的加工贸易及服务贸易发展不充分阻碍了节能效率的提高。二是服务贸易自由化对效率的影响程度随着时间的推移而增强，在现阶段低碳全球化的背景下发展服务贸易显得尤为重要。三是新兴服务贸易部门对效率存在积极的改进功能，而传统服务贸易部门不仅不促进效率提高反而带来负作用，因此当前政府不仅要推进制造业和产品贸易向服务贸易的转型，更要注重服务贸易产业间的结构升级，从而提升能源使用和集约效率。四是服务贸易自由化程度较低的国家在能源和碳排放效率上存在"追赶效应"。实证结果表明，服务贸易较落后的国家，尤其是发展中国家扩大开放能够更大程度地提高效率。因此发达国家应积极将发展中国家纳入全球性的贸易组织，这对全球减排有着重大的积极意义。

二、提升能源和碳排放效率的政策建议

结合本书对能源和碳排放效率影响因素的分析，我们提出以下政策建议以促进能源和碳排放效率的改善。首先，由前文分析可知服务贸易通过提高经济效率，技术外溢和规模效应等进而促进效率提高。因此应大力拓宽服务贸易开放渠道。上海自贸区、福建自贸区、中韩自贸区等为服务贸易自由化进程提供良好的开端，同时政府应积极融入世界性的自由贸易组织。其次，培育大型服务企业，通过财政、税收、信贷、改革等方面的政策支持，给予企业发展服务贸易合理优惠和合法补贴，推动服务企业走出去提高本国市场份额。最后，新兴服务贸易部门相对于传统服务贸易部门对效率产生更积极的影响，因此应优化服务贸易内部结构，使服务贸易由劳动密集型向资本和技术密集型转移。加强政策支持推动新兴服务贸易部门的发展，比如在保证金融安全的基础上适当取消 FDI 的限制，允许资本自由流动，提高金融、保险、咨询等服务的竞争力，进而通过产业结构升级有效降低对能源的依赖程度。除此之外，改善能源结构，加大力度研发新的替代能源与使用清洁能源的企业，对开展环保项目的企业给予适当的资金补助也是提高能源和碳排放效率的一大助力。

第九章 中国工业能源效率：
基于技术差距视角的研究

第一节 工业能源效率概述

改革开放以来，中国经济稳定增长，但粗放式增长模式造成能源消耗过度，对中国绿色发展和低碳转型形成严峻挑战。根据英国石油公司《世界能源统计年鉴（2019）》，中国已连续18年成为全球最大的能源消耗量增长市场。2018年，中国作为世界第一大能源消费国，其能源消费量占全球能源消费的比重为23.6%，对全球能源消费增长的贡献率为34%。根据世界银行发展指数，2016年中国每增加1亿美元GDP需要消耗约24834吨标准油。同时，中国能源强度是日本的1.81倍，德国的1.86倍，与一些能源强度较低的国家存在较大差距，表明中国在提高能源效率方面的潜力。

工业部门在产出和能源消耗方面都对中国经济发展至关重要。中国工业部门的能源消耗从1980年的4.1亿吨标准煤增加到2016年的29亿吨标准煤，占全国能源消耗的70%，远远超过世界平均水平（54%）。2017年中国工业增加值（Industrial Value Added，IVA）约占国内生产总值（GDP）的34%，表明工业部门能源消耗处于较高水平。因此，优化工业部门能源使用结构是中国减少能源消耗和能源强度的主要驱动力。

以工业部门为中心，通过提高能源效率来促进节能减排的方式，已经成为以减少整体能源的需求、成本和消耗为目的的中国能源环境政策的关键。例如，在"十二五"规划（2011—2015 年）期间，工业能效从每吨标准煤 6589 元提高到每吨标准煤 8283 元（2010 年不变价格）。近年来，高耗能行业的能源强度已大幅下降。根据中国国家统计局 2018 年统计数据：2017 年六大高耗能行业的能源强度比 2012 年下降了 23.2%，平均每年下降 5.2%。经济结构的变化，特别是工业内部结构的优化，有利于工业领域能源消耗的降低。目前中国通过"蓝天保卫战"① 大力治理环境污染，减少污染，提高工业能源效率。例如，通过淘汰落后产能，收紧工业节能标准，优化产业结构来提高工业能源效率。在"十三五"规划期间（2016—2020 年），以加强工业节能为目的，中国制定了控制能源消耗和能源强度的"双控"目标。到 2020 年，规模以上工业单位增加值能耗比 2015 年下降 18% 以上。因此，国家应优先考虑工业部门节能和提高工业部门能源效率。

中国各地区工业能源效率由于资源禀赋和科技经济发展不同而存在明显区域性差异。规模以上工业企业单位增加值能耗较低的省份主要分布在中国东部地区，而高耗能、高排放、资源型工业企业主要集中在中西部地区。从规模以上工业企业单位增加值能耗来看，宁夏是能源密集度最高的省份（2016 年为 1574 吨标准煤/百万元），而北京是能源密集度最低的省份（95 吨标准煤/百万元）。特别地，中国东部、中部和西部地区的能源密集型产业的能源强度分别下降了 70.92%、61.26% 和 46.58%（Tan 和 Lin，2018），这表明中国各区域的工业部门在节能技术上存在异质性。

考虑到中国幅员辽阔，区域经济和技术水平的发展存在不平衡，在衡量工业能耗绩效时，有必要将区域间的技术差异考虑在内。否则，未观察到的生产技术差异可能会被错视为能源效率低下（Lin 和 Du，2014）。作为政府制定差异化节能政策的基础，中国各地区工业能效差异

---

① "蓝天保护行动"提出，2020 年中国主要大气污染物排放总量应比 2015 年下降 15% 以上，$PM_{2.5}$ 指数应下降 18% 以上。

值得深入研究。在环境治理制约下，中国东部地区高耗能产业正逐步向中西部地区转移，这将带来两方面的影响：一方面，高耗能产业的跨区域转移可能对中西部地区的能源消耗和环境治理带来挑战；另一方面，其为中国中西部地区通过技术转移和溢出效应加快产业升级提供机会。

通过考虑不同地区工业部门的技术异质性，本章采用 SFA 共同边界方法（Meta–frontier SFA Analysis Method）来估计中国工业部门能源效率。该方法能够评估不同技术水平下的技术差距比（Technological Gap Ratio，TGR）以及相对于现有潜在技术的能源效率。我们从中国各地区工业部门技术差异的角度出发，在考虑地区技术异质性基础上，以能源密集度为依据，对中国各省进行了分类探究。此外，通过对中国 30 个省级行政区 1997—2016 年的能源效率进行测量，为中国工业部门技术差异提供新证据，具有一定的理论价值和实践意义。然而，现有关于不同地区工业部门能源效率和工业部门间 TGR 的证据仍不一致，本章的结论同时为中国地区工业能源效率相关研究提供补充依据。

第二节　能源效率评估的国内外研究进展与评述

对不同国家或者地区能源效率进行评估，不仅有助于提高公众对能源绩效和可持续发展的认识，还能够为政策制定者提高能源绩效提供客观参考依据。能源效率与生产技术和运营能力在理论上存在直接相关关系，前者指的是生产边界，其反映特定产出水平下的最小能源投入；后者指的是在特定生产技术条件下利用能源投入的能力。如果企业实际能源投入偏离了生产边界的参照点，表明发生了能源无效率生产，企业可以通过提高运营能力来实现节能潜力以改善能源效率。近年来，能源消耗增加而引起的气候变化问题引起了学术界广泛关注，越来越多的文献致力于发展对整个经济体能源效率的测度方法，以期能更为准确地研究能源消耗问题。

衡量能源效率的指标可以分为两类：部分要素能源效率（PFEE）和全要素能源效率（TFEE）（Yang 和 Pollitt，2009）。PFEE 由能源投入和产出的比例关系所定义（Patterson，1996），该指标直观且易操作，可以通过不同的分解方法将其分解为结构和效率两部分，分别考察产业结构和技术进步对企业能源效率的贡献程度。目前分解分析法已被广泛用于研究 PFEE 的影响因素（Ang 和 Choi，1997；Ang 和 Zhang，2000；Liao 等，2007；Inglesi - Lotz 和 Pouris，2012；González，2015）。例如，Zha 等（2009）使用算术平均指数（AMDI）和对数平均指数（LMDI）评估 1993—2003 年中国非工业部门对工业能源强度的结构影响和强度影响。一些最新研究包括 Mousavi 等（2017）、Tan 和 Lin（2018）、Wang 和 Feng（2018）以及 Liu 等（2019）也运用了该方法思想。

然而，由于 PFEE 指标忽视了资本、劳动力等其他投入要素在生产过程中的贡献和替代效应，以及各种与能源非效率相关的市场因素对能源投入的影响，不少研究者对该指标提出质疑。鉴于此，Hu 和 Wang（2006）提出全要素能源效率（TFEE），并将其定义为最优与实际能源投入的比率，同时将资本、劳动力等生产要素纳入效率分析框架。边界分析方法可以用于估计 TFEE 指标，其包括非参数边界方法和参数边界方法，非参数边界方法是通过分析数据形成一个非参数线性包络凸性作为生产的边界，而参数边界方法在假定边界是确定的基础上，需要特定的函数和测量方法来拟合样本点。Zhou（2012）利用一种参数化边界方法，从生产效率的角度来估计 OECD 国家的能效表现，结果表明，与非参数化边界方法相比，参数化边界方法在能效表现测量中具有更高的判别能力。

估计 TFEE 指标的主要方法有数据包络分析法（DEA）和随机边界分析（SFA）。数据包络分析（DEA）最早由 Charnes 等（1978 年）提出，是近年来分析 TFEE 最流行的非参数边界方法之一（Honma 和 Hu，2008；Mukherjee，2010；Zhang 等，2011）。有以下两方面原因，其一，DEA 不需要在边界上强加一个函数形式，可以避免模型的错误指定；其二，DEA 方法很灵活，可以无限期地改进，适用于大多数效率估计模型。

然而，DEA 方法的应用存在以下局限性。第一，当研究数据含有统计误差时，基于 DEA 模型的实证结果会对异常值变得相当敏感（Zhou 等，2012）。第二，由于 DEA 方法中没有规定确定性边界的函数形式（Choi 等，2012），不能提供任何关于生产行为的信息，并将所有偏离边界线的情况都视为无效率，这可能会导致高估无效率。

相比之下，由 Aigner 等（1977）以及 Meeusen 和 Van Den Broeck（1977）提出的随机边界分析法（SFA）规定了生产函数形式并考虑了其他随机因素，由于 SFA 方法可以分辨出各种因素对无效率的影响，成为 TFEE 分析中最常用的参数化边界方法之一（Fu 和 Wu，2007；Lin 和 Du，2013）。与 DEA 方法不同的是，SFA 将决策单元（Decision - making unit，DMU）偏离技术边界的情况分为两部分：一部分由无效率造成，另一部分由随机误差造成（Boyd，2008）。近年来 SFA 被越来越多地应用于 TFEE 研究中。例如，Buck 和 Young（2007）通过应用随机边界方法研究了影响加拿大商业建筑领域能源效率的因素。Rahman 和 Hasan（2014）采用随机边界方法来估计孟加拉国小麦种植的生产率和能源效率。SFA 方法已经被应用于衡量中国不同工业部门的效率。例如，Lin 和 Yang（2013）使用 SFA 模型来估计中国电力部门的煤炭投入效率。Lin 和 Wang（2014）基于超额能源投入的随机边界模型分析了中国钢铁行业的全要素能源效率水平。Lin 和 Long（2015）采用 SFA 方法，基于超越对数生产函数测算了中国化工行业的能源效率和节能潜力。Xie 等（2018）估计 2007—2016 年中国省级交通部门的能源效率以及节能潜力。由此可见，随机边界分析（SFA）在用于能源效率估算的参数研究方法中受到学者的欢迎。

需要指出的是，DEA 方法和 SFA 方法都基于所有 DMU 的技术水平同质的假设，然而现实中由于地理位置、资源禀赋、经济发展阶段等方面的差异，不同 DMU 的技术水平是不同的。Wang 等（2013）按照地理位置划分了中国 29 个省级行政区而忽略了各省之间的技术异质性。据此，如何在能源效率估算中考虑异质性技术引起了越来越多学者的关注。例如，Battese 等（2004）在 SFA 中引入 meta - frontier 包络函数来评价同质技术下各组的技术效率，并使用 TGR 来衡量各组与共同边界的潜在效率比。共同边界框架下的能源效率估计随之产生。Oh 和 Lee（2010）提出了基于共同边界分析框架的 Malmquist 生产力指数，可用于估计不同技术下的技术差距及其变化。为考虑韩国电力技术的异质性，Zhang 等（2013）提出了一个共同边界非径向方向性距离函数来模拟能源和二氧化碳的排放情况。Honma 和 Hu（2018）使用以投入为导向的两阶段 SFA 方法，测量了日本 47 个地区的共同边界 TFEE，并发现了造成低效率的主要原因。在估计 TFEE 时忽略技术异质性可能会导致有偏估计，这是因为未考虑的技术异质性可能会被误认为是能源低效率。

还有一些论文使用参数化的 metafrontier 方法并结合 SFA，评估了中国不同地区的工业部门的能源效率。Lin 和 Du（2014）使用潜在类别 SFA 方法，在考虑技术异质性的基础上，测量中国不同地区的能源效率。Lin 和 Zhao（2016）采用非参数共同边界方法来估计中国纺织业的地区能源效率。Zheng 和 Lin（2017）采用 DEA 方法来衡量中国造纸业的区域 TFEE。Qi 等（2019）采用 DEA 估计了 60 个"一带一路"倡议国家的 TFEE，但忽略了国家间的技术异质性。目前大量文献表明，中国不同地区的工业部门之间的确存在明显的技术差距（Wu 等，2012；Wang 和 Feng，2019）。然而，结合中国各地区工业部门技术异质性并利用共同边界分析中国工业能源效率的文献仍然较少。为了获得更准确的估计值，本章采用参数化的共同边界 SFA 分析方法（parametric meta‑frontier SFA analysis method）来估计技术异质性视角下的工业能源效率和 TGR，补充了有关 TFEE 指标估计的文献结论。

第三节　能源效率测度模型构建：
基于地区技术差距视角

一、能源效率测度

按照新古典的单部门生产模型，本节构建了一个包括生产投入和产出的生产可能集，能源（E）、劳动力（L）和资本（K）等要素被视为生产投入，工业增加值（IVA）被视为各个 DMU① 生产过程中的产出（Y）。假设所有的 DMU 可以根据其生产技术的差异分为 K 个组，则第 k 组的生产可能性集可以描述为：

$$T^k = \{(E,L,K,Y) : (E,L,K) \ can \ produce \ Y\} \qquad (9-1)$$

每个组内部的能源效率可以通过建立一个共同的边界来进行评估，也就意味着，各个组别中所有可行的投入和产出都可以被归为同一个技术集。根据生产理论，T 表示投入—产出的集合，通常被假定为是有界封闭的，可用来表示 DMU 的生产技术。此外，我们假设生产的投入和产出具有很强的灵活性：

$$(L',K',Y') \in T \ if \ (L',K',Y') \geqslant (L,K,Y) \ and \ Y' < Y$$

在给定的劳动（$\bar{L}$），资本（$\bar{K}$）和产出水平（$\bar{Y}$）下，第 k 组进行相应生产活动所需的能耗为：

$$EI^k = \{E : (E,\bar{L},\bar{K},\bar{Y}) \in T^k\} \qquad (9-2)$$

参照 Zhou 等（2012），在某组别特定的生产技术下，Shephard 能源距离函数定义为：

$$D_E^k(E,L,K,Y) = sup\{\theta : (E/\theta,L,K,Y) \in T^k\} \qquad k = 1,\cdots,K$$
$$(9-3)$$

与 Hu 和 Wang（2006）的定义不同，Shephard 能源距离函数并不需要同时调整所有的生产投入。式（9-3）指出了在保持劳动和资本投入及产出不变的情况下，能源投入的最大减少率，这可以用来估计各个 DMU 的能源消耗。图 9-1 展示了 Shephard 能源距离函数的图像，曲线（C）表示变量 E 和其他投入的等产量线。对于 DMU（A），我们可以保持其他投入不变，并减少其目前的能源使用水平，以达到相应产量，能源投入的单方向调整使 DMU（A）节省更多的能源。因此，Shephard 能源距离函数等于 IA/IB 的比率。

---

① 本研究的 DMU 是指中国第 i 省的工业部门。

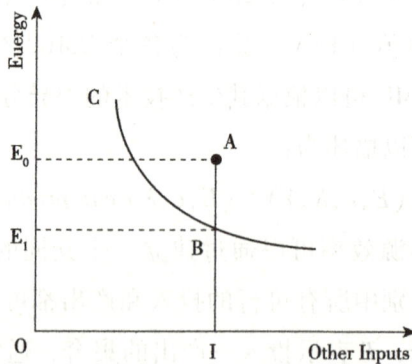

图 9 - 1　Shephard 能源距离函数图解

根据 Shephard 能源距离函数的定义，$E/D_E^k(E,L,K,Y)$ 可以反映在 DMU 是能源有效率的假设下的最小能源使用水平。

那么，相对于当前特定组别技术的全经济体能源效率指数（以下简称 EEI），即前文所假设的能源使用与实际能源使用的比率：

$$EEI^k = 1/D_E^k(E,L,K,Y), k = 1, \cdots, K \qquad (9-4)$$

此外，我们建立了共同边界来衡量群组边界（group frontiers）和共同边界（潜在技术水平）之间的 TGR。与群组边界不同，共同边界是在基于中国各地区所有工业部门都有可能获得同质技术假设前提下而得到的。因此，共同边界下的所有组别的共同潜在生产技术可以被定义为：

$$P^* = \{P^1 \cup P^2 \cup \cdots \cup P^k\} \qquad (9-5)$$

$$P^* = \{(E,L,K,Y) : (E,L,K) \ can \ produce \ Y\} \qquad (9-6)$$

相对于共同边界的能源投入（EI）要求可以表示为：

$$EI^* = \{E : (E,\overline{L},\overline{K},\overline{Y}) \in P^*\} \qquad (9-7)$$

相似地，相对于共同边界的 Shephard 能源距离函数可以表示为：

$$D_E^*(E,L,K,Y) = sup\{\theta : (E/\theta,L,K,Y) \in P^*\} \qquad (9-8)$$

因此，相对于共同边界，整个经济体的 EEI 被定义为：

$$EEI^* = 1/D_E^*(E,L,K,Y) \qquad (9-9)$$

式（9-5）意味着共同边界是群组边界的包络曲线。因此，基于共同边界的 Shephard 能源距离函数与各组特定边界之间的关系可以描述为：

$$D_E^*(E,K,L,Y) \geqslant D_E^k(E,K,L,Y) \Rightarrow EEI^* \leqslant EEI^k \qquad (9-10)$$

O'Donnell 等（2008）的研究发现，TGR 作为衡量群组边界与共同边界的接近程度的指标，可以定义成：一个 DMU 在共同边界下的能源效率与各组特定边界下的能源效率之比：

$$TGR^k(E,K,L,Y) = \frac{E/D_E^*(E,K,L,Y)}{E/D_E^k(E,K,L,Y)} = \frac{EEI^*}{EEI^k} \qquad (9-11)$$

根据式（9-11）有 $0 \leqslant TGR^k \leqslant 1$；因此，TGR 的值越大，表明实际生产效率越接近生产技术的潜在水平。

式（9-12）为相对于共同边界的 EEI 的分解形式：

$$EEI^* = EEI^k \times TGR^k \qquad (9-12)$$

图 9-2 展示的是 EEI 和 TGR 的图像说明。共同边界（M-M'）代表所有 DMU 的潜在技术水平，群组边界（1-1'、2-2'和 3-3'）反映了每个组的实际技术水平。曲线为在 L 和 K 固定的情况下，E 作为变量的等产量线。假设 DMU（A_1）属于第 1 组，DMU（A_1）的能源效率相对于第 1 组的边界等于 B_1D_1/A_1D_1，而相对于共同边界，其等于 C_1D_1/A_1D_1。在给定劳动和资本投入数量相同的情况下，相对于群组边界 1，我们需

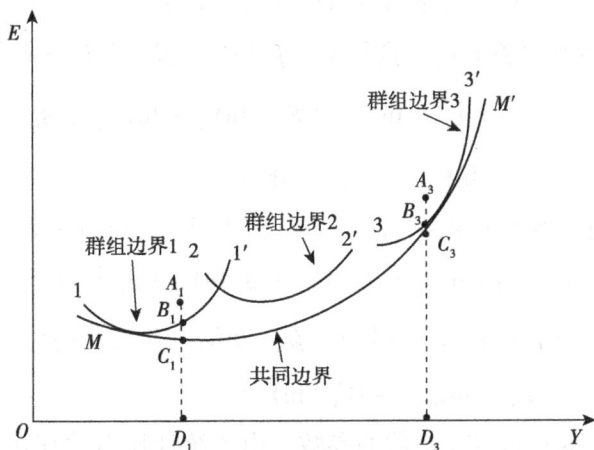

图 9-2　EEI 和 TGR 图形描述

要使用比共同边界多消耗 B_1C_1 的 B_1D_1 来生产等量产出（OD_1）。然而，假设 DMU（A_3）属于第 3 组，在这种情况下，由于其更接近共同边界，所以第 3 组的实际能源使用（B_3D_3）和最佳能源使用（C_3D_3）之间的差距较小。

二、参数化共同边界模型

在 Zhou 等（2012）模型推测的基础上，本书对具有超越对数形式的组别特定距离函数的计量模型定义为：

$$-\ln E_{it}^k = \beta_0 + \beta_L \ln L_{it}^k + \beta_K \ln K_{it}^k + \beta_Y \ln Y_{it}^k + \beta_{LK}\left[\ln L_{it}^k \times \ln K_{it}^k\right]$$
$$+ \beta_{LY}\left[\ln L_{it}^k \times \ln Y_{it}^k\right] + \beta_{KY}\left[\ln K_{it}^k \times \ln Y_{it}^k\right] + \beta_{LL}\left[\ln L_{it}^k\right]^2$$
$$+ \beta_{KK}\left[\ln K_{it}^k\right]^2 + \beta_{YY}\left[\ln Y_{it}^k\right]^2 + V_{it}^k - U_{it}^k \qquad (9-13)$$

其中，V_{it}^k 是服从独立同分布的随机干扰项，且 $U_{it}^k \equiv \ln D_E^k(E_{it}, L_{it}, K_{it}, Y_{it})$ 与它相互独立。根据 Battese 和 Coelli（1992），我们假设 $U_{it}^k = U_i^k exp(-\eta(t-T))$，其中 U_i^k 满足在零处截断的正态分布的非负随机变量。在 Battese 和 Coelli（1992）所使用的方法的基础上，相对于各组的群组边界，i 地区工业部门在 t 时期能源效率指数（EEI）可被预测为：$EEI_{it}^k = \exp(-U_{it}^k)$。

根据式（9-13），各组的群组边界可以表示为：

$$-\ln \hat{E}_{it}^k = \hat{\beta}_0 + \hat{\beta}_L \ln L_{it}^k + \hat{\beta}_K \ln K_{it}^k + \hat{\beta}_Y \ln Y_{it}^k + \hat{\beta}_{LK}\left[\ln L_{it}^k \times \ln K_{it}^k\right]$$
$$+ \hat{\beta}_{LY}\left[\ln L_{it}^k \times \ln Y_{it}^k\right] + \hat{\beta}_{KY}\left[\ln K_{it}^k \times \ln Y_{it}^k\right] + \hat{\beta}_{LL}\left[\ln L_{it}^k\right]^2$$
$$+ \hat{\beta}_{KK}\left[\ln K_{it}^k\right]^2 + \hat{\beta}_{YY}\left[\ln Y_{it}^k\right]^2 \qquad (9-14)$$

进一步地，参考 Battese 等（2004），共同边界可以被表示为：

$$-\ln E_{it}^* = \beta_0^* + \beta_L^* \ln L_{it} + \beta_K^* \ln K_{it} + \beta_Y^* \ln Y_{it} + \beta_{LK}^*\left[\ln L_{it} \times \ln K_{it}\right]$$
$$+ \beta_{LY}^*\left[\ln L_{it} \times \ln Y_{it}\right] + \beta_{KY}^*\left[\ln K_{it} \times \ln Y_{it}\right] + \beta_{LL}^*\left[\ln L_{it}\right]^2$$
$$+ \beta_{KK}^*\left[\ln K_{it}\right]^2 + \beta_{YY}^*\left[\ln Y_{it}\right]^2 \qquad (9-15)$$

其中上标 * 表示共同边界函数的参数。由于统计噪声的存在，可能导致共同边界不能成为某些群组边界的一个包络。在这种情况下，由两步

SFA 方法产生的 TGR 分数可能大于 1。因此，Battese 等（2004）提出了一个线性编程模型来估计共同边界。我们遵循 Battese 等（2004）的观点，先使用 SFA 来估计群组边界，然后使用线性规划模型来估计共同边界。

为了确保共同边界是各组群组边界的包络曲线，需要以下条件：

$$-\ln E_{it}^* \geqslant -\ln \hat{E}_{it}^k \qquad (9-16)$$

根据 Battese 等（2004）观点，可以利用一个简单的最优化问题来得到共同边界模型的参数：

$$Min \mid \ln \hat{E}_{it}^k - \ln E_{it}^* \mid$$

$$s.t. \ -\ln E_{it}^* \geqslant -\ln \hat{E}_{it}^k \qquad (9-17)$$

这时，可以定义 TGR 为：

$$TGR_{it} = \hat{E}_{it}^* / \hat{E}_{it}^k \qquad (9-18)$$

因此，相对于共同边界的能源效率可以用以下式子计算：

$$EEI_{it}^* = EEI_{it}^k \times TGR_{it} \qquad (9-19)$$

三、研究数据来源

本章省级面板数据涵盖中国 30 个省份工业部门 1997—2016 年的数据，由于数据可得性问题，未考虑西藏。其中，各省市工业部门产出（Y）由工业增加值（IVA）表示，生产投入变量包括劳动（L），资本（K）以及能源消耗（E）。

工业部门产出（Y）：1997—2016 年的工业增加值（IVA）数据来源于《中国统计年鉴》（1997—2017）以及各省市 1997—2017 年的统计年鉴。IVA 以 1997 年的价格计算，单位为亿元。

劳动投入（L）：劳动投入由工业部门的劳动力数量来测度。相关数据来源于国泰安数据库（2019）。工业部门的总劳动力投入量等于三个子行业（采矿业、制造业和电力、热力、燃气及水生产和供应业）的就业量总和。

资本投入（K）：由 Gordon Smith 在 1951 年提出的永续盘存法

（PIM）是计算资本存量最常用的方法。PIM 方法可以将资本投入表示为 $K_t = I_t + (1 - \alpha_t) K_{t-1}$，其中 K_t 是 t 年工业部门的资本存量，I_t 是 t 年的工业固定资产投资额，α_t 是资本折旧率，本章所采用的资本折旧率来源于 Wu（2016）。固定资产投资数据来自《中国统计年鉴》（1997—2017），并按照固定资产投资价格换算成 1997 年的不变价格。初始资本存量的数据采用 1997 年的固定资产净值，数据来源于《中国工业交通能源五十年统计资料汇编》（1949—1999）。

能源消耗（E）：各个省份工业部门能源消耗数据来源于《中国能源统计年鉴》（1997—2017）中的区域能源平衡表，部分缺失数据利用线性插值法补充。该指标的单位为百万吨标准煤。

第四节　考虑地区技术差距的工业能源效率

一、基于聚类分析的区域划分

中国各省一般按地理位置划分为三个区域：东部、中部和西部地区。尽管这样的分类在一定程度上可以区分各地区的经济发展水平，但它不能阐明生产技术水平巨大的区域异质性。因此，如果不考虑中国各省工业部门的技术异质性，对能源效率的估计会产生偏差。能源强度指标可以反映不同地区工业部门的异质性生产技术水平，因此我们选择采用能源强度指标将中国各省的工业部门划分为不同的组别，以此作为界定群组边界（group frontiers）的标准。具体地说，我们采用聚类分析的方法，将中国各省的工业部门划分为三组（见图 9 - 3）。第一组由中国东部地区的 7 个省市（北京、天津、上海、江苏、浙江、福建、广东）的工业部门组成。第二组由中部地区 14 个省市（辽宁、吉林、黑龙江、安徽、江西、山东、河南、湖北、湖南、广西、重庆、四川、云南和陕西）的工业部门组成。第三组由西部地区 9 个省市（河北、山西、内蒙古、海南、贵州、甘肃、青海、宁夏和新疆）的工业部门组成。

聚类分析树状图

图9-3　基于能源强度指标的中国省级行政区工业部门聚类分析

　　探讨各组间能源强度的差异具有重要意义。具体来说，东部地区（第一组）工业部门的能源强度最低（平均值为1.63吨标准煤/万元），其次是中部地区（第二组），平均值为2.88吨标准煤/万元。西部地区（第3组）工业部门的能源强度最高（平均值为5.73吨标准煤/万元）。

　　经过区域划分的聚类分析，表9-1报告了1997—2016年三组工业部门的投入和产出变量的描述性统计。

表9-1　　　　　　　1997—2016年三组工业部门变量的描述性统计

变量名称	单位	组别	观察数	均值	标准差	最小值	最大值
工业增加值（Y）	百万元人民币	第一组（东部地区）	140	2780.80	1802.78	649.18	6664.63
		第二组（中部地区）	280	1678.91	1131.47	544.48	5891.49
		第三组（西部地区）	180	728.41	824.18	66.05	3600.14
劳动力数量	十万人	第一组（东部地区）	140	247.28	186.55	80.30	1055.37
		第二组（中部地区）	280	167.98	101.57	57.57	535.61
		第三组（西部地区）	180	73.55	61.60	9.6	294.7
能源消耗	百万吨标准煤	第一组（东部地区）	140	4486.95	3515.96	819.46	15389.02
		第二组（中部地区）	280	4751.77	3412.33	993.33	19302.79
		第三组（西部地区）	180	3721.02	3953.12	117.02	18278.66
固定资产净值	亿元人民币	第一组（东部地区）	140	16417.29	23560.85	1106.79	147296.80
		第二组（中部地区）	280	14631.78	19475.12	634.83	128592.70
		第三组（西部地区）	180	7675.40	12586.13	177.7	81539.84

二、中国地区工业部门的技术差距比（TGR）

表9-2报告了群组边界（group frontiers）、混合边界（pooled frontiers）和共同边界（meta-frontier）的参数估计值。不同组别之间的参数估计值存在很大差异。为了便于比较，我们采用相同的回归方法对所有地区工业部门的混合模型进行估计。我们进行对数似然比（LLR）检验以检验各组之间的边界是否显著不同。原假设为不同组别的边界是相同的。备择假设是所有组的边界都是不同的。似然比（LR）统计量定义为 $\lambda = -2\{\ln[L(H_0)] - \ln[L(H_1)]\}$，其中 $\ln[L(H_0)]$ 是混合模型的对数似然函数的值，$\ln[L(H_1)]$ 是三组边界的对数似然函数的值之和。通过计算，LR统计量的值为271.0174，表明三个地区组别的边界是不同的。换言之，中国不同地区的工业部门确实存在技术异质性。

表9-2　　群组边界、混合边界和共同边界的参数估计

系数	第一组	第二组	第三组	混合边界	共同边界
β_0	-14.6250***	-12.7322***	-0.4008	2.0506***	-0.8503
	(2.7060)	(2.3213)	(0.9845)	(0.6307)	(2.5258)
β_K	0.5922*	-1.4305***	-1.6337***	-0.8032***	-0.1579
	(0.3331)	(0.1927)	(0.2273)	(0.1318)	(0.9016)
β_L	-1.8442***	-0.6026	0.3610	-0.9876***	1.5769
	(0.7020)	(0.5218)	(0.5115)	(0.2434)	(1.3875)
β_Y	3.3141***	4.2872***	0.7988	-0.3863	-1.8364
	(0.8845)	(0.8177)	(0.5730)	(0.2930)	(1.3875)
β_{LK}	0.0266	-0.0953*	-0.0828	0.0693**	-0.0741
	(0.0828)	(0.0534)	(0.0736)	(0.0352)	(0.3476)
β_{KY}	-0.5825***	-0.0227	0.1381	-0.1729***	-0.4182
	(0.0808)	(0.0675)	(0.1019)	(0.0331)	(0.1791)
β_{LY}	0.5308***	0.3574*	0.0570	0.0382	-0.0445
	(0.1732)	(0.2171)	(0.2451)	(0.1103)	(0.1049)

续表

系数	第一组	第二组	第三组	混合边界	共同边界
β_{KK}	0.2092***	0.0961***	0.0378	0.0861***	0.2114
	(0.0344)	(0.0160)	(0.0272)	(0.0112)	(0.1049)
β_{LL}	-0.2472**	-0.1279	-0.0092	-0.0099	-0.0746
	(0.1162)	(0.0951)	(0.1176)	(0.0579)	(0.3083)
β_{YY}	-0.1156	-0.4253***	-0.2127	0.1031*	0.3295
	(0.1155)	(0.1434)	(0.1550)	(0.0614)	(0.3339)
σ^2	1.0064	0.0239***	0.0667***	0.2244***	
	(1.2290)	(0.0039)	(0.0327)	(0.0587)	
γ	0.9835***	0.2259*	0.4643***	0.8491***	
	(0.0203)	(0.1177)	(0.2632)	(0.0404)	
μ	0.4571	0.1148***	0.1079	1.1685***	
	(1.1406)	(0.0430)	(0.1702)	(0.1390)	
η	-0.1625***	0.0697***	0.0718***	-0.0323***	
	(0.0129)	(0.0134)	(0.0107)	(0.0053)	
对数似然比函数	71.1906	138.5686	27.0439	101.2944	
LR test		Chi-squared = 271.0174		P-value = 0.0000.	

注：括号内的数字为通过自举法得到的标准差。*、**和***分别表示系数在10%、5%和1%的水平上具有统计显著性。

式（9-17）中的 TGR 是针对不同组别计算得出的，表9-3的描述性统计显示中国各地区工业部门的 TGR 各不相同。参照 Lin 和 Du（2013）的研究，我们采用 Kruskal-Wallis 检验来进一步检验各组之间的 TGR 是否不同。表9-3中的结果有力拒绝了不同组别之间 TGR 没有差异的原假设。在 TGR 方面，中国东部地区各省工业部门在总体上具有领先地位。具体来说，东部地区工业部门的平均 TGR 为 0.8844，意味着中国东部地区的工业生产技术相当发达，而中国西部地区工业部门的平均 TGR 仅为 0.4023。换言之，在劳动力和资本投入数量相同的情况下，西部地区的工业部门需要消耗近两倍于东部地区工业部门的能源来生产相同数量的产出。

表 9 - 3　　　　　　　不同组别工业部门 TGR 的描述性统计

组别	观察数	均值	标准差	最小值	最大值
第一组（东部地区）	140	0.8844	0.1030	0.6130	1.0000
第二组（中部地区）	280	0.5061	0.2329	0.0876	0.9469
第三组（西部地区）	180	0.4023	0.2639	0.0228	1.0000
Kruskal - Wallistest		Chi - squared = 271.0174		P - value = 0.0001.	

图 9 - 4 显示了不同组别工业部门 TGR 的频率分布情况。中国东部地区（第一组）工业部门的 TGR 在三组中数值最高，其数值主要集中在 0.9 至 1 之间。相比之下，中国中部地区工业部门（第 2 组）的 TGR 集中在 0.4 到 0.6 之间。对于中国西部地区工业部门（第 3 组），TGR 主要集中在 0.1 到 0.4 的范围内。结果表明，中国不同地区工业部门之间存在着较大的技术差距。

中国东部、中部和西部地区工业部门的平均 TGR。如图 9 - 5 所示，东部地区工业部门的平均 TGR 稳定在 0.9 左右的较高水平，2012 年后呈现上升趋势，随后稳定在 0.95 左右。然而，在研究期间内，中部地区和西部地区工业部门的平均 TGR 明显下降。中部地区和西部地区工业部门的 TGR 下降趋势大致相对一致，但西部地区工业部门的 TGR 下降幅度大于中部地区工业部门的 TGR 下降幅度。具体来说，中部地区工业部门的 TGR 下降了 83.8%，平均年下降率为 6.29%。西部地区工业部门的 TGR 下降了 92.5%，即平均年下降率 8.84%。

东部地区和中部地区以及东部地区和西部地区之间的技术差距呈现出不断扩大的趋势。造成这种现象的原因可能是：第一，由于区位优势和相对发达的经济发展水平，东部地区的工业部门拥有更先进的生产技术、更高的管理水平和更丰裕的科技研发资金（Ouyang 等，2018）；第二，由于东部地区环境规制的标准日益严格，高耗能产业不断从东部地区向环境规制较为宽松的中西部地区转移（Li 和 Lin，2017a）；第三，在高耗能产业跨区域转移过程中，具有相对落后产能的产业向中西部地区转移，导致这两个地区工业部门 TGR 下降。

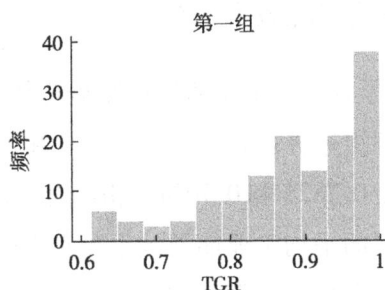

图A.东部地区工业TGR的频率分布

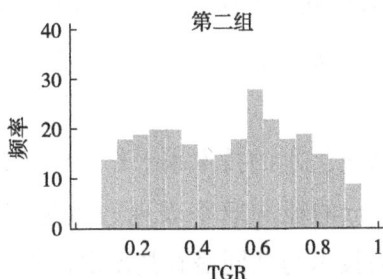

图B.中部地区工业TGR的频率分布

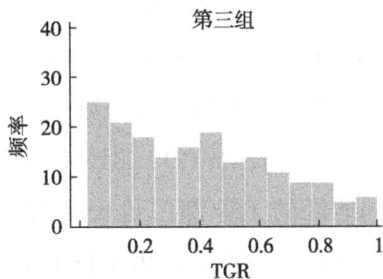

图C.西部地区工业TGR的频率分布

图9-4　中国各地区工业部门 TGR 的频率分布

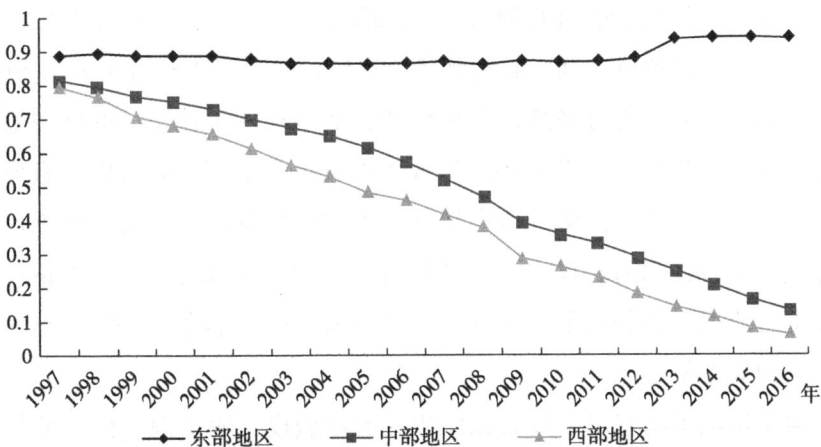

图9-5　1997—2016 年中国不同地区工业部门 TGR

三、不同边界下的能源效率估算

表9-4分别报告了各地区工业部门有关群组边界、混合边界和共同边界的能源效率。就群组边界而言，东部、中部和西部地区平均工业能源效率分别为0.7773、0.7828和0.7024。相对而言，由混合边界衡量的东部、中部和西部地区的平均工业能源效率分别下降至0.6044、0.4323和0.3362。特别地，由共同边界衡量的东部、中部和西部地区的工业能源效率分别为0.6824、0.3772和0.2591。基于上述分析，在不考虑技术差距的情况下对中国各地区工业能源效率进行估算会导致估算偏差，工业能源效率具有被高估的趋势。

实证结果表明：（1）即使以某一特定组别的技术水平作为参照，中国不同地区的工业部门也确实存在可行的能源效率表现的改进空间；（2）就共同边界而言，由于特定组别的技术与共同潜在技术之间的差距不断扩大，1997—2016年中国东部、中部和西部地区的平均工业能效在一定程度上呈现出下降趋势。具体来说，对于中国西部地区工业部门来说，能源效率从0.7024（以群组边界衡量）急剧下降到0.2591（以共同边界衡量）。结果表明，西部地区工业部门在一般化技术的能源效率表现方面有更大的改进空间。具体到各个省份，北京工业部门在中国30个省份中的能源效率得分最高，为0.8300，而宁夏的工业部门的能源效率得分最低，为0.1403。北京高能源效率得益于北京市政府采取了有效措施以减少工业污染、淘汰落后产能并改善空气质量，大量高耗能工厂被关停或者被转移到河北省。而在2016年，宁夏六大高耗能行业产值占规模以上工业增加值的比重为51.6%，比全国平均水平高23.5%，这使得宁夏能源效率偏低。

由于拒绝了所有组别具有相同边界的原假设，所以混合模型所估计的能源效率是有偏差的。混合模型所估计的能源效率与共同边界所得到的能源效率相比有着被高估的趋势，特别是对于中西部地区的工业部门。以广东省的工业部门为例，共同边界得到的平均能源效率为0.8262，而在混合边界的情况下，能源效率下降至 0.4353。在群组边界的情况下，除东部地区外，中西部地区和全国的工业能源效率都被高估了。

表 9-4　　　　　　　　中国各地区在群组边界、

混合边界和共同边界下的工业能源效率

省/市	组号	群组边界	混合边界	共同边界
北京	1	0.9927	0.9681	0.8300
天津	1	0.5972	0.6868	0.5337
上海	1	0.7916	0.6766	0.7584
江苏	1	0.6737	0.3521	0.5327
浙江	1	0.7394	0.4702	0.6428
福建	1	0.6722	0.6419	0.6526
广东	1	0.9746	0.4353	0.8262
辽宁	2	0.7218	0.3464	0.3505
吉林	2	0.8340	0.4789	0.3134
黑龙江	2	0.8424	0.5371	0.4820
安徽	2	0.6305	0.4021	0.3003
江西	2	0.9749	0.6022	0.4361
山东	2	0.9529	0.2802	0.4470
河南	2	0.7701	0.3514	0.4094
湖北	2	0.6646	0.3807	0.3293
湖南	2	0.6980	0.4228	0.3817
广西	2	0.8049	0.4722	0.3703
重庆	2	0.6988	0.4405	0.3198
四川	2	0.6994	0.3871	0.3635
云南	2	0.7689	0.4248	0.3675
陕西	2	0.8978	0.5257	0.4099
河北	3	0.9446	0.2332	0.2507
山西	3	0.5721	0.2780	0.1936
内蒙古	3	0.6092	0.3088	0.2038
海南	3	0.9705	0.4550	0.5428
贵州	3	0.5230	0.3663	0.2035
甘肃	3	0.6848	0.4253	0.2538

续表

省/市	组号	群组边界	混合边界	共同边界
青海	3	0.8307	0.3583	0.2811
宁夏	3	0.4452	0.2448	0.1403
新疆	3	0.7416	0.3565	0.2624
东部地区（均值）	—	0.7773	0.6044	0.6824
中部地区（均值）	—	0.7828	0.4323	0.3772
西部地区（均值）	—	0.7024	0.3362	0.2591
中国（均值）	—	0.7542	0.4576	0.4396

图 9-6 显示了 1997—2016 年不同组别平均工业能源效率的变化情况。对于群组边界，中国东部地区的工业能源效率明显下降，而中部和西部地区的工业能源效率在研究期间持续上升（见图 9-6 的图 A）。从 1997 年到 2007 年，东部地区的工业能源效率高于中部和西部地区。但是随着时间的推移，中部和西部地区的工业能源效率高于东部地区。这与实际地区能源效率情况相反（中西部地区的工业能源效率一直在下降，并且一直低于东部地区）。此外，在研究期间，中部地区和西部地区工业部门的平均 TGR 明显下降。这表明，群组边界得到的工业能源效率估计是有偏差的，而共同边界下的工业能源效率的估计则更准确。

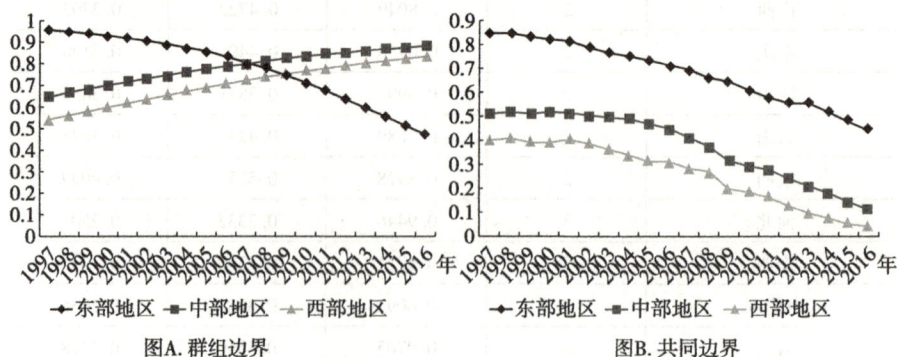

图A. 群组边界　　　　　　　　图B. 共同边界

图 9-6　1997—2016 年中国不同地区的平均工业能源效率

工业部门能源效率在共同边界上表现出明显区域差异。如图 9 - 6 的图 B 所示：（1）在共同边界情况下，三个地区组别的工业能源效率总体呈下降趋势。本研究的实证结果与 Li 和 Hu（2012）的研究结果一致，后者同样指出中国 30 个地区的生态全要素能源效率（ETFEE）和全要素生产率（TFEE）在 2005—2009 年均呈现下降趋势。导致整体下降趋势的原因可能是落后的能源利用管理体制和组织结构没有迅速适应先进技术带来的变化（He 等，2013）。（2）结果显示，东部地区工业部门的平均能源效率最高，其次是中部地区。中部和西部地区工业部门的能源效率呈现相同趋势，而西部地区工业部门的能源效率则低得多。2008 年以后，中西部地区工业部门的能源效率下降趋势加快。造成这种现象的原因可能是中国政府在 2008 年颁布了"四万亿经济刺激计划"以缓解全球金融危机的影响，这一政策刺激了能源密集型工业企业生产的大幅扩张，反过来又导致全要素生产率的大幅下降（Li 和 Lin，2017b）。（3）三个地区工业部门之间的能效差距仍然很大，2016 年的差距约为 0.42 万元/吨标准煤。可能的原因是东部地区的工业部门拥有较高的生产技术水平和较先进的管理制度（Wang 等，2013），而中国中西部地区的工业部门的生产技术相对而言比较落后。根据中国国家统计局的统计数据，东部地区工业企业的研发人员是中西部地区之和的 2.36 倍。东部地区工业企业的研发项目是中西部地区的 2.67 倍，说明中西部地区与东部地区的技术水平仍有较大差距。此外，东部地区的产业结构以轻工业为主，而中西部地区则以高排放、高污染工业为主。这与中国的污染产业已逐渐从东部转移到中西部地区的事实相一致。然而，地区间环境标准的不对称是中国环境规制最明显的特点。例如，东部地区的排污费改革比中西部地区更早、更严格。环境法规的严格性被认为是刺激投资和研发以削减成本和进行清洁生产的一个重要因素。此外，不同的环境法规增加了污染活动从东部地区向监管宽松地区（中部和西部地区）转移的发生率（Yin 等，2016）。因此，东部地区的工业部门的能源效率高于中部和西部地区。

第五节 本章小结

一、主要研究结论

鉴于工业部门在实现中国能源消费总量控制目标中的决定性作用，工业部门的能源效率受到越来越多学者和决策者的关注。因此，如何合理地促进能源效率的提高，实现中国绿色发展和低碳转型这一问题需要进一步探讨和研究。传统的中国地区能源效率测算方法往往忽视了地区之间技术的异质性问题。考虑到中国各地区经济发展和工业部门生产技术的不平衡，本研究应用共同边界SFA分析方法对中国各省工业能源效率进行了估算。共同边界下估计的工业能源效率比较准确，与群组边界相比，在共同边界下估算的能源效率表明在全国范围内现有的最佳技术水平下有着更大的改进潜力。具体地，北京和广东等东部省份的工业能源效率在所有边界下都比较高，而宁夏和山西等中西部省份的工业能源效率在共同边界下则相对而言较低。

实证结果显示，中国各地区工业能源效率和技术水平存在明显差异。在共同边界下，东部地区工业能源效率远远高于中部和西部地区。在研究期间内，三个地区的总体工业能源效率呈下降趋势，地区间能源效率差距仍然很大。具体而言，1997—2016年中国工业部门的平均能源效率仅为0.4396，表明能源效率仍有较大提升空间。换言之，中国工业部门平均节能潜力达到其实际消耗量的56.04%。在能源技术的区域差异方面，东部地区工业部门不仅在TGR方面处于领先地位，而且距离共同边界最近。相较而言，中国西部地区平均TGR较低（0.42），意味着即使不存在能源无效率情况，西部地区在相同的产出水平下所需要的能源投入仍然是东部地区的2倍以上。此外，在研究期间内，东、中、西部地区工业部门技术差距不断扩大，导致中国地区工业能效差距不断扩大。这一结果意味着中国各省之间并没有出现能源技术趋同的趋势。因此，促进能源技术扩散将有助于改善中西部地区的能源绩效。

二、政策启示

第一，技术进步是推动工业能源效率提高的主要因素。《中华人民共和国国民经济和社会发展第十三个五年规划纲要（2016—2020 年）》提出要以技术为核心推进工业节能，创建节能技术支持中心并通过网络诊断和现场服务支持工业企业节能。具体来说，一方面，政府可以通过有效的税收优惠和财政补贴政策鼓励工业企业加大技术创新和研发投入，鼓励先进节能技术、信息控制技术与传统生产工艺的集成和优化；支持高耗能行业应用高效节能技术工艺以改善工业企业系统的节能流程；鼓励节能技术的开发和应用，提高工业领域能源效率，从而有效提高工业领域整体生产效率。另一方面，政府要进一步推动和落实"供给侧"改革政策，逐步淘汰落后产能，促进工业部门的转型升级。此外，建立有利于节能技术和节能产品交易的市场体系，明确技术创新的产权归属，才能有效鼓励工业企业在清洁生产和节能领域开展技术创新。参照美国工业企业高绩效评价方法，我国可以建立第三方节能绿色评价中心，根据绿色工厂、绿色产品、绿色供应链管理等指标对工业企业的节能减排情况进行评价。建立以节能成果为导向，以节能企业为主体的节能体系，推动工业领域的节能技术改造，促进工业绿色转型。

第二，中西部地区需要通过产业跨区域转移吸收先进技术和管理经验缩小与东部地区的技术差距，提高能源利用效率。在产业跨区域转移过程中，东部地区工业部门应依托现有技术优势，进一步发展节能减排和清洁生产技术，促进工业企业技术创新和能源效率提高。中西部地区应积极谋划工业生产技术的升级换代，通过人才引进和开发平台，在引进东部地区和海外高层次节能技术人才和管理人才的同时，注重本地节能管理技术人才的培养和队伍建设；针对资金、技术等生产要素的跨区域流动，推动和发展跨区域工业技术创新的战略联盟，扩大区域间技术扩散的深度和广度，打破技术转移的区域壁垒，缩小区域间技术差距。

政府可以通过提供技术援助以及在重点工业部门提供财政援助和补贴的方式促进东部地区先进生产技术向中西部地区扩散。此外，应建立技术转移的环境监督机制，加强高污染产业转移与土地转移之间的技术协作关系，保证东部地区产业转移过程中环保技术的积极输出，并向中西部地区有效传递绿色排污技术。在承接技术的过程中，中西部地区可以吸收先进的技术和管理经验，建立健全能源管理、人才引进机制等相关制度，有效发挥中西部地区产业发展的后发优势。

第三，目前中国经济已经进入依靠低能耗、低排放和高质量的"新常态"经济增长模式。但是，产业跨区域转移可能会对中西部地区的能源消耗和环境污染带来挑战。因此，政府应引导中西部地区有序承接产业转移，避免对于经济增长数量指标的片面追求或降低环境标准吸引外来投资；避免中西部地区重蹈东部地区的覆辙，走上"先污染后治理"的老路。具体而言，中西部地区应建立合理的工业体系，加强环境监测，通过制定节能、节水、减排、资源综合利用等标准，严格控制工业污染物的排放。同时，加强生态环境保护，避免环境监管较松的中西部地区成为高污染、高耗能产业的天堂，通过引入绿色污染物排放工具引进以质量和资源节约为主导的新技术是必要的。此外，中央政府应根据环境监管政策的效率和成本，对不同地区产业布局实施差异化的环境监管政策。通过进一步优化环境治理政策工具，构建政府、企业、社会三位一体的环境治理体系。具体来说，政府命令型政策（如限制高污染、高能耗工业产业准入的负库存管理）可以有效限制高能耗地区（中西部地区）和高能耗产业（六大高能耗产业）的污染和排放；市场激励型政策（如环境税、政府补贴、可交易许可证等）可以有效引导低能耗地区（东部地区）和技术密集型产业（高科技制造业）的节能减排。

附　　录

附录 A　基于随机前沿分析的 MEPI 估计方法

为计算 MEPI，我们首先对谢泼德（Shephard）能源距离函数进行了估计。参考 Adetutu 等（2016），我们采用 SFA 方法进行估计。与 DEA 方法相比，SFA 方法在描述技术异质性和处理统计噪音上具有明显优势。为获得模型方程，我们首先将能源距离函数写成如下形式：

$$\ln D_E^t(K_i^t, L_i^t, E_i^t, Y_i^t) = g(\ln K_i^t, \ln L_i^t, \ln E_i^t, \ln Y_i^t, t) + \eta_i + \upsilon_{it}$$

$$(A1 - 1)$$

其中，$g(\cdot)$ 是一未知函数；η_i 代表不可观测影响，υ_{it} 是为解释统计噪音而设立的随机变量。我们采用第二泰勒展开式估计该方程：

$$\ln D_E^t(K_i^t, L_i^t, E_i^t, Y_i^t) = \beta_k \ln K_i^t + \beta_l \ln L_i^t + \beta_e \ln E_i^t + \beta_y \ln Y_i^t + \beta_t t$$

$$+ \frac{\beta_{kl}}{2} \ln \ln K_i^t \ln L_i^t + \frac{\beta_{ke}}{2} \ln K_i^t \ln E_i^t + \frac{\beta_{ky}}{2} \ln K_i^t \ln Y_i^t$$

$$+ \frac{\beta_{kt}}{2} \ln K_i^t t + \frac{\beta_{le}}{2} \ln L_i^t \ln E_i^t + \frac{\beta_{ly}}{2} \ln L_i^t \ln Y_i^t + \frac{\beta_{lt}}{2} \ln L_i^t t$$

$$+ \frac{\beta_{ey}}{2} \ln E_i^t \ln Y_i^t + \frac{\beta_{et}}{2} \ln E_i^t t + \frac{\beta_{yt}}{2} \ln Y_i^t t + \frac{\beta_{kk}}{2} [\ln K_i^t]^2$$

$$+ \frac{\beta_{ll}}{2} [\ln L_i^t]^2 + \frac{\beta_{ee}}{2} [\ln E_i^t]^2 + \frac{\beta_{yy}}{2} [\ln Y_i^t]^2$$

$$+ \frac{\beta_{tt}}{2} t^2 + \eta_i + \upsilon_{it} \qquad (A1 - 2)$$

基于谢泼德（Shephard）能源距离函数在能源输入中线性均匀的性质，我们可以得到以下关系：

$$\ln D_E^t(K_i^t, L_i^t, E_i^t, Y_i^t) = \ln D_E^t(K_i^t, L_i^t, 1, Y_i^t) + \ln E_i^t \quad (A1-3)$$

结合式（A1-2）和式（A1-3），可以得到如下计量经济学模型：

$$-\ln E_i^t = \beta_k \ln\ln K_i^t + \beta_l \ln L_i^t + \beta_y \ln Y_i^t + \beta_t t$$

$$+ \frac{\beta_{kl}}{2} \ln K_i^t \ln L_i^t + \frac{\beta_{ky}}{2} \ln K_i^t \ln Y_i^t + \frac{\beta_{ly}}{2} \ln L_i^t \ln Y_i^t$$

$$+ \frac{\beta_{kt}}{2} \ln K_i^t t + \frac{\beta_{lt}}{2} \ln L_i^t t + \frac{\beta_{yt}}{2} \ln Y_i^t t + \frac{\beta_{kk}}{2} [\ln K_i^t]^2$$

$$+ \frac{\beta_{yy}}{2} [\ln Y_i^t]^2 + \frac{\beta_{tt}}{2} t^2 + \eta_i - u_{it} + v_{it} \quad (A1-4)$$

其中，$u_{it} \equiv \ln D_E^t(K_i^t, L_i^t, E_i^t, Y_i^t)$ 表示能源使用的非效率，被假设为服从 $N^+(0, \sigma_u^2)$ 的分布。式（A1-4）是一个固定效应的 SFA 模型。我们采用 Belotti 和 Ilardi（2015）提出的边际最大模拟似然估计（MMSLE）法进行估计，结果列于表 A-1 中。

表 A-1　　　　　　　　式（A1-4）的参数估计结果

参数	估计值
β_k	0.1336
	(0.0794)
β_y	-1.7095***
	(0.1230)
β_l	-0.4699***
	(0.0984)
β_t	0.1016***
	(0.0119)
β_{ky}	0.7017
	(0.4705)
β_{kl}	0.4421**
	(0.1651)

续表

参数	估计值
β_{ly}	0.3079
	(0.3243)
β_{kt}	0.0765*
	(0.0327)
β_{yt}	0.1517***
	(0.0375)
β_{lt}	-0.1147***
	(0.0203)
β_{kk}	-0.4904
	(0.2605)
β_{yy}	-1.0605***
	(0.3014)
β_{ll}	-0.5146***
	(0.1534)
β_{tt}	-0.0125***
	(0.0020)
Log simulated – likelihood	421.536
N	570

注：表中 *** 表示 $p < 0.01$，** 表示 $p < 0.05$，* 表示 $p < 0.1$。

基于式（A1-4）的估计结果，能源效率可被下述方程估算：

$$EFF_{it} = E[\exp(-u_{it}) \mid \varphi_{it}]$$

其中，$\varphi_{it} = v_{it} - u_{it}$。能源效率构成的变化可以被计算为：

$$EFFCH_i^{t,t+1} = \frac{EFF_{it+1}}{EFF_{it}}$$

技术效率构成的变化可以被计算为：

$$TECCH_i^{t,t+1} = \exp(\beta_t + \beta_{tk}\tilde{k}_{i(t,t+1)} + \beta_{ty}\tilde{y}_{i(t,t+1)}$$

$$+ \beta_{tl}\tilde{l}_{i(t,t+1)} + 0.5\beta_{tt}(2t+1))$$

其中，$\tilde{x}_{i(t,t+1)} \equiv 0.5(x_{it} + x_{it+1})$。最终，MEPI 可被分解为 EFFCH 和 TECCH 的乘积。

附录 B　中国省级行政区能源生产率估算

基于式（A1 - 4），我们计算出中国各省份 1997 年至 2015 年的 Malmquist 能源生产率指数。表 B - 1 汇报了各省份或直辖市的平均 ME-PI，进而呈现出能源生产率的平均变化。如表 B - 1 所示，中国 30 个省级行政区的能源生产率变化存在差异。例如，北京和上海经历了能源生产率的快速增长，两个城市年 MEPI 都超过了 1.1，表明两者的平均能源生产率以每年 10% 的速度增长。然而宁夏平均 MEPI 仅有约 0.9，意味着其能源生产率以每年 10% 的速度下降。在区域差异方面，东部地区的平均 MEPI（1.1186）比中部地区（1.0556）和西部地区（0.9945）高出很多，因此东部地区的能源效率较大提升。

表 B - 1　中国省级行政区平均能源生产效率（1997 年至 2015 年）

省份	地区	MEPI	省份	地区	MEPI
安徽	中部	1.0469	江苏	东部	1.1664
北京	东部	1.1122	江西	中部	1.0280
重庆	西部	1.0349	吉林	中部	1.0531
福建	东部	1.1077	辽宁	东部	1.1229
甘肃	西部	0.9626	宁夏	西部	0.9302
广东	东部	1.1624	青海	西部	0.9279
广西	西部	1.0243	陕西	中部	1.0276
贵州	西部	0.9603	山东	东部	1.1455
海南	东部	0.9746	上海	东部	1.1721
河北	东部	1.1029	山西	中部	1.0395
黑龙江	中部	1.0840	四川	西部	1.0682
河南	中部	1.0791	天津	西部	1.0990
湖北	中部	1.0832	新疆	西部	1.0344
湖南	中部	1.0617	云南	西部	1.0077
内蒙古	中部	1.0534	浙江	西部	1.1385
东部地区		1.1186	中部地区		1.0556
西部地区		0.9945	全国		1.0604

附录 C　中国省级行政区短期和长期宏观能源反弹效应估计

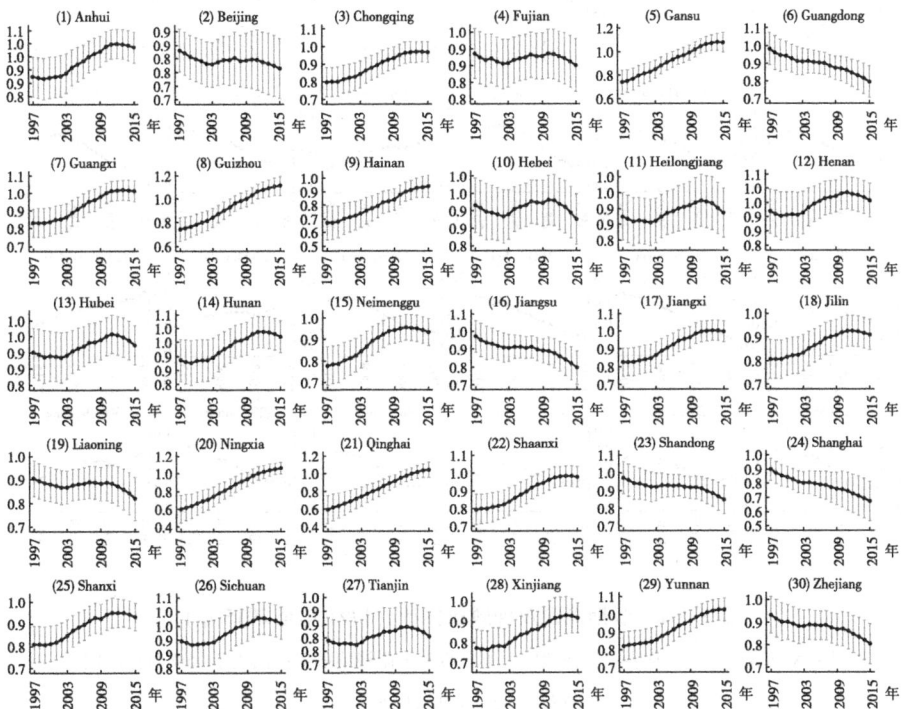

图 C-1　短期能源反弹效应估计（1997 年至 2015 年）

注：X 轴表示年，Y 轴表示反弹效应大小。带有上限峰值的范围图表示 95% 置信区间，连接点表示反弹效应水平。

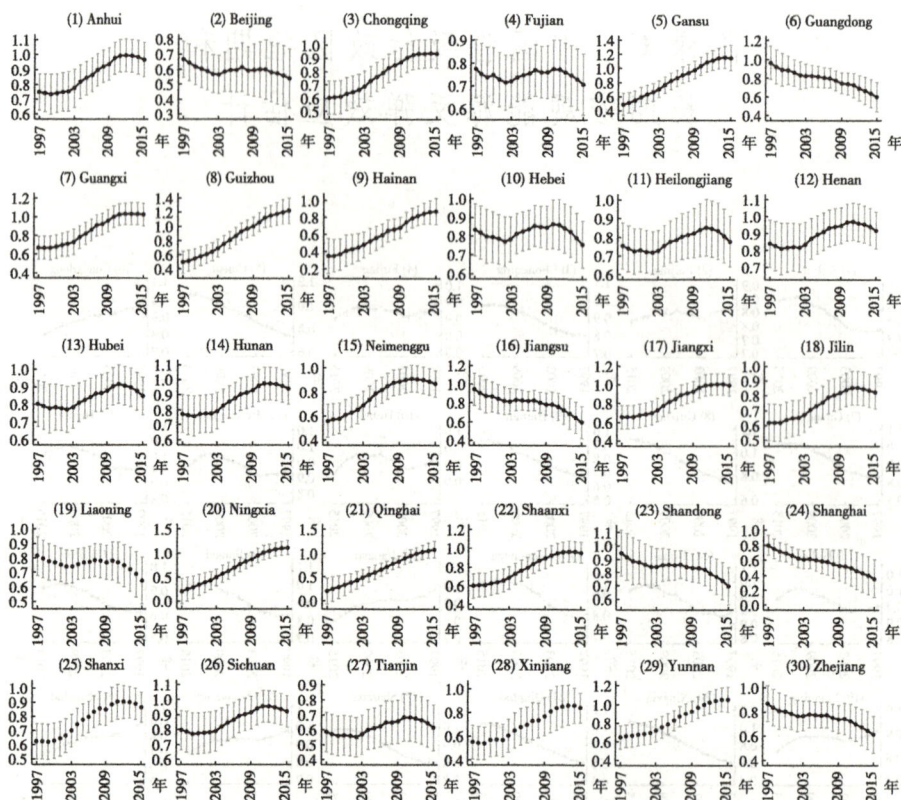

图 C-2　长期能源反弹效应估计（1997 年至 2015 年）

注：X 轴表示年，Y 轴表示反弹效应大小。带有上限峰值的范围图表示 95% 置信区间，
连接点表示反弹效应水平。

附录 D　中国区域划分及编号

编号	区域	省份/直辖市/自治区
1	东部地区	北京，福建，广东，海南，河北，江苏，辽宁，山东，上海，天津，浙江
2	中部地区	安徽，黑龙江，河南，湖北，湖南，内蒙古，江西，吉林，山西
3	西部地区	重庆，甘肃，广西，贵州，宁夏，陕西，四川，青海，新疆，云南

注：由于数据的可获得性，西藏未包括于本书研究的样本。

附 录 E　珠 三 角 城 市 群 工 业 能 源 效 率

表 E-1　珠三角城市群工业部门技术变革估计（2005—2016 年）

TC	2005	2006	2007	2008	2009	2010	2011	2012	2013	2014	2015	2016
Guangzhou	0.0872	0.0876	0.0981	0.1016	0.1013	0.1036	0.1158	0.1159	0.1165	0.1135	0.1167	0.1229
Shenzhen	0.0620	0.0662	0.0701	0.0775	0.0729	0.0758	0.0779	0.0822	0.0963	0.0963	0.0975	0.0968
Dongguan	0.0693	0.0678	0.0740	0.0756	0.0764	0.0825	0.0938	0.0915	0.0970	0.1036	0.0984	0.1013
Zhuhai	0.0804	0.0826	0.0986	0.1086	0.1181	0.0976	0.0999	0.0994	0.0968	0.1007	0.1075	0.1095
Zhaoqing	0.0651	0.0666	0.0739	0.0786	0.0758	0.0808	0.0866	0.0891	0.0936	0.0969	0.0929	0.1001
Huizhou	0.0187	0.0582	0.0587	0.0580	0.0898	0.0962	0.1075	0.1140	0.1112	0.1087	0.1016	0.1041
Zhongshan	0.0476	0.0528	0.0582	0.0650	0.0613	0.0665	0.0686	0.0641	0.0765	0.0871	0.0853	0.0909
Foshan	0.0706	0.0703	0.0717	0.0790	0.0809	0.0844	0.0865	0.0867	0.0887	0.0916	0.0885	0.0884
Jiangmen	0.0873	0.0951	0.1021	0.1024	0.0813	0.0800	0.0868	0.0904	0.0997	0.1032	0.0995	0.0979

表 E-2　珠三角城市群工业部门技术效率变化估计（2005—2016 年）

TEC	2005	2006	2007	2008	2009	2010	2011	2012	2013	2014	2015	2016
Guangzhou	0.01113	0.01112	0.01112	0.01112	0.01112	0.01112	0.01112	0.01112	0.01112	0.01112	0.01112	0.01111
Shenzhen	0.01113	0.01113	0.01112	0.01112	0.01112	0.01112	0.01112	0.01112	0.01112	0.01112	0.01112	0.01112
Dongguan	0.01120	0.01120	0.01120	0.01120	0.01120	0.01120	0.01120	0.01120	0.01120	0.01120	0.01120	0.01120

续表

TEC	2005	2006	2007	2008	2009	2010	2011	2012	2013	2014	2015	2016
Zhuhai	0.01113	0.01113	0.01112	0.01112	0.01112	0.01112	0.01112	0.01112	0.01112	0.01112	0.01112	0.01112
Zhaoqing	0.01113	0.01112	0.01112	0.01112	0.01112	0.01112	0.01112	0.01112	0.01112	0.01112	0.01112	0.01111
Huizhou	0.01119	0.01119	0.01119	0.01119	0.01119	0.01119	0.01119	0.01119	0.01119	0.01119	0.01119	0.01119
Zhongshan	0.01113	0.01113	0.01113	0.01113	0.01113	0.01113	0.01113	0.01112	0.01112	0.01112	0.01112	0.01112
Foshan	0.01116	0.01115	0.01115	0.01115	0.01115	0.01115	0.01115	0.01115	0.01115	0.01115	0.01115	0.01115
Jiangmen	0.01119	0.01119	0.01119	0.01119	0.01119	0.01119	0.01119	0.01119	0.01119	0.01119	0.01119	0.01119

表 E-3　珠三角城市群工业规模效率的估计（2005—2016 年）

SC	2005	2006	2007	2008	2009	2010	2011	2012	2013	2014	2015	2016
Guangzhou	-6.4821	-2.0227	0.5741	0.8046	-2.7218	-0.4434	-0.3868	-1.1549	-0.0127	5.2941	-4.1881	-0.1975
Shenzhen	-1.7841	0.1004	-0.7280	-0.3111	-0.3564	0.0991	-0.1352	0.0082	0.1610	0.5024	0.1906	0.1207
Dongguan	-1.8374	-0.0732	0.5304	-0.5262	-0.2613	-0.0977	0.3323	-0.0901	-0.0506	0.1051	0.0053	0.2143
Zhuhai	0.8461	0.0287	0.5961	-1.7804	-0.9828	-0.2842	0.2959	0.1998	0.2111	0.1413	-0.0200	0.1481
Zhaoqing	-0.0694	0.0062	-0.0161	-0.0213	0.1299	-0.0190	0.2113	0.4621	0.4436	-0.0302	0.1742	0.3104
Huizhou	0.1215	1.0363	0.3560	-0.1673	-0.1719	0.3667	2.4628	5.0122	-0.3402	-0.1037	0.3241	0.2146
Zhongshan	-0.0667	-0.0205	-0.0173	-0.0196	0.0135	0.0203	0.0242	-0.0026	0.0853	-0.0098	0.0725	0.0298
Foshan	-1.1860	-0.0747	0.0036	-0.1620	0.7337	-0.2433	0.7731	0.2327	0.0208	0.0194	0.1775	0.1648
Jiangmen	0.9658	0.4466	0.2433	-0.7711	0.8709	0.0958	0.6115	0.9046	0.4801	-0.2209	0.1512	0.1060

参考文献

［1］陈诗一．中国碳排放强度的波动下降模式及经济解释［J］．世界经济，2011（4）：124 - 143.

［2］陈超凡，陈曦，王泽．能源回弹效应理论机制与测算［J］．统计与决策，2021（10）：52 - 56.

［3］戴维·罗默．高级宏观经济学［M］．北京：商务印书馆，1999.

［4］樊纲，王小鲁，张立文，等．中国各地区市场化相对进程报告［J］．经济研究，2003（3）：9 - 18 + 89.

［5］冯烽．能效改善与能源节约：助力还是阻力——基于中国20个行业能源回弹效应的分析［J］．数量经济技术经济研究，2018（2）：82 - 98.

［6］冯烽，叶阿忠．技术溢出视角下技术进步对能源消费的回弹效应研究——基于空间面板数据模型［J］．财经研究，2012（9）：123 - 133.

［7］傅晓霞，吴利学．前沿分析方法在中国经济增长核算中的适用性［J］．世界经济，2007（7）：56 - 66.

［8］谷克鉴，陈福中．净出口的非线性增长贡献——基于1995—2011年中国省级面板数据的实证考察［J］．经济研究，2016（11）：13 - 27.

［9］国涓，郭崇慧，凌煜．中国工业部门能源反弹效应研究［J］．数量经济技术经济研究，2010（11）：114 - 126.

[10] 郝枫, 赵慧卿. 中国市场价格扭曲测度: 1952—2005 [J]. 统计研究, 2010 (6): 33 – 39.

[11] 何晓萍. 中国工业的节能潜力及影响因素 [J]. 金融研究, 2011 (10): 34 – 46.

[12] 胡秋阳. 回弹效应与能源效率政策的重点产业选择 [J]. 经济研究, 2014 (2): 128 – 140.

[13] 胡宗义, 张丽娜, 李毅. 基于技术进步的环境回弹效应研究 [J]. 工业技术经济, 2019 (2): 44 – 51.

[14] 李辉, 徐美宵, 张泉. 改革开放 40 年中国能源政策回顾: 从结构到逻辑 [J]. 中国人口·资源与环境, 2019 (10): 167 – 176.

[15] 李金铠, 孙合草, 张瑾. 基于 SML 指数的环境回弹效应分析: 模型与测算 [J]. 中国环境管理, 2021 (2): 102 – 109 + 79.

[16] 李锴, 齐绍洲. 贸易开放、经济增长与中国二氧化碳排放 [J]. 经济研究, 2011 (11): 60 – 72 + 102.

[17] 李廉水, 周勇. 技术进步能提高能源效率吗?——基于中国工业部门的实证检验 [J]. 管理世界, 2006 (10): 82 – 89.

[18] 林伯强, 杜克锐. 要素市场扭曲对能源效率的影响 [J]. 经济研究, 2013 (9): 125 – 136.

[19] 林伯强, 姚昕, 刘希颖. 节能和碳排放约束下的中国能源结构战略调整 [J]. 中国社会科学, 2010 (1): 58 – 71.

[20] 林伯强, 邹楚沅. 发展阶段变迁与中国环境政策选择 [J]. 中国社会科学, 2014 (5): 81 – 95.

[21] 林伯强. 现代能源经济学 [M]. 北京: 中国财政经济出版社, 2007.

[22] 鲁成军, 周端明. 中国工业部门的能源替代研究——基于对 ALLEN 替代弹性模型的修正 [J]. 数量经济技术经济研究, 2008 (5): 30 – 42.

[23] 马涛. 垂直分工下中国对外贸易中的内涵 CO_2 及其结构研究

[J]. 世界经济, 2012 (10): 25 - 43.

[24] 邵帅, 杨莉莉, 黄涛. 能源反弹效应的理论模型与中国经验 [J]. 经济研究, 2013 (2): 96 - 109.

[25] 盛仕斌, 徐海. 要素价格扭曲的就业效应研究 [J]. 经济研究, 1999 (5): 68 - 74.

[26] 施炳展, 冼国明. 要素价格扭曲与中国工业企业出口行为 [J]. 中国工业经济, 2012 (2): 47 - 56.

[27] 史丹, 吴利学, 傅晓霞, 等. 中国能源效率地区差异及其成因研究——基于随机前沿生产函数的方差分解 [J]. 管理世界, 2008 (2): 35 - 43.

[28] 孙传旺, 林伯强. 中国工业能源要素配置效率与节能潜力研究 [J]. 数量经济技术经济研究, 2014 (5): 86 - 99.

[29] 孙广生, 黄祎, 田海峰, 等. 全要素生产率、投入替代与地区间的能源效率 [J]. 经济研究, 2012 (9): 99 - 112.

[30] 唐海燕, 张会清. 产品内国际分工与发展中国家的价值链提升 [J]. 经济研究, 2009 (9): 81 - 93.

[31] 陶小马, 邢建武, 黄鑫, 等. 中国工业部门的能源价格扭曲与要素替代研究 [J]. 数量经济技术经济研究, 2009 (11): 3 - 16.

[32] 王宁, 史晋川. 中国要素价格扭曲程度的测度 [J]. 数量经济技术经济研究, 2015 (9): 149 - 161.

[33] 王芃, 武英涛. 能源产业市场扭曲与全要素生产率 [J]. 经济研究, 2014 (6): 142 - 155.

[34] 王恕立, 王许亮. 服务业 FDI 提高了绿色全要素生产率吗——基于中国省际面板数据的实证研究 [J]. 国际贸易问题, 2017 (12): 83 - 93.

[35] 王文举, 向其凤. 国际贸易中的隐含碳排放核算及责任分配 [J]. 中国工业经济, 2011 (10): 56 - 64.

[36] 魏楚, 沈满洪. 规模效率与配置效率: 一个对中国能源低效

的解释 [J]．世界经济，2009（4）：84 - 96.

　[37] 魏梅，曹明福，江金荣．生产中碳排放效率长期决定及其收敛性分析 [J]．数量经济技术经济研究，2010（9）：43 - 52.

　[38] 杨莉莉，邵帅．能源回弹效应的理论演进与经验证据：一个文献述评 [J]．财经研究，2015（8）：19 - 38.

　[39] 查冬兰，陈倩，王群伟．能源回弹效应最新研究进展：理论与方法 [J]．环境经济研究，2021（1）：179 - 200.

　[40] 查冬兰，周德群．基于 CGE 模型的中国能源效率回弹效应研究 [J]．数量经济技术经济研究，2010（12）：39 - 53 + 66.

　[41] 张杰，周晓艳，郑文平，等．要素市场扭曲是否激发了中国企业出口 [J]．世界经济，2011（8）：134 - 160.

　[42] 张军，章元．对中国资本存量 K 的再估计 [J]．经济研究，2003（7）：35 - 43 + 90.

　[43] 张曙光，程炼．中国经济转轨过程中的要素价格扭曲与财富转移 [J]．世界经济，2010（10）：3 - 24.

　[44] 张伟，吴文元．基于环境绩效的长三角都市圈全要素能源效率研究 [J]．经济研究，2011（10）：95 - 109.

　[45] 张艳，唐宜红，周默涵．服务贸易自由化是否提高了制造业企业生产效率 [J]．世界经济，2013（11）：51 - 71.

　[46] 张友国．经济发展方式变化对中国碳排放强度的影响 [J]．经济研究，2010（4）：120 - 133.

　[47] 张志辉．中国区域能源效率演变及其影响因素 [J]．数量经济技术经济研究，2015（8）：73 - 88.

　[48] 赵文军，于津平．贸易开放、FDI 与中国工业经济增长方式——基于 30 个工业行业数据的实证研究 [J]．经济研究，2012（8）：18 - 31.

　[49] 赵忠秀，王苒，闫云凤．贸易隐含碳与污染天堂假说——环境库兹涅茨曲线成因的再解释 [J]．国际贸易问题，2013（7）：

95 – 103.

[50] 赵自芳, 史晋川. 中国要素市场扭曲的产业效率损失——基于 DEA 方法的实证分析 [J]. 中国工业经济, 2006 (10): 40 – 48.

[51] 周念利. 缔结 "区域贸易安排" 能否有效促进发展中经济体的服务出口 [J]. 世界经济, 2012 (11): 88 – 111.

[52] 周勇, 林源源. 技术进步对能源消费回报效应的估算 [J]. 经济学家, 2007 (2): 45 – 52.

[53] Acemoglu, D., 2002. Directed technical change [J]. The Review of Economic Studies, 69 (4), 781 – 809.

[54] Adetutu, M. O., Glass, A. J., Weyman – Jones, T. G., 2016. Economy – wide Estimates of Rebound Effects: Evidence from Panel Data [J]. The Energy Journal 37, 251 – 269.

[55] Agrell, P. J., Bogetoft, P., 2005. Economic and environmental efficiency of district heating plants [J]. Energy Policy, 33 (10), 1351 – 1362.

[56] Aigner, D., Lovell, C. A. K., Schmidt, P., 1977. Formulation and estimation of stochastic frontier production function models [J]. Journal of Econometrics, 6 (1), 21 – 37.

[57] Allan, G., Hanley, N., McGregor, P., Swales, K., Turner, K. The impact of increased efficiency in the industrial use of energy: a computable general equilibrium analysis for the United Kingdom [J]. Energy Economics 2007, 29 (4): 779 – 798.

[58] Altunbaş, Y., Chakravarty, S. P., 2001. Frontier cost functions and bank efficiency [J]. Economics Letters, 72 (2), 233 – 240.

[59] Ang, B., Mu, A., Zhou, P. Accounting frameworks for tracking energy efficiency trends [J]. Energy Economics, 2010, 32: 1209 – 1219.

[60] Ang, B. W., Choi, K. H., 1997. Decomposition of aggregate

energy and gas emission intensities for industry: A refined Divisia index method [J]. Energy Journal, 18, (3), 59-73.

[61] Assaf, A., Gillen, D., Tsionas, E. Understanding relative efficiency among airports: A general dynamic model for distinguishing technical and allocative efficiency [J]. Transportation Research Part B: Methodological, 2014, 70: 18-34.

[62] Atkinson, S., Primont, D. Stochastic estimation of firm technology, inefficiency, and productivity growth using shadow cost and distance functions [J]. Journal of Econometrics, 2002, 108 (2): 203-225.

[63] Barker, T., Dagoumas, A., Rubin, J., 2009. The macroeconomic rebound effect and the world economy [J]. Energy efficiency, 2 (4), 411.

[64] Battese, G. E., Coelli, T. J. Prediction of firm-level technical efficiencies with a generalized frontier production function and panel data [J]. Journal of Econometrics, 1988, 38 (3): 387-399.

[65] Battese, G. E., Rao, D. P., O'Donnell, C. J., 2004. A meta-frontier production function for estimation of technical efficiencies and technology gaps for firms operating under different technologies [J]. Journal of Productivity Analysis, 21 (1), 91-103.

[66] Belotti, F., Ilardi, G., 2018. Consistent Inference in Fixed-effects Stochastic Frontier Models [J]. Journal of Econometrics, 202 (2), 161-177.

[67] Bentzen, J. Estimating the rebound effect in US manufacturing energy consumption [J]. Energy economics, 2004, 26 (1): 123-134.

[68] Berkhout, P. H. G., Muskens, J. C., Velthuijsen, J. W. Defining the rebound effect [J]. Energy policy, 2000, 28 (6-7): 425-432.

[69] Bi, G. B., Song, W., Zhou, P., Liang, L., 2014. Does environmental regulation affect energy efficiency in China's thermal power genera-

tion? empirical evidence from a slacks – based DEA model [J]. Energy Policy, 66 (C), 537 –546.

[70] Black, J. , Hashimzade, N. , Myles, G. , 2009. A Dictionary of Economics (3 ed.) [J]. Oxford University Press, New York.

[71] Blacorby, C. , Russell, R. R. Will the Real Elasticity of Substitution Please Stand Up? [J]. American Economic Review, 1989, 79: 882 – 888.

[72] Bosseboeuf, D. , Chateau, B. , Lapillonne, B. , 1997. Cross – country comparison on energy efficiency indicators: the on – going European effort towards a common methodology [J]. Energy Policy, 25 (7 – 9), 673 – 682.

[73] Boyd, G. Estimating plant level energy efficiency with a stochastic frontier [J]. Energy Journal, 2008, 29 (2): 23 – 43.

[74] Brandt, L. , Tombe, T. , Zhu, X. Factor market distortions across time, space and sectors in China [J]. Review of Economic Dynamics, 2013, 16 (1): 39 – 58.

[75] Broberg, T. , Berg, C. , Samakovlis E. The economy – wide rebound effect from improved energy efficiency in Swedish industries – A general equilibrium analysis [J]. Energy Policy, 2015, 83: 26 – 37.

[76] Brockway, E. P. , Saunders, H. , Heun, K. M. , Foxon, J. T. , Steinberger, K. J. , Barrett, R. J. , Sorrell, S. , 2017. Energy Rebound as a Potential Threat to a Low – Carbon Future: Findings from a New Exergy – Based National – Level Rebound Approach [J]. Energies, 10, 51 (1 – 24) .

[77] Brookes, L. Energy efficiency fallacies revisited [J]. Energy Policy, 2000, 28 (6 –7): 355 – 366.

[78] Brookes, L. G. Energy efficiency and economic fallacies: a reply [J]. Energy Policy, 1992, 20 (5): 390 – 392.

[79] Burki, A., Khan, M. Effects of allocative inefficiency on resource allocation and energy substitution in Pakistan's manufacturing [J]. Energy Economics 2004, 26 (3): 371 – 388.

[80] Chai, J., Yang Y., Wang, S., et al. Fuel efficiency and emission in China's road transport sector: Induced effect and rebound effect [J]. Technological Forecasting and Social Change, 2016, 112: 188 – 197.

[81] Chakravarty, D., Dasgupta, S., Roy, J., 2013. Rebound effect: how much to worry? [J]. Current Opinion in Environmental Sustainability 5, 216 – 228.

[82] Chang, T. P., Hu, J. L., 2010. Total – factor energy productivity growth, technical progress, and efficiency change: An empirical study of China [J]. Applied Energy, 87 (10), 3262 – 3270.

[83] Charnes, A., Cooper, W. W., Rhodes, E., 1978. Measuring the efficiency of decision making units [J]. European Journal of Operational Research, 2 (6), 429 – 444.

[84] Chen, Z., Barros, C. P., Borges, M. R., 2015. A Bayesian stochastic frontier analysis of Chinese fossil – fuel electricity generation companies [J]. Energy Economics, 48, 136 – 144.

[85] Choi, K. H., Ang, B. W., 2012. Attribution of changes in Divisia real energy intensity index — An extension to index decomposition analysis [J]. Energy Economics, 34 (1): 171 – 176.

[86] Choi, Y., Zhang, N., Zhou, P. Efficiency and abatement costs of energy – related CO_2 emissions in China: a slacks – based efficiency measure [J]. Applied Energy 2012, 98: 198 – 208.

[87] Christopoulos, D., Tsionas, E. Allocative inefficiency and the capital – energy controversy [J]. Energy Economics 2002, 24 (4): 305 – 318.

[88] Coelli, T. J., Rao, D. S. P., O'Donnell, C. J., and Battese

G. E. , 2005. An Introduction to Efficiency and Productivity Analysis (2nd ed.) [J]. Springer Press, New York.

[89] Cuesta, R. A. , Lovell, C. K. , Zofío, J. L. , 2009. Environmental efficiency measurement with translog distance functions: A parametric approach [J]. Ecological Economics, 68 (8 - 9), 2232 - 2242.

[90] Dai, X. , Cheng, L. Market distortions and aggregate productivity: Evidence from Chinese energy enterprises [J]. Energy Policy, 2016, 95: 304 - 313.

[91] Dimitropoulos, J. Energy productivity improvements and the rebound effect: An overview of the state of knowledge [J]. Energy Policy 2007, 35 (12): 6354 - 6363.

[92] Du, K and Lin, B. , 2015 Comments on "Using latent variable approach to estimate China's economy - wide energy rebound effect over 1954 - 2010" by Shuai Shao, Tao Huang and Lili Yang [J]. Energy 86, 219 - 221.

[93] Du, K. , Lin, B. , 2017. International comparison of total - factor energy productivity growth: A parametric Malmquist index approach [J]. Energy 118, 481 - 488.

[94] Engle, R. F. , Granger, C. W. J. Co - integration and error correction: representation, estimation, and testing [J]. Econometrica: Journal of the Econometric Society, 1987: 251 - 276.

[95] Fang, C. Y. , Hu, J. L. , Lou, T. K. , 2013. Environment - adjusted total - factor energy efficiency of Taiwan's service sectors [J]. Energy Policy, 63, 1160 - 1168.

[96] Farrell, M. The measurement of productive efficiency. Journal of the Royal Statistical Society [J]. Series A (General) 1957; 120 (3): 253 - 290.

[97] Freire González, J. , 2010. Empirical evidence of direct rebound

effect in Catalonia [J]. Energy Policy 38, 2309 – 2314.

[98] Frondel, M., Ritter, N., Vance, C. Heterogeneity in the rebound effect: Further evidence for Germany [J]. Energy Economics, 2012, 34 (2): 461 – 467.

[99] Gillingham, K., Kotchen, M. J., Rapson, D. S., Wagner, G., 2013. Energy policy: The rebound effect is overplayed [J]. Nature, 493 (7433), 475 – 476.

[100] Gillingham, K., Rapson, D., Wagner, G., 2016. The rebound effect and energy efficiency policy [J]. Review of Environmental Economics and Policy, 10 (1), 68 – 88.

[101] Glomsrød, S., Wei, T., 2005. Coal cleaning: a viable strategy for reduced carbon emissions and improved environment in China? [J]. Energy Policy 33, 525 – 542.

[102] González, J. F. Empirical evidence of direct rebound effect in Catalonia [J]. Energy Policy, 2010, 38 (5): 2309 – 2314.

[103] Greene, D. L. Rebound 2007: Analysis of U. S. light – duty vehicle travel statistics [J]. Energy Policy, 2012, 41 (1): 14 – 28.

[104] Greening, L., Greene, D., Difiglio, C. Energy efficiency and consumption—the rebound effect—a survey [J]. Energy policy, 2000: 28 (6): 389 – 401.

[105] Guo, X. – D., Zhu, L., Fan, Y., 2011. Evaluation of potential reductions in carbon emissions in Chinese provinces based on environmental DEA [J]. Energy Policy 2839, 2352 – 2360.

[106] Haas, R., Biermayr, P. The rebound effect for space heating empirical evidence from Austria [J]. Energy policy, 2000, 28 (6): 403 – 410.

[107] Hanley, N., McGregor, P., Swales, J., Turner, K. Do increases in energy efficiency improve environmental quality and sustainability?

［J］. Ecological Economics 2009, 68 (3): 692 – 709.

［108］ Hao, Y., Zhang, Z. Y., Liao, H., et al. China's farewell to coal: A forecast of coal consumption through 2020 ［J］. Energy Policy, 2015, 86: 444 – 455.

［109］ He, F., Zhang, Q., Lei, J., Fu, W., Xu, X., 2013. Energy efficiency and productivity change of china's iron and steel industry: accounting for undesirable outputs ［J］. Energy Policy, 54 (54), 204 – 213.

［110］ Herring, H., Roy, R., 2007. Technological innovation, energy efficient design and the rebound effect ［J］. Technovation 27, 194 – 203.

［111］ Honma, S., Hu, J., 2018. A meta – stochastic frontier analysis for energy efficiency of regions in Japan ［J］. Journal of Economic Structures, 7.

［112］ Honma, S., Hu, J. L., 2008. Total – factor energy efficiency of regions in Japan ［J］. Energy Policy, 36 (2), 821 – 833.

［113］ Honma, S., Hu, J. L., 2014. Industry – level total – factor energy efficiency in developed countries: A Japan – centered analysis ［J］. Applied Energy, 119 (12), 67 – 78.

［114］ Honma, S., Hu, J. L. A panel data parametric frontier technique for measuring total – factor energy efficiency: An application to Japanese regions ［J］. Energy, 2014, 78: 732 – 739.

［115］ Hu, B. Measuring plant level energy efficiency in China's energy sector in the presence of allocative inefficiency ［J］. China Economic Review, 2014, 31: 130 – 144.

［116］ Huang, T., Chen, K., Lin, C., Chung M. Consistent estimation of technical and allocative efficiencies for a semiparametric stochastic cost frontier with shadow input prices ［J］. Journal of Productivity Analysis 2014, 41 (2): 307 – 320.

[117] Hymel, K. M. , Small, K. A. , Van Dender, K. Induced demand and rebound effects in road transport [J]. Transportation Research Part B: Methodological, 2010, 44 (10): 1220 – 1241.

[118] Ignatius, J. , Ghasemi, M. R. , Zhang, F. , Emrouznejad, A. , Hatami – Marbini, A. , 2016. Carbon efficiency evaluation: an analytical framework using fuzzy DEA [J]. European Journal of Operational Research, 253 (2), 428 – 440.

[119] Inglesi – Lotz, R. , Pouris, A. , 2012. Energy efficiency in South Africa: A decomposition exercise [J]. Energy, 42 (1), 113 – 120.

[120] Jevons, W. On the variation of prices and the value of the currency since 1782 [J]. Journal of the Statistical Society of London, 1865: 28 (2): 294 – 320.

[121] Jevons, W. S. , 1865. The Coal Question; An Inquiry concerning the Progress of the Nation, and the Probable Exhaustion of our Coal – mines, 3rd ed. Augustus M. Kelly [J]. New York, NY, USA.

[122] Jevons, W. S. , 1866, The Coal Question: Can Britain Survive? [J]. Macmillan, London.

[123] Jevons, W. S. The coal question: Can Britain survive [J]. Journal of the Statistical Society of London, 1865.

[124] Jin, S. H. The effectiveness of energy efficiency improvement in a developing country: Rebound effect of residential electricity use in South Korea [J]. Energy policy, 2007, 35 (11): 5622 – 5629.

[125] Johansen, S. Statistical analysis of cointegration vectors [J]. Journal of economic dynamics and control, 1988, 12 (2): 231 – 254.

[126] Ju, K. , Su, B. , Zhou, D. , Wu, J. , 2017. Does energy – price regulation benefit China's economy and environment? Evidence from energy – price distortions [J]. Energy Policy, 105, 108 – 119.

[127] Khademvatani, A. , Gordon, D. A marginal measure of energy

efficiency: The shadow value [J]. Energy Economics, 2013, 38: 153 – 159.

[128] Khazzoom, J. D. Economic implications of mandated efficiency in standards for household appliances [J]. The Energy Journal, 1980, 1 (4): 21 – 40.

[129] Khiabani, N., Hasani, K. Technical and allocative inefficiencies and factor elasticities of substitution: An analysis of energy waste in Iran's manufacturing [J]. Energy Economics, 2010, 32 (5): 1182 – 1190.

[130] Kumbhakar S. C., 2000. Estimation and Decomposition of Productivity Change When Production is not Efficient: A Panel Data Approach [J]. Econometric Review, 19 (4): 425 – 460.

[131] Kumbhakar, S., Bhattacharyya, A. Price distortions and resource – use efficiency in Indian agriculture: a restricted profit function approach [J]. The Review of Economics and Statistics, 1992: 231 – 239.

[132] Kumbhakar, S., Tsionas, E. Measuring technical and allocative inefficiency in the translog cost system: a Bayesian approach [J]. Journal of Econometrics, 2005, 126 (2): 355 – 384.

[133] Kumbhakar, S. C., Lovell, C. A. K. Stochastic frontier analysis [J]. Cambridge University Press, 2003.

[134] Kumbhakar, S. Efficiency estimation in a profit maximising model using flexible production function [J]. Agricultural Economics, 1994, 10 (2): 143 – 152.

[135] Kumbhakar, S. Modeling allocative inefficiency in a translog cost function and cost share equations: an exact relationship [J]. Journal of Econometrics 1997, 76 (1): 351 – 356.

[136] Kumbhakar, S. The specification of technical and allocative inefficiency in stochastic production and profit frontiers [J]. Journal of Econometrics 1987, 34 (3): 335 – 348.

［137］Kuosmanen, T., Saastamoinen, A., Sipiläinen, T. What is the best practice for benchmark regulation of electricity distribution? Comparison of DEA, SFA and StoNED methods ［J］. Energy Policy, 2013, 61: 740 – 750.

［138］Kutlu, L. Misspecification in allocative inefficiency: A simulation study ［J］. Economics Letters, 2013, 118 (1): 151 – 154.

［139］Lau, L., Yotopoulos, P. A test for relative efficiency and application to Indian agriculture ［J］. The American Economic Review 1971: 94 – 109.

［140］Li, J., Lin, B., 2017a. Does energy and CO_2 emissions performance of China benefit from regional integration? ［J］. Energy Policy, 101, 366 – 378.

［141］Li, J., Lin, B., 2017b. Ecological total – factor energy efficiency of China's heavy and light industries: Which performs better? ［J］. Renewable and Sustainable Energy Reviews, 72, 83 – 94.

［142］Li, J., Liu, H., Du, K., 2018. Operating flexibility and energy rebound effect: evidence from China's regional market – oriented reform. Working paper. Available at < https://sites.google.com/site/kerrydu2016/operating – flexibility – and – energy – rebound – effect – evidence – from – china – s – regional – market – oriented – reform >.

［143］Li, K., Zhang, N., Liu, Y., 2016. The energy rebound effects across China's industrial sectors: An output distance function approach ［J］. Applied Energy 184, 1165 – 1175.

［144］Li, L. B., Hu, J. L., 2012. Ecological total – factor energy efficiency of regions in china ［J］. Energy Policy, 36 (2), 821 – 833.

［145］Liang, Q. – M., Fan, Y., Wei, Y. – M., 2009. The effect of energy end – use efficiency improvement on China's energy use and CO_2 emissions: a CGE model – based analysis ［J］. Energy Efficiency 2,

243 – 262.

[146] Liao, H. , Fan, Y. , Wei, Y. M. , 2007. [J]. What induced China's energy intensity to fluctuate: 1997 – 2006? Energy Policy, 35 (9) , 4640 – 4649.

[147] Lin, B. , Du, K. Technology gap and China's regional energy efficiency: A parametric metafrontier approach [J]. Energy Economics, 2013, 40: 529 – 536.

[148] Lin, B. , Du, K. , 2014. Measuring energy efficiency under heterogeneous technologies using a latent class stochastic frontier approach: An application to Chinese energy economy [J]. Energy, 76: 884 – 890.

[149] Lin, B. , Du, K. Measuring energy rebound effect in the Chinese economy: An economic accounting approach [J]. Energy Economics, 2015, 50: 96 – 104.

[150] Lin, B. , Du, K. Technology gap and China's regional energy efficiency: A parametric metafrontier approach [J]. Energy Economics 2013; 40: 529 – 536.

[151] Lin, B. , Li, J. The rebound effect for heavy industry: Empirical evidence from China [J]. Energy Policy, 2014, 74 (C): 589 – 599.

[152] Lin, B. , Liu, X. , 2012. Dilemma between economic development and energy conservation: Energy rebound effect in China [J]. Energy, 2012, 45 (1): 867 – 873.

[153] Lin, B. , Liu, X. Reform of refined oil product pricing mechanism and energy rebound effect for passenger transportation in China [J]. Energy Policy 57, 329 – 337.

[154] Lin, B. , Ouyang, X. , 2014. Energy demand in China: Comparison of characteristics between the US and China in rapid urbanization stage [J]. Energy conversion and management, 79, 128 – 139.

[155] Lin, B. , Tian, P. , 2016. The energy rebound effect in China's

light industry: a translog cost function approach [J]. Journal of Cleaner Production 112, 2793 – 2801.

[156] Lin, B., Wang, X., 2014. Exploring energy efficiency in China's iron and steel industry: A stochastic frontier approach [J]. Energy Policy, 72, 87 – 96.

[157] Lin, B., Xie, C. Reduction potential of CO_2 emissions in China's transport industry [J]. Renewable and Sustainable Energy Reviews, 2014, 33: 689 – 700.

[158] Lin, B., Yang, F., Liu, X., 2013. A study of the rebound effect on China's current energy conservation and emissions reduction: Measures and policy choices [J]. Energy 58, 330 – 339.

[159] Lin, B., Zou, C., 2014. Changes in developmental stage and environmental policy options in China [J]. Social Sciences in China 5, 81 – 95 (in Chinese).

[160] Liu, H., Du, K., Li, J., 2019. An improved approach to estimate direct rebound effect by incorporating energy efficiency: A revisit of China's industrial energy demand [J]. Energy Economics, 80, 720 – 730.

[161] Liu, J., Sun, X., Lu, B., Zhang, Y., Sun, R., 2016. The life cycle rebound effect of air – conditioner consumption in China [J]. Applied Energy 184, 1026 – 1032.

[162] Lovell, C., Sickles, R. Testing efficiency hypotheses in joint production: a parametric approach [J]. The Review of economics and Statistics 1983: 51 – 58.

[163] Lu, Y., Liu, Y., Zhou, M., 2017. Rebound effect of improved energy efficiency for different energy types: A general equilibrium analysis for China [J]. Energy Economics 62, 248 – 256.

[164] Lundgren, T., Marklund, P. O., Zhang, S., 2014. Energy efficiency in Swedish industry – a stochastic frontier approach [J]. Energy

Economics, 55, 42 – 51.

[165] Lundgren, T. , Marklund, P. O. , Zhang, S. , 2016. Industrial energy demand and energy efficiency – evidence from Sweden [J]. Resource & Energy Economics, 43, 130 – 152.

[166] Madlener, R. , Alcott, B. , 2009. Energy rebound and economic growth: A review of the main issues and research needs [J]. Energy 34 (3), 370 – 376.

[167] Makridou, G. , Andriosopoulos, K. , Doumpos, M. , et al. Measuring the efficiency of energy – intensive industries across European countries [J]. Energy Policy, 2016, 88: 573 – 583.

[168] Martínez, C. I. P. , Silveira, S. , 2012. Analysis of energy use and CO_2, emission in service industries: evidence from Sweden [J]. Renewable & Sustainable Energy Reviews, 16 (7), 5285 – 5294.

[169] Matos, F. J. F. , Silva, F. J. F. The rebound effect on road freight transport: Empirical evidence from Portugal [J]. Energy Policy, 2011, 39 (5): 2833 – 2841.

[170] Meng, F. , Su, B. , Thomson, E. , Zhou, D. , Zhou, P. , 2016. Measuring China's regional energy and carbon emission efficiency with DEA models: A survey [J]. Applied energy, 183, 1 – 21.

[171] Mousavi, B. , Lopez, N. S. A. , Biona, J. B. M. , Chiu, A. S. , Blesl, M. , 2017. Driving forces of Iran's CO_2 emissions from energy consumption: An LMDI decomposition approach [J]. Applied Energy, 206, 804 – 814.

[172] Mukherjee, K. Measuring energy efficiency in the context of an emerging economy: The case of Indian manufacturing [J]. European Journal of Operational Research, 2010, 201 (3): 933 – 941.

[173] Mukherjee, K. Energy use efficiency in US manufacturing: a nonparametric analysis [J]. Energy Economics 2008, 30: 76 – 96.

［174］Mukherjee, K. Measuring energy efficiency in the context of an e-merging economy: The case of Indian manufacturing ［J］. European Journal of Operational Research 2010, 201 (3): 933 – 941.

［175］Oggioni, G., Riccardi, R., Toninelli, R., 2011. Eco – efficiency of the world cement industry: a data envelopment analysis ［J］. Energy Policy, 39 (5), 2842 – 2854.

［176］Oh, D. H., 2010. A metafrontier approach for measuring an environmentally sensitive productivity growth index ［J］. Energy Economics, 32 (1), 146 – 157.

［177］Oh, D. H., Lee, J. D., 2010. A metafrontier approach for measuring Malmquist productivity index ［J］. Empirical Economics, 38 (1), 47 – 64.

［178］Orea, L., Llorca, M., Filippini, M., 2015. A new approach to measuring the rebound effect associated to energy efficiency improvements: an application to the US residential energy demand ［J］. Energy Economics 49, 599 – 609.

［179］Ouyang, J., Long, E., Hokao, K., 2010. Rebound effect in Chinese household energy efficiency and solution for mitigating it ［J］. Energy 35, 5269 – 5276.

［180］Ouyang, X., Gao, B., Du, K., Du, G., 2018. Industrial sectors' energy rebound effect: An empirical study of Yangtze River Delta urban agglomeration ［J］. Energy, 145, 408 – 416.

［181］Ouyang, X., Lin, B., 2014. Impacts of increasing renewable energy subsidies and phasing out fossil fuel subsidies in China ［J］. Renewable and sustainable energy reviews, 37, 933 – 942.

［182］Ouyang, X., Sun, C., 2015. Energy savings potential in China's industrial sector: from the perspectives of factor price distortion and allocative inefficiency ［J］. Energy Economics, 48, 117 – 126.

[183] Ouyang, X. , Wei, X. , Sun, C. , Du, G. , 2018. Impact of factor price distortions on energy efficiency: Evidence from provincial – level panel data in China [J]. Energy Policy, 118, 573 – 583.

[184] O'Donnell, C. J. , Rao, D. S. P. , Battese, G. E. , 2008. Metafrontier frameworks for the study of firm – level efficiencies and technology ratios [J]. Empirical Economics, 34 (2), 231 – 255.

[185] Patterson, M. G. , 1996. What is energy efficiency?: Concepts, indicators and methodological issues [J]. Energy Policy, 24 (5), 377 – 390.

[186] Patterson, M. G. , 1996. What is energy efficiency? [J]. Energy Policy 24 (5), 377 – 390.

[187] Qi, S. , Peng, H. , Zhang, X. , Tan, X. , 2019. Is energy efficiency of Belt and Road Initiative countries catching up or falling behind? Evidence from a panel quantile regression approach [J]. Applied Energy, 253, 113581.

[188] Rodrıguez – Álvarez, A. , Fernández – Blanco, V. , Lovell, C. Allocative inefficiency and its cost: The case of Spanish public hospitals [J]. International Journal of Production Economics 2004, 92 (2): 99 – 111.

[189] Saunders, H. D. , 2013. Historical evidence for energy efficiency rebound in 30 US sectors and a toolkit for rebound analysts [J]. Technological Forecasting and Social Change 80, 1317 – 1330.

[190] Saunders, H. D. Fuel conserving (and using) production functions [J]. Energy Economics, 2008, 30 (5): 2184 – 2235.

[191] Schleich, J. , Mills, B. , Dütschke, E. A brighter future? Quantifying the rebound effect in energy efficient lighting [J]. Energy Policy, 2014, 72: 35 – 42.

[192] Schmidt, P. , Lovell, C. Estimating technical and allocative in-

efficiency relative to stochastic production and cost frontiers [J]. Journal of econometrics 1979, 9 (3): 343 - 366.

[193] Shao, S., Huang, T., Yang, L. Using latent variable approach to estimate China's economy – wide energy rebound effect over 1954 – 2010 [J]. Energy Policy, 2014, 72: 235 - 248.

[194] Singbo, A., Lansink, A., Emvalomatis G. Estimating shadow prices and efficiency analysis of productive inputs and pesticide use of vegetable production [J]. European Journal of Operational Research 2015, 245 (1): 265 - 272.

[195] Small, K. A., Van Dender, K. Fuel efficiency and motor vehicle travel: the declining rebound effect [J]. The Energy Journal, 2007, 28 (1): 25 - 51.

[196] Song, F., Zheng, X., 2012. What drives the change in China's energy intensity: combining decomposition analysis and econometric analysis at the provincial level [J]. Energy Policy 51, 445 - 453.

[197] Sorrell, S., 2007. The rebound effect: an assessment of the evidence for economy – wide energy savings from improved energy efficiency [J]. UK Energy Research Centre.

[198] Sorrell, S., 2014. Energy substitution, technical change and rebound effects [J]. Energies, 7 (5), 2850 - 2873.

[199] Sorrell, S., Dimitropoulos, J., 2007. UKERC Review of Evidence for the Rebound Effect, Technical Report 2: Econometric Studies [J]. UK Energy Research Centre: London.

[200] Sorrell, S., Dimitropoulos, J. The rebound effect: Microeconomic definitions, limitations and extensions [J]. Ecological Economics, 2008, 65 (3): 636 - 649.

[201] Sorrell, S., Dimitropoulos, J., Sommerville, M., 2009. Empirical estimates of the direct rebound effect: A review [J]. Energy Policy

37, 1356 – 1371.

[202] Sorrell, S., Stapleton, L. Rebound effects in UK road freight transport [J]. Transportation Research Part D: Transport and Environment, 2018, 63: 156 – 174.

[203] Stapleton, L., Sorrell, S., Schwanen, T. Estimating direct rebound effects for personal automotive travel in Great Britain [J]. Energy Economics, 2016, 54: 313 – 325.

[204] Stock, J. H., Watson, M. W. A simple estimator of cointegrating vectors in higher order integrated systems [J]. Econometrica: Journal of the Econometric Society, 1993: 783 – 820.

[205] Su, B., Ang, B. Structural decomposition analysis applied to energy and emissions: some methodological developments [J]. Energy Economics 2012, 34 (1): 177 – 188.

[206] Sueyoshi, T., Goto, M., 2011. DEA approach for unified efficiency measurement: assessment of Japanese fossil fuel power generation [J]. Energy Economics, 33 (2), 292 – 303.

[207] Sueyoshi, T., Goto, M. Measurement of returns to scale and damages to scale for DEA – based operational and environmental assessment: how to manage desirable (good) and undesirable (bad) outputs? [J]. European Journal of Operational Research 2011, 211: 76 – 89.

[208] Sun, C., Lin, B. Reforming residential electricity tariff in China: Block tariffs pricing approach [J]. Energy Policy, 2013, 60: 741 – 752.

[209] Tan, R., Lin, B., 2018. What factors lead to the decline of energy intensity in China's energy intensive industries? [J]. Energy Economics, 71, 213 – 221.

[210] Thomas, B. A., Azevedo, I. L., 2013. Estimating direct and indirect rebound effects for US households with input – output analysis Part 1:

Theoretical framework [J]. Ecological Economics, 86, 199 – 210.

[211] Tsionas, E., Tran, K. On the Joint Estimation of Heterogeneous Technologies, Technical, and Allocative Inefficiency [J]. Econometric Reviews 2015: 1 – 23.

[212] Turner, K. 2013. "Rebound" effects from increased energy efficiency: a time to pause and reflect [J]. The Energy Journal, 25 – 42.

[213] Walter, C. E., Howie, F. J. T. Red capitalism: The fragile financial foundation of China's extraordinary rise [J]. John Wiley & Sons, 2011.

[214] Wang, H., Zhou, P., Zhou, D. Q. An empirical study of direct rebound effect for passenger transport in urban China [J]. Energy Economics, 2012, 34, 452 – 460.

[215] Wang, H., Zhou, P., Zhou, D. Q., 2013. Scenario – based energy efficiency and productivity in China: A non – radial directional distance function analysis [J]. Energy Economics 40, 795 – 803.

[216] Wang, H., Zhou, P., Zhou, D. Q. An empirical study of direct rebound effect for passenger transport in urban China [J]. Energy Economics, 2012, 34 (2): 452 – 460.

[217] Wang, K., Yu, S., & Zhang, W., 2013. China's regional energy and environmental efficiency: a DEA window analysis based dynamic evaluation [J]. Mathematical & Computer Modelling, 58 (5 – 6), 1117 – 1127.

[218] Wang, M., Feng, C., 2018. Decomposing the change in energy consumption in China's nonferrous metal industry: An empirical analysis based on the LMDI method [J]. Renewable and Sustainable Energy Reviews, 82, 2652 – 2663.

[219] Wang, Q., Su, B., Sun, J., Zhou, P., Zhou, D., 2015. Measurement and decomposition of energy – saving and emissions reduc-

tion performance in Chinese cities [J]. Applied Energy, 151, 85–92.

[220] Wang, Q., Zhao, Z., Zhou, P., Zhou, D. Energy efficiency and production technology heterogeneity in china: a meta – frontier DEA approach [J]. Economic Modelling, 2013, 35 (5): 283–289.

[221] Wang, Z., Feng, C., Zhang, B. An empirical analysis of China's energy efficiency from both static and dynamic perspectives [J]. Energy, 2014, 74: 322–330.

[222] Wang, Z., Han, B., Lu, M., 2016. Measurement of energy rebound effect in households: Evidence from residential electricity consumption in Beijing, China [J]. Renewable and Sustainable Energy Reviews 58, 852–861.

[223] Wang, Z., Lu, M., 2014. An empirical study of direct rebound effect for road freight transport in China [J]. Applied Energy 133, 274–281.

[224] Wang, Z., Lu, M., Wang, J. C. Direct rebound effect on urban residential electricity use: An empirical study in China [J]. Renewable & Sustainable Energy Reviews, 2014, 30 (2): 124–132.

[225] Wang, Z. H., Zeng, H. L., Wei, Y. M., et al. Regional total factor energy efficiency: an empirical analysis of industrial sector in China [J]. Applied Energy, 2012, 97: 115–123.

[226] Wei, T. A general equilibrium view of global rebound effects [J]. Energy Economics 2010, 32 (3): 661–672.

[227] Winebrake, J. J., Green, E. H., Comer, B., et al. Estimating the direct rebound effect for on – road freight transportation [J]. Energy Policy, 2012, 48: 252–259.

[228] Wu, F., Fan, L. W., Zhou, P., Zhou, D. Q., 2012. Industrial energy efficiency with CO_2 emissions in China: A nonparametric analysis [J]. Energy Policy, 49, 164–172.

［229］Wu, J., Yin, P., Sun, J., Chu, J., Liang, L., 2016. Evaluating the environmental efficiency of a two – stage system with undesired outputs by a DEA approach: an interest preference perspective ［J］. European Journal of Operational Research, 254 (3), 1047 –1062.

［230］Xie, C., Bai, M., Wang, X., 2018. Accessing provincial energy efficiencies in China's transport sector ［J］. Energy Policy, 123, 525 –532.

［231］Yang, H., Pollitt, M., 2009. Incorporating both undesirable outputs and uncontrollable variables into DEA: The performance of Chinese coal – fired power plants ［J］. European Journal of Operational Research, 197 (3), 1095 –1105.

［232］Yu, B., Zhang, J., Fujiwara, A. Evaluating the direct and indirect rebound effects in household energy consumption behavior: A case study of Beijing ［J］. Energy Policy, 2013, 57 (6): 441 –453.

［233］Zha, D., Zhou, D., Ding, N., 2009. The contribution degree of sub – sectors to structure effect and intensity effects on industry energy intensity in China from 1993 to 2003 ［J］. Renewable and Sustainable Energy Reviews, 13 (4), 895 –902.

［234］Zhang, J., Lin Lawell, C. Y. C., 2017. The macroeconomic rebound effect in China ［J］. Energy Economics, 67, 202 –212.

［235］Zhang, L., Gudmundsson, O., Li, H., Svendsen, S., 2015. Comparison of District Heating Systems Used in China and Denmark ［J］. International Journal of Sustainable and Green Energy 4, 102 –116.

［236］Zhang, N., Choi, Y., 2013. Total – factor carbon emission performance of fossil fuel power plants in china: a metafrontier non – radial malmquist index analysis ［J］. Energy Economics, 40 (2), 549 –559.

［237］Zhang, N., Kong, F., Choi, Y., 2014. The effect of size – control policy on unified energy and carbon efficiency for Chinese fossil fuel power plants [J]. Energy Policy 70, 193 – 200.

[238] Zhang, N., Zhou, P., Choi, Y., 2013. Energy efficiency, CO_2 emission performance and technology gaps in fossil fuel electricity generation in Korea: a meta – frontier non – radial directional distance function analysis [J]. Energy Policy, 56 (2), 653 – 662.

[239] Zhang, S., Lin, B., 2018. Investigating the rebound effect in road transport system: Empirical evidence from China [J]. Energy Policy 112, 129 – 140.

[240] Zhang, X. P., Cheng, X. M., Yuan, J. H., Gao, X. J., 2011. Total – factor energy efficiency in developing countries [J]. Energy Policy, 39 (2), 644 – 650.

[241] Zhang, Y., Zhang, J., Yang, Z., 2011. Regional differences in the factors that influence China's energy – related carbon emissions, and potential mitigation strategies [J]. Energy Policy 39, 7712 – 7718.

[242] Zhang, Y. J., Peng, H. R., Su, B., 2017. Energy rebound effect in China's Industry: An aggregate and disaggregate analysis [J]. Energy Economics 61, 199 – 208.

[243] Zhang, Y. J., 2011. The impact of financial development on carbon emissions: An empirical analysis in China [J]. Energy Policy 39, 2197 – 2203.

[244] Zhang, Y. J., Liu, Z., Qin, C. X., et al. The direct and indirect CO_2 rebound effect for private cars in China [J]. Energy Policy, 2017, 100: 149 – 161.

[245] Zhang, Y. J., Peng, H. R., Liu, Z., et al. Direct energy rebound effect for road passenger transport in China: A dynamic panel quantile regression approach [J]. Energy Policy, 2015, 87: 303 – 313.

[246] Zhao, X., Rui, Y., Qian, M., 2014. China's total factor energy efficiency of provincial industrial sectors [J]. Energy, 65, 52 – 61.

[247] Zheng, X., Wei, C., Qin, P., Guo, J., Yu, Y., Song, F., Chen, Z., 2014. Characteristics of residential energy consumption in China: Findings from a household survey [J]. Energy Policy 75, 126 – 135.

[248] Zhou P., Ang, B. W., Han, J. Y., 2010. Total factor carbon emission performance: A Malmquist index analysis [J]. Energy Economics 32 (1), 194 – 201.

[249] Zhou P., Ang, B. W., Wang, H., 2012. Energy and CO_2 emission performance in electricity generation: A non – radial directional distance function approach [J]. European Journal of Operational Research 221, 625 – 635.

[250] Zhou, P., Ang, B., Poh K. A survey of data envelopment analysis in energy and environmental studies [J]. European Journal of Operational Research 2008, 189: 1 – 18.

[251] Zhou, P., Ang, B., Zhou D. Measuring economy – wide energy efficiency performance: a parametric frontier approach [J]. Applied Energy 2012, 90 (1): 196 – 200.

[252] Zhou, P., Ang, B. W., Han, J. Y., 2010. Total factor carbon emission performance: A malmquist index analysis [J]. Energy Economics, 32: 194 – 201.

[253] Zhou, P., Ang, B. W., Zhou, D. Q., 2012. Measuring economy – wide energy efficiency performance: A parametric frontier approach [J]. Applied Energy, 90 (1), 196 – 200.

[254] Zhou, P., Sun, Z. R., Zhou, D. Q. Optimal path for controlling CO_2 emissions in China: a perspective of efficiency analysis [J]. Energy Economics, 2014, 45: 99 – 110.